中国海洋大学教材建设基金资助
中国海洋大学MPA教育中心资助

海洋行政管理学

HAIYANG XINGZHENG GUANLIXUE

我国是一个海洋大国，但还不是海洋强国。维护国家海洋权益和海上安全事关国家的根本利益和长远利益。
保障国家安全是我国海洋管理工作的重要任务。规范海洋开发秩序，开发利用海洋资源，
发展海洋经济是国家海洋事业发展的重要方面。我国在深化行政体制改革后，
行政管理部门及其所属机构不再
直接参与经济活动。

王琪 王刚 王印红 吕建华◎著

人民出版社

目　　录

前　言

　　海洋行政管理作为中国海洋大学重点支持的海洋人文社会科学特色研究领域，其发展一直以来受到学校和学院的高度重视。由法政学院王琪教授所带领的研究团队近年来在海洋行政管理研究领域取得了一系列具有重大影响的研究成果：先后承担多项国家级、省部级项目，出版了《海洋行政管理》、《海洋管理：从理念到制度》等著作，发表了近百篇学术论文，其研究成果得到学界的高度认可。然而，尽管我校在全国最早为本科生、研究生开设了海洋行政管理课程，尽管我校的海洋行政管理研究已在国内处于领先位置，但却始终没有贡献一本具有影响力的海洋行政管理教科书，从而在一定程度上影响到了海洋行政管理这一特色专业的权威性，这不能不说是一件令人遗憾之事。目前国内尽管已有两本《海洋行政管理》的著作，也有海洋管理的相关论著，但尚没有一本规范的海洋行政管理教科书。本书选择《海洋行政管理学》这一具有挑战性的选题，试图构建海洋行政管理学的理论体系，正在于弥补此缺憾。

　　本教材的写作是建立在作者十年间本科生和研究生课堂教学和讨论的积累以及多年相关学术研究的基础之上。本书的作者在 2001 年就为当时的法学院政治学与行政学系本科生开设"海洋行政管理专题"，2008 年又开始为行政管理硕士研究生开设"海洋行政管理专题"，在课堂教学及与同事、学生的反复讨论中，不断充实研究内容，并促使本教材的体系不断完善。

　　海洋行政管理学涉及内容广泛，既包括行政管理学所通常涉及的一般性研究内容，也包括海洋行政管理学所涉的特殊的研究领域，如果取舍不当，可能导致海洋行政管理学或因强调了行政管理学的共性而忽略了个性；或因过于强调海洋的个性而忽略了行政管理学的学科特性。因在构建一个新的教材体系时，往往存在两种倾向：一是单纯地嫁接，即把行政管理的理论简单地移植到海洋管理领域，显得机械生硬；二是过于强调海洋行政管理的个性特征，忽略了行政管理的共性。如何实现共性与个性的统一，是本书在构建体系过程中务求解决的问题。按照强化特色、突出重点、体现共性、取舍有度的思路，本教材试图突破同类教材的局限，在体系设计上力求将海洋管理的个性与行政管理的共性有机结合，达到内容和形式、一般和个别的有机统一。同时注重既体现海洋行政管理理论的厚重性，又表现出海洋行政管理的实践性、应用性，做到理论与实践的有机结合。

本教材面向的主要对象：本科生、硕士生、海洋行政管理者和研究者。当然，本教材也适于对海洋行政管理问题有兴趣的其他读者阅读，并为海洋行政管理的实践者提供有效的理论指导。本书是我们行政管理教研室四位同事及部分研究生集体劳动的结晶。王琪负责全书的总体设计、统改和定稿，王刚负责全书的统稿和写作中的事务性工作，行政管理专业的硕士研究生王璐、刘海燕参加了校稿工作。各章编写分工如下：

第一章：王琪；第二章：王刚、韩宇召；第三章：王刚；第四章：王刚、王琪；第五章：吕建华；第六章：王印红；第七章：王印红；第八章：吕建华、王印红、王刚；第九章：王琪；第十章：王琪、王璐、刘海燕、王印红；第十一章：王琪。

本书的出版得到中国海洋大学教材建设基金和中国海洋大学 MPA 教育中心资金支持，特此致谢。人民出版社的王萍主任对于本书的出版给予了大力支持，在此一并表示感谢。

希望本书的出版，能为我国海洋行政管理学的发展贡献绵薄之力。尽管本书编写中作者力求做到体系新、内容新、观念新，理论与实际相结合，但由于水平所限，不当之处在所难免，真诚欢迎诸位同行和读者提出宝贵意见和建议，以便再版时能使之更臻完善。

王　琪

2012 年 12 月 16 日

第一章 绪 论

《联合国 21 世纪议程》中指出：海洋"是全球生命支持系统的一个基本组成部分，也是实现可持续发展的宝贵财富"。海洋战略地位的重新确立和海洋资源价值的重新发展，促使新海洋开发热潮的形成，也使得海洋行政管理被提到一个前所未有的高度。维护国家海洋权益、确保国家的海洋战略价值，需要海洋行政管理；保护海洋环境、保持海洋生态平衡，需要海洋行政管理；实现海洋经济的可持续发展，同样需要海洋行政管理。今天，海洋行政管理变得如此重要，一方面是人类海洋实践活动发展的必然结果，另一方面也是人类在付出沉重代价后不得不作出的选择。

尽管说，人类海洋行政管理的实践活动与人类开发利用海洋的实践活动一样长久，但海洋行政管理的理论发展却远滞后于实践需要。在新的历史条件下，海洋行政管理正面临着严峻的挑战。加强对海洋行政管理的研究，构建海洋行政管理学的理论体系，对于推进我国的海洋事业发展，完善我国的海洋行政管理体制，具有重要的理论意义与现实意义。

第一节 海洋行政管理的概念界定

明确概念，是理性思维的基本前提。海洋行政管理概念既是海洋行政管理理论研究的逻辑起点，又是构建海洋行政管理理论体系的基石。对海洋行政管理概念理解上的差异，往往会产生不同的海洋行政管理研究思路和框架体系。因此，对海洋行政管理概念的界定和诠释，实际上是确定了海洋行政管理理论的基本框架和研究重点。

一、海洋行政管理的含义

海洋行政管理实践由来已久，但作为一个独立的概念提出时间并不长。由于各国、各地的海洋行政管理实践活动有着极大的差异性，在海洋行政管理的主体、客体等一系列问题上有着不同的理解，加之海洋行政管理理论尚处在不断地发展和完善之中，因而对海洋行政管理的概念至今尚未形成统一的认识。然而，作为人类的一种管理实践活动，海洋行政管理与其他类型的管理一样，同样首先要回答三个方面基本问题：即谁来管？管什么？怎样管？只不过在具体回答这三方面问题时，不同的管理理论有着不同的解释。

依据对上述三方面问题的回答，本书把海洋行政管理的概念界定为：海洋行政管理是指政府涉海行政组织及其管理人员，依据国家法律法规、运用国家法定权力和各种有效手段，对国家涉海公共事务和涉海机关内部事务进行计划、组织、协调和控制的活动过程。目的在于通过对海洋实践活动的规范和管理，减少海洋实践活动的负外部性，有效地提供海洋公共产品，维护国家的海洋权益，保护海洋资源与环境，促进海洋经济、社会的可持续发展。

海洋行政管理概念包含以下几方面内容：

1. 海洋行政管理主体是政府涉海行政机关及其行政管理人员。海洋行政管理是国家行政管理的一部分，其管理的主体只能是指国家行政管理机构，即国家涉海行政机关及其行政管理人员。海洋行政管理主体本身构成一个复杂的体系，从广义上讲，包括国家海洋立法机关、海洋司法机关和海洋行政机关。从狭义上，仅指政府涉海行政管理机关。本书是从狭义的角度理解海洋行政管理主体。政府涉海行政机关因其承担的职能不同，有综合性的海洋行政管理机构和专业性的行政机构。国家海洋局是被授予承担海洋综合管理职能的中央行政管理机构，是我国的海洋行政主管部门，地方政府承担了对地方海洋事务进行综合管理的职责。与此同时，我国还有大量的海洋行政管理工作是由专业的、与某一涉海行业相连的海洋行政管理部门来承担，如农业部门的渔政管理机关、交通部门的海事管理机关等。这些部门承担一定海洋行业管理的任务，也具有针对某些特定海洋实践活动制定法律规章的权力，其所承担的海洋管理任务，只是整个国家海洋行政管理体系中的一个环节。

人类许多对海洋的经营和管理活动并不都是由政府进行的，海洋活动的管理者，可以是政府等公共部门，也可以是一切自然人、法人或社会组织。它的范围十分广泛，任何一个从事海洋活动的群体、家庭、组织或机关都可以构成海洋管理的主体。相比之下，海洋行政管理的主体远没有一般意义上的海洋管理主体那么宽泛，它是国家依照有关法律法规的规定，依法设置的专门的国家海洋行政管理机关或管理机构，并由国家授予法定职责和职权。因此，海洋行政管理具有行政管理的权威性和强制性。

2. 海洋行政管理的客体是指由人们涉海实践活动所引致的国家海洋公共事务以及海洋行政机构内部事务。国家海洋公共事务主要指事关国家海洋主权、海洋安全、海洋权益维护、海洋外交、海洋宏观经济发展、海洋环境、资源等带有公共产品性质的相关事务。海洋公共事务依据提供的主体及发生范围的不同，又可分为国际层面的全球海洋公共事务、国家层面的全国海洋公共事务、地方层面的区域海洋公共事务等。海洋行政机构内部事务则主要涉及海洋行政组织自身工作流程、管理技术手段、海洋行政管理体制改革与发展等事项。

海洋行政管理因海而产生，其直接指向物似乎应是海洋。但海洋行政管理产生的目的不是规范、制约自然的海洋，而是针对人类对海洋的开发利用等实践活动，是对人类的涉海行为进行规范。自然的海洋系统，尽管会影响到人类的海洋实践活动，但它不构成海洋行政管理的客体。因我们不可能通过海洋行政管理来规范海洋自然系统的行为，不可能要求海洋按照人的需要来运动。我们所能做的只是制定各种法律、规章来规范人们认识、利用海洋的行为，防止人类行为对海洋的破坏。海洋行政管理的对象是人不是物，是通过管理人的行为来达到保护海洋的目的。同时，海洋行政管理与一般意义上的海洋管理有着原则的区别。因一般意义上的海洋管理客体包括自然的海洋和在海洋实践活动中的各种要素。以自然海洋为对象的管理，主要是指控制海洋的自然活动以及开发海洋的利用价值，如通过人类的智慧和力量改变海流的方向、提取海水中的化学资源等；对海洋实践活动中各种要素的管理，主要指例如对资金、设备、人员配置以及其他作为生产资料存在的要素的管理，这种海洋管理表现为海洋实践活动中的内部管理，主要存在于各种海洋经济活动之中，如远洋航运中船上人员配置和船上管理制度安排、海水养殖中的诸如资金技术和市场等问题的管理，都属于经营性质的管理。海洋行政管理所关注的不是上述海洋实践活动内部的组织和管理问题，如生产过程、经营情况等，而是关注由此产生的海洋实践活动主体与其他海洋实践活动主体的关系，其管理对象更多的是指人们所从事的各种海洋公共事务以及由此引发的海洋公共问题。例如，政府为海上船只制定共同遵守的航运规则属于海洋行政管理的范畴，但每条渔船上的船员如何雇佣则不属于海洋行政管理的范畴。可见，海洋管理可以是公共性的也可以是经营性的，而海洋行政管理仅仅属于海洋管理中的公共性质的那部分。海洋行政管理中的"行政"二字更强调了政府在海洋管理中的作用。

3. 海洋行政管理以国家法定权力为基础，管理手段多样。海洋行政管理是政府依靠特殊的公共权威，以国家的名义实行对海洋实践活动的管理。也就是说海洋行政管理主体的活动代表的是国家意志和公共利益，行使海洋行政管理职能所借助的是带有强制性的公共权力，运用的管理手段在突出行政、法律的同时，也包括经济的、科技的、教育的等手段，是一个综合运用各种管理手段的过程。

4. 海洋行政管理过程包括计划、组织、指挥、协调、控制等活动，这与一般管理活动存在着共性，与之相应的具体的海洋行政管理内容则涉及多个方面。首先，从宏观方面讲，海洋行政管理活动主要包括制定海洋法律和各种海洋法规，确立海洋行政管理所要达到的基本目标，决定行政管理的方式方法和基本原则，作出有关海洋事业发展方向的战略决策和重大决定等。从微观方面讲，海洋行政管理是对宏观管理目标与要求的分解与具体落实，其主要活动方式是海洋监察和海上执法。其次，从区域化管理的角度看，海洋行政管理包括海岸和海岸带的行政管理、海岛行政管理、领海、专属经济区和公海活动的行政管理。第三，从行业化的角度看，海洋行政管理包括海洋渔业行政管理、海上交通行政管理、海洋矿业行政管理、海洋环境行政管理和海洋公益服务事业行政管理。

5. 海洋行政管理的目的在于通过对涉海组织或个人海洋实践活动的规

范和管理，减少海洋实践活动的负外部性，有效地提供海洋公共产品和公益服务，维护国家的海洋权益，保护海洋资源与环境，促进海洋经济、社会的可持续发展。

二、海洋行政管理与海洋管理的区别

长期以来，在海洋管理研究领域，并没有对不同类别的、具体形式的海洋管理的相关概念进行明确的界定和细分，只是笼统地统称为海洋管理，海洋行政管理通常被海洋管理所替代。这种状况实际上是海洋管理学科发展不成熟、不完善的反映。随着海洋实践活动的广度和深度不断加大，海洋管理的领域、内容和形式也将逐渐细化和分化，与之相应，各种类别的、专业化的海洋管理学科也将不断产生。

从确立学科的角度看，海洋管理和海洋行政管理的关系类似于管理与行政管理的关系，二者的不同表现在：

1. 产生时间。海洋管理是随着人类涉海活动的出现而出现的，而海洋行政管理的出现则有两个基本的前提：其一，海洋行政管理是国家的产物，国家的产生是前提之一；其二，国家只有设置了从事海洋行政管理的行政组织，才能构成真正意义上的海洋行政管理。

2. 管理对象。海洋管理的对象包括自然海洋和在海洋实践活动中的各种要素，如：对自然海洋生态系统的人为干预，对海洋实践活动中人、财、物等各种要素的管理，这些管理活动有的属于经营性质的管理，目的在于争取利润的最大化，有的属于追求公共利益的行政的行为或公益行为。而海洋行政管理的对象则不包括自然海洋和海洋实践活动中的带有经营性质的私人管理，其管理对象主要是人们涉海实践活动所引致的国家海洋公共事务以及海洋行政机构内部事务。因此，海洋管理的对象范围远大于海洋行政管理的对象范围。

3. 管理者。海洋管理的管理者可以是政府等公共部门，也可以是一切自然人、法人或社会组织，其范围十分广泛。相比之下，海洋行政管理的管理者远没有海洋管理管理者那么宽泛，它是由国家依法设置、依法授予职责和职权的专门国家海洋行政管理机关，其管理主体是具有行使公共权力职能的涉海行政组织，如国家海洋局。

4. 管理手段和管理依据。海洋管理由于其对象的广泛性，它的管理手段也是多种多样的，有行政的、经济的、技术的、法律的和教育的等。海洋行政管理尽管管理手段也具有多样性，但行政和法律等带有强制性的手段仍是其最重要的表现形式。与之相应，海洋管理行使管理职能的依据可以是国家的法律法规，也可以是行业的行规或是企业的具体规定，而海洋行政管理的管理者是国家权力的象征，其依据主要是国家的法律法规和政策。

以上四个方面的比较可以看出，海洋管理和海洋行政管理存在较大的区别，把二者等同于一个概念缩小了海洋管理的范畴而扩大了海洋行政管理的范围。海洋管理的研究对象、管理边界远远超出海洋行政管理，如果用海洋管理替代海洋行政管理，或将二者混为一谈，那不仅会影响到海洋行政管理的独立性和规范性，而且会因"公私不分"导致其指导海洋实践活动的偏颇。因海洋管理可以是公共性的也可以是经营性的，既涉及"公域"也涉及"私域"，而海洋行政管理仅仅属于海洋管理中的公共性质的那部分，所涉及的是"公域"。海洋行政管理中的"行政"二字更强调了政府在海洋管理中的作用。只有将海洋行政管理从海洋管理中剥离出来，给海洋行政管理以独有的地位和发展空间，才能使实践中的海洋行政管理明确管理边界，做到既不"越位"、"错位"，也不"缺位"。

三、海洋行政管理的特征

1. 海洋行政管理是国家行政管理的重要组成部分

行政管理是由国家权力机关的执行机关行使国家权力，依法管理国家事务、社会公共事务和行政机关内部事务的活动，是由政府承担的国家行政事务和社会公共事务的管理，海洋行政管理则主要是由政府机关中的海洋管理部门承担的海洋公共事务的管理，二者是一般与个别的关系，有什么样的国家管理体制和模式就有什么样的海洋行政管理体制和模式，有什么样的国家发展战略就有什么样的海洋发展战略。同时，海洋行政管理所承担的对海洋公共事务的管理涉及国家政治、经济、文化、社会各个领域，与国家的其他管理工作紧密联系、相互影响和制约，是国家管理系统的重要组成部分。

2. 海洋行政管理与对海洋主权和权益的管理紧密相关

海洋行政管理是国家海洋权利实现的基本形式之一。海洋国土、海洋主权等是现代民族国家的重要观念，但这些内容如果没有国家对海洋的管辖权、管制权以及对国际海洋事务的参与权的集体体现，就只是空洞的概念。维护国家的海洋主权，除了国家的海军和边防军事力量外，国家各级政府部门如海洋立法、海监、海关、海上公安以及国家海洋局等，承担着重要的职责。这些部门的职能活动的加强，有助于完善我国的海洋立法体系，提高海上执法力量。国家海洋管理部门在做好管理内部事务的同时，也要积极组织力量，完善海洋信息资料的搜集整理，做好划界和管理的准备。

3. 海洋行政管理具有公共管理的特性

任何行政管理都是一种公共管理，海洋行政管理也不例外。这表现在两个方面。一方面，海洋行政管理机关是国家权力的具体承担者，代表人民的公共利益行使对海洋活动的管理权利；另一方面，由海洋环境的自然属性所决定。人类海洋活动的舞台是海洋，渔业资源是移动的，海底矿物资源都为流动的海水所覆盖，因而海洋不能分解为若干个人的专有财产，绝大多数国家都是把海洋作为一种公共资源来看待并由国家来管理的。人们的海洋活动大都利用的是具有公共属性的海洋资源，绝大多数海洋活动都产生影响公共利益的外部性，尤其是海洋环境的破坏更是具有公共影响的问题。海洋行政管理实质上是就这些外部性很强、影响公共利益的海洋活动进行管理，是一种对公共事务的管理。

4. 海洋行政管理具有鲜明的国际化特征

海洋的自然特征、海洋开发利用的特殊性、海洋权益维护所涉及的国家利益之争，使得海洋行政管理的范围已超出了国内管理，走向了国际海洋管理。"世界海洋是一个整体，研究、开发和保护海洋需要世界各国的共同努力。"[①] 在当前和平与发展的世界主题下，国与国之间的合作，是实现海洋合理开发的有效途径。但是，作为国际领域成功合作的前提和基础，首先是正确认识并妥善地处理国与国之间、国家与所在的区域之间以及国家与整个国际社会之间的关系。现在所出现的海洋问题已远远地超出了国家主权内的海洋范围，海洋开发利用中的矛盾冲突已不仅仅是一国之内的不同行业、不

① 中华人民共和国国务院新闻办公室：《中国海洋事业的发展》（政府白皮书），转引自《中国海洋年鉴（1999—2000）》，海洋出版社 2001 年版，第 19 页。

同区域、不同个体的竞争，而是发展到不同国家之间的权益之争、利益之争。1982 年通过的《联合国海洋法公约》作为处理国际海洋冲突的法律依据，为各沿海国家维护海洋权益提供了法律支持，但《公约》对领海、毗连区、专属经济区、大陆架的相关规定，在使沿海国的国土构成发生巨大的变化、国家管辖范围扩大的同时，也使国与国之间矛盾冲突加剧。目前，全世界共有 380 多处海域出现划界纠纷，有争议的岛屿达 1000 多个。以海域划界和海洋资源开发为核心内容的国际海洋权益斗争更加复杂和激烈。海洋权益管理已上升为国家总体战略的重要组成部分。协调国与国之间的矛盾冲突，成为海洋行政管理中的一个重要内容。作为一国的政府，在行使海洋行政管理职能时，必然要根据海洋领域问题的特殊性，把开发海洋资源、维护海洋权益列入国家的重要发展战略。同时，采取积极措施，主动参与并影响国际海洋制度设置议程，以达到公平利用海洋资源、特别是公海资源，共同治理海洋环境，维护整个人类的公共利益的目的。

5. 海洋行政管理是一种综合管理

海洋开发进入 20 世纪 70 年代以来，进入快速发展时期，各种矛盾开始暴露，国家间海洋划界和权益之争增加；开发利用海洋的各行业、单位之间矛盾、冲突不断发生；海洋环境污染状况日趋严重；海洋资源呈现衰竭之势。这些新问题对海洋管理提出了新的要求，海洋综合管理成为必然。近 20 年来，从联合国和其他国际组织到各沿海国家，在海洋管理的指导思想上，都相继确立了海洋持续利用和海洋综合管理的原则和宗旨。海洋综合管理与行业管理不同之处在于，它试图用综合的方法，解决海洋环境退化、资源枯竭以及经济协调发展问题，其根本目的是保证海洋环境、资源，促进海洋经济的持续发展。

海洋环境的整体性，海洋活动的相关性，以及海洋行政管理在管理目标与任务上的根本一致性，决定了海洋行政管理应该是一种综合性的管理。因条块分割的管理体制与单向度的管理目标，已不适应现代海洋事业发展的要求。从海洋行政管理的实践环节来看，综合性管理是一种发展的趋势。比如对海上油气的勘探开发管理，不能离开了资源的利用而只关注环境问题，也不能不管海洋环境的保护而只关注石油利益。我国海洋行政管理的传统模式是，海洋渔业和养殖资源的开发利用交给农业部门管理，矿产资源的开发利用交给地矿部门管理，石油部门管理海底油气的勘探与开发，海洋公益服务由海洋局或地方政府负责，等等。很显然，这样的管理模式容易形成条块分割、职能不清，导致对海洋活动的管理重复和管理缺位，并不是一种理想的海洋行政管理模式。虽然在实际生活中，不可能所有的海洋行政管理活动都由一个政府职能部门去完成，但是海洋行政管理的性质决定了这种管理必须立足于同一个基点，各种管理目标应该是互相照应、彼此协调的，是一种综合性的管理。

第二节 海洋行政管理学的构建基础

海洋行政管理学作为一门管理学科，其产生必然有赖于一定的条件，这些条件既包括内在的海洋生态系统的矛盾运动，也包括外部力量的推进作用，它们共同构成海洋行政管理学产生的客观前提和理论基础。

一、海洋行政管理学产生的客观前提

作为人类管理活动的一个基本组成部分，海洋行政管理具有人类管理活动的共有的特征，其基本职能也是决策、计划、组织、领导和控制，管理的对象是组织中的各种资源以及组织中的各项活动，目的在于通过实现资源的有效配置达到组织预定的目标。但是，海洋行政管理面对的是海洋及涉海人群和组织，而海洋又有其自身独特的性质，海洋的特性必然使海洋行政管理带上特有的烙印。对海洋特性的考查，实际上就是对海洋行政管理特性的揭示。

（一）海洋的自然特性是确立海洋行政管理内容和形式的自然基础

海洋自然特性是海洋自身所固有的、区别于其他自然物的相关属性，这些属性并不因人类开发利用海洋而改变自身的性质，正是这些具有显著特色的海洋自然属性，在一定程度上决定着海洋行政管理的性质和方式。海洋的自然特性主要表现在以下几方面：

1. 海洋水体的流动性使得海洋开发活动具有极强的相互关联性

海洋与陆地的区别在于，陆地是分割的，位置是相对固定的，而海洋则是连成一体的，流动的。海洋水体及海洋中的许多资源的流动性，使得人们

难以像陆地一样对这些流动的资源进行准确而有效的分割，从而导致海洋资源的共有性，任何一个地区或一个国家都不易独占海洋资源。这一点也决定了海洋开发与陆地开发的一个明显差别，即某一陆地地域的经济开发不会给不相连，或者虽然相连，但相距较远的陆地区域带来直接的影响。而海洋的开发和利用则不然，海洋流动性特点，使其在开发过程中更易产生连带影响，某一区域海洋的开发利用，不仅影响本区域内的自然生态环境，而且通过流动的海水很容易影响到邻近海域甚至更大范围内的生态环境，当然，这种影响可能是正面的，也可能是负面的。海洋环境、资源之间的这种连带作用，使海洋开发暗含着极大的风险性，稍有不慎，可影响全局，破坏整体生态环境。而参与海洋开发利用活动的涉海组织或个人往往从自身利益出发，重眼前轻长远，重发展轻环保，经常出现顾此失彼。为此，需要通过严格有效的管理和科学周密的规划，引导企业和个人在从事海洋经济活动时，能够从海洋经济与环境保护协调发展的全局和长远出发，实现对海洋的可持续利用，保证海洋开发处在一个良性循环的关系中。

2. 海洋资源的空间立体性使得海洋开发利用具有复合性

海洋从其水面开始，往下可以深到若干米，这一特点决定了在海洋的不同深度都分布着不同的海洋资源。许多资源在同一海区共存，既有生物资源，也有非生物资源。不少海域，海底是油气田，水体是渔场，水面是船舶航行的航道。海洋资源的这种空间立体性、多层次复合性使海洋开发往往呈现同一海域多行业进入的立体化开发状态。如果缺少一种强有力的制约监督和协调力量，必将导致对同一海区某种资源的争相开发、无序状态，进而影响海洋资源的利用程度，并不可避免地导致对海洋环境的破坏。因此，海洋开发过程中必须系统规划，科学评估，力求使海域的客观价值得到最佳的使用，使其功能得到最充分的发挥，并力求使每一类开发活动所产生的负面影响减少到最低限度，防止因规划的短视行为而破坏了海洋多功能性。由于海洋开发利用涉及多行业，协调发展是客观要求，为此，需要借助政府的综合管理机制，对影响海洋生态平衡的各种海洋开发活动进行组织、指导、协调、控制和监督，并通过统筹规划，协调涉海各方行为方向，在保证整体利益的前提下，实现各种资源的有效利用。海洋资源开发程度越高，涉海行业越多，这种协调功能越要加强，海洋行政管理的作用越突出。

3. 海洋生态修复的复杂性

海洋处在地球的最低处，陆地上的各种物质，包括各种污染物质，大多归属于海洋。尽管海洋对进入其中的物质具有巨大的稀释、扩散、氧化、还原、生物降解能力，可以容纳一定量的污染物而不至于造成海洋环境的损害和破坏，但是，同任何一个生态系统对外来的干扰都有一定的忍耐极限一样，海洋的净化能力也是有一定限度的。无节制地任意向海洋倾倒废水、废物，不仅将造成海洋环境的污染和损害，而且，更为严重的是，如果人类活动排出的污染物超出环境的自净能力时，就会导致海洋生态系统产生不可逆的变化。即一旦对海洋环境造成污染损害，再要治理和恢复将十分困难。海洋环境的不可逆性要求政府主动介入，通过对企业和个人的排污行为进行限定，力求把人类的涉海行为框定在一个可控的范围中，以实现人类在利用海洋的同时能基本保持海洋生态系统的稳定与平衡。政府通过制定相关的政策法规，规范海洋开发行为，可以达到防患于未然之目的。

（二）海洋所蕴含的巨大价值成为海洋行政管理产生的客观依据

海洋行政管理的产生基于一个最基本的事实，即海洋是有价值的。从古代的鱼盐之利和舟楫之便，到世界交通的重要通道；从人类生存的重要空间，再到1992年的世界环境与发展大会认为，海洋是人类生命支持系统的重要组成部分，可持续发展的宝贵财富。海洋在人类生活中扮演的角色越来越重要，海洋的价值也越来越大。海洋价值的体现和实现是由人来完成的，而实现海洋价值，使海洋造福于人类，是海洋行政管理所要达到的基本目标。

海洋所具有的价值多种多样，从海洋与人类关系角度看，当前海洋的战略价值主要体现在三方面：

1. 海洋的政治军事价值

古今中外，海洋历来是国际政治斗争、军事活动的重要场所。海洋的战略地位极其重要，国际安全，沿海国家的安全，都与海洋密切相关。早在古罗马时代，西塞罗就指出："谁能控制海洋，谁就能控制世界。"古今中外的史实证明，凡大力向海洋发展的国家，皆可国势走强；反之，则有可能落后挨打。近代资本主义的发展和现代资本主义的繁荣，无不主要依靠国家海上力量。

1982 年通过的《联合国海洋法公约》首次以国际法的形式，对领海、毗连海、专属经济区和大陆架等作了具体规定。《公约》规定，在 12 海里以内的内水和领海，国家拥有完全主权；24 海里以内的毗连区及 200 海里以内的专属经济区和大陆架，国家拥有海域管辖权和资源主权权利。根据《公约》的有关规定，属于我国管辖的海域达 300 多万平方公里。《海洋法公约》的规定，无疑为沿海国家提供了一个更加广阔的发展空间和广泛的海洋权益，国家管辖范围的扩大，意味着国土资源开发管理的权利和任务加重，同时，也意味着以海域划界和海洋资源开发为核心内容的国际海洋权益斗争更加复杂和激烈，海洋作为人类的重要生存空间不可避免地成为新时期国际斗争的焦点，成为国际政治经济和军事斗争的重要舞台。（1）全世界共有 380 多处国家间海洋边界需要划定，目前只解决了约 1/3，海上边界划分将是未来一段时间国际海洋政治事务的核心问题。（2）海洋经济领域的海底油气资源争端、渔业资源争端、深海矿产资源勘探开发领域的竞争，以及深海生物资源利用，日趋激烈。（3）海洋政治经济领域的斗争必然影响海洋军事，形成以维护海洋权益为中心的军事防卫任务，局部地区出现争夺海岛主权、争夺管辖海域、争夺经济资源的海上冲突。今后海洋领域的政治军事斗争将有许多新的特点：一是对海洋的争夺和控制超出以往控制海上交通线和战略要地，以及通过海洋制约陆地的性质，由争夺具有战略意义的海区和战略通道变成争夺岛屿、海域和海洋资源，争夺的目的是为了控制和开发海域的海洋资源；二是由过去主要海洋大国对海洋的争夺变为广大沿海国家特别是中小国家纷纷参与争夺；三是为了加强在国际经济格局中的竞争能力，无论是发达国家，还是发展中国家重视海洋科学技术的投入，认识到海洋科学技术能力就是获取最大海洋利益的根本，把加强海洋科学技术研究与开发作为提高本国国际竞争力的基本筹码；四是为了适应新的海洋斗争形势，各国在裁军、控制军事力量规模的同时，都在调整军事战略，重点加强海军力量建设；五是争夺海洋的力量已由单纯的武装力量发展到政治外交力量、经济开发和科技力量与军事力量相结合的综合海上力量。因此，海洋领域的斗争是关系到民族生存和发展的战略性争夺，是国家综合实力的较量，也是涉及政治、经济、科技、军事等多领域的复杂斗争。

2. 海洋的经济价值

海洋的经济价值是指海洋对人类社会经济生活所具有的意义，主要表现在海洋所具有的丰富资源以及由此所形成不同的海洋产业对人类的贡献。海洋资源的价值是一个不断被挖掘和实现的过程。在人类社会发展早期，海洋主要作为直接的天然"仓库"为人类的生活和生产提供物质资料，人们可以"靠海吃海"，借助"渔盐之利"来满足自己的部分生活需要。随着生产力的发展、社会的进步和人类对自然界的支配能力的提高，海洋资源逐步成为劳动加工的对象，成为各种生产资料的原料基地。而且，人们正在逐步扩大对海洋这一天然资源利用的范围和深度，使之更多更好地为人类服务。人类从海洋中采挖或提取的资源，为多种产业提供了丰富的生产要素及不同形式的服务，是海洋产业发展的重要物质支撑。从人类生产活动角度来看，海洋资源主要有矿产资源、生物资源、可再生能源、海水资源、航道资源等，这些资源作为生产活动要素成为经济发展的物质基础，是人类可持续发展所需要的能源、矿物、食物、淡水和重要金属的战略资源基地。为此，沿海国家纷纷把开发海洋列为基本国策，海洋产业成为各国国民经济的战略产业。从 20 世纪中期开始，海洋经济获得了长足的发展。20 世纪 70 年代以来，世界海洋产业总产值十年左右翻一番，从 60 年代末的 1100 亿美元，到 2001年已达到 13000 多亿美元，占全球 GDP 的 4%。2006 年达到 15000 亿美元，海洋产业对全球经济的直接和间接贡献从 1991 年的 10% 上升到 2001 年的20%。我国的海洋经济也始终保持旺盛的发展势头。2000 年，我国主要海洋产业总产值 4133.5 亿元，占国内生产总值的 2.6%，比 1991 年翻了两番。2003 年我国的海洋产业总产值首次突破 10000 亿元大关，达到 10077.71 亿元。2011 年我国海洋生产总值 4.56 万亿元，占国内生产总值的 9.7%。这些数字表明海洋经济已经成为我国国民经济的重要组成部分和新的增长点，海洋资源成为现代经济发展的重要依托。

3. 海洋生态价值

海洋是全球生命支持系统的一个基本组成部分，是人类生存的自然基础。海洋的生态价值就是指海洋的这种作为人类生命维持系统、生态系统所具有的价值，主要表现为海洋环境属性对人类生存和发展的意义。海洋自然生态系统是生物圈中具有独特形态、结构和功能的组成部分。海洋中的每个构成部分又各有其独特的地质地貌、物理化学性质和生物组成。它们具有其他自然生态系统不可替代的价值。海洋生态系统在以物质性产品的形式满足人类生存、发展和享受的需要的同时，又以非物质性产品的形式为人类提供舒适性服务，满足人类更高层次的需要。海洋生态系统向人类提供的产品和服务很多，包括各种海产品、化工原料、基因资源等，同时还通过气候调节、水质净化、物质循环等，维持着人类生存的自然环境的平衡。海洋生态系统给人类提供的服务主要包括：

（1）供给服务：为人类提供食品、原材料等产品，从而满足和维持人类物质需要的服务。如：食品生产、原料生产、基因资源等。

（2）调节服务：是指人类从海洋生态系统调节过程中获得的服务和效益，如：氧气生产、气候调节、废弃物处理、生物控制、干扰调节等。

（3）文化服务：是指人们通过精神感受、知识获取、主观印像、消遣娱乐和美学体验等方式从海洋生态系统中获得的非物质利益，如：旅游娱乐、文化用途、知识扩展服务等贡献。

（4）支持服务：支持服务是指保证海洋生态系统供给服务、调节服务和文化服务所必需的基础服务，主要包括：初级生产、物质循环、生物多样性维持等。与供给服务、调节服务和文化服务不同，支持服务对人类的影响是间接的或者通过较长时间才能发生，而其他类型的服务则是相对直接的和短期影响于人类，其价值通过供给服务、调节服务和文化服务体现。

海洋是一个自然系统，它并不是为人类而存在的。人类在漫长的进化过程中，形成了为适应这种自然环境所特有的生理结构和生活习惯；人们对海洋资源的开发利用，逐渐强化了社会经济对海洋的依赖。人类不断增加形式多样的海洋活动，越来越影响海洋的自然平衡，以至改变了海洋环境以及海洋资源结构。但是海洋的这种变化大都不是按照人的意愿在发展，相反，许多变化对于人类来说只具有消极的意义，有的甚至是灾难性的。比如：厄尔尼诺现象、拉尼娜现象，不仅造成海域生物资源的破坏，而且使亚太地区乃至全球大气环流发生异常变化，在局部地区引发台风、暴雨或干旱等灾难性天气。全球变暖是当前世人关注的一个严重问题。气温的升高，导致海水理化指标的改变，会影响海洋生态；导致极地冰块的融化，会使海平面上升、海岸侵蚀加剧、海水倒灌及土地盐碱化；导致海洋和大气环境关系的改变，其后果现在还很难准确估价。同样，日益加剧的海洋污染，频繁发生的赤潮现象，直接破坏了海洋的生态资源，对海洋渔业的发展提出严重的挑战。总之，人类的活动影响了海洋环境，但这种影响的结果不是使海洋像家畜那样被人类驯化，而是需要人类为适应其生存环境的变化付出巨大的代价。早在一个世纪以前，恩格斯就提醒人们："我们必须时时记住：我们统治自然界，绝不像征服者统治异民族一样，绝不像站在自然界以外的人一样，——相反地，我们连同我们的肉、血和头脑都是属于自然界的，存在于自然界的；我们对自然界的整个统治，是在于我们比其他一切动物强，能够认识和正确运用自然规律。"①

海洋的自然特征、价值属性决定了海洋管理活动必须充分体现出生态性和可持续性，而海洋开发利用活动的连带性、复合性又要求海洋开发利用的管理者、规制者有先进的管理理念和系统整合的管理方式。无论是维护海洋的自然特性还是规范海洋开发利用活动，都需要一种新的不同于一般的涉海行业管理的现代海洋管理理念和管理体系，用以指导现实的海洋实践活动，海洋行政管理学正是立足于海洋的自然特性、适应海洋开发利用的管理要求而产生。

二、海洋行政管理学的学科基础

海洋行政管理作为行政管理的一个重要组成部分，其存在必然以行政管理理论为依托。同时，海洋行政管理以海洋为研究领域的特色，又使其必须立足于海洋自然科学的理论支撑，因此，可以说，行政管理与海洋科学的理论框架和基本原理为海洋行政管理学提供了学科基础。

（一）行政管理理论

1. 行政管理的含义及特征

行政管理并不是人类社会一出现就有的现象，它是从社会管理中演化出来的一种特殊管理，是一种高层次的管理形态。"是国家权力机关的执行机关行使国家权力，依法管理国家事务、社会公共事务和行政机关内部事务的

---

① 恩格斯：《自然辩证法》，《马克思恩格斯选集》第3卷，人民出版社1972年版，第518页。

活动。"① 具体而言，行政管理泛指"各级国家行政机关以公共利益为目的，依据宪法及法律的规定，通过科学、及时地制定和准确、有效地执行公共政策，管理公共事务、维护公共秩序、保证公共安全、提供公共产品、实施公共服务的活动。换言之，行政管理是依法运用公共权力、承担公共责任、解决公共问题、保障公众利益、满足公众需求的一种最为广泛、最为经常、最为直接的国家行为"②。

行政管理作为管理的一种形态，具有与一般管理相同的基本特征，如都具有计划、组织、领导、控制等管理职能。但行政管理作为一种行使国家权力、执行国家意志的管理活动，必然又具有其他管理（如工商管理）不同的特点，表现在：

（1）行政管理的主体是国家行政组织，即国家行政机关，是与立法、司法部门相对而言的行政执行部门或最高国家权力的执行机关，它对执行宪法和各种法律负有责任，在宪法和法律规定的范围内依法进行管理是各国行政组织的一种普遍特点。

（2）行政管理的客体是国家事务、社会公共事务和行政机关内部事务。尽管行政管理是根据国家法律推行政务的组织活动，但在执行中又能动地参与和影响国家立法和政治决策，制定政策是行政管理的一种重要活动方式。既管理社会的公共事务，又执行阶级统治的政治职能。

（3）一切行政活动都是直接或间接与国家权力相联系，以国家权力为基础。行政权力是国家政治权力的重要组成部分，是行政管理活动赖以展开的强制性依据。现代国家的行政权力主要来自于国家的宪法和其他法律规定，其中包括法定权力和法律授权。依法行政是行政管理的内在要求。

（4）行政管理是人类改造社会的实践活动的一个特定领域，有它自身发展的客观规律性。

2. 行政管理的构成要素

从管理学的角度研究行政管理，可以认为行政管理与一般管理一样，主要是由行政目标、管理主体、管理对象、管理工具等构成。但是从行政管理

---

① 夏书章：《行政管理学》（第二版），中山大学出版社 1998 年版，第 2 页。
② 张国庆：《公共行政学》（第三版），北京大学出版社 2007 年版，第 69 页。

是国家行政权力性质的角度看，行政管理的构成要素就应该不同于一般的组织。行政管理的主要构成要素应该包括①：

（1）行政权力。行政权力是国家政治权力的重要组成部分，是行政管理活动赖以展开的强制性依据。现代国家的行政权力主要来自于国家的宪法和其他法律规定，其中包括法定权力和法律授权，有的国家的行政权力也会来源于行政惯例。

（2）行政职能。行政职能是政府的职责和任务，也是行政机关设置的依据。行政管理的内容由具体的行政职能所反映，所以不同历史时期国家工作重心不同，行政职能的侧重点不同，具体行政职能也不同。

（3）行政组织。行政组织是各类行政机构的总称。行政组织是行政职能的载体，所有行政职能都是通过行政组织而得到行使和最终实现的。所以行政组织也是国家机器的重要组成部分。

（4）行政体制。行政体制也称为行政管理体制，是行政权力的外在形式，具体表现为行政机构内部的领导组合方式。行政体制由行政组织、行政制度和行政关系共同构成，它既包括不同行政层级之间行政组织的隶属关系，也包括同级行政组织之间的相互组合关系。行政体制直接关系行政权力的实现程度，关系行政组织功能的发挥和行政职能的实现。

（5）行政管理方法。行政管理方法是实现管理目标的"工具"。一般的行政管理方法包括法制和财政，这两类依据都源于国家权力，其中，财政提供物质性的行政管理依据和手段，法制提供非物质性的依据和手段。

3. 行政管理学的研究对象

基于对行政管理含义的认识，作为学科的行政管理学则是一门研究国家行政机关依法有效地对国家事务、社会公共事务和行政机关内部事务进行管理的活动及其一般规律的科学，其研究对象与行政管理的主要构成要素是一致的。包括：

（1）行政管理主体研究。这是行政管理学的核心部分，具体包括政府职能、行政组织、行政领导、行政伦理道德等。

（2）行政管理流程研究。这是行政管理学的重要部分，具体包括行政

---

① 徐双敏主编：《行政管理学》，科学出版社 2008 年版，第 4—5 页。

决策、公共财政、行政执行、行政监督、行政法治。这些内容构成了行政管理的必备条件及整个流程。

（3）行政管理技术手段研究。涉及行政计划、行政效率、机关管理、电子政务、危机管理等诸多方面。

行政管理学产生于19世纪后期，当时自由资本主义向垄断资本主义的转变，政府行政职能的扩张，英美等主要资本主义国家文官制度的确立，是行政管理学产生的时代背景；政治学的发展和科学管理理论的诞生，是行政管理学产生的理论基础。一百多年来，行政管理学最初从政治学分离出来，经过了形成、成长和发展的不同阶段，在研究内容上，已经从注重研究政府内部的机构、过程、人员等效率问题，转到注重研究政府的公共责任、政府管理对象、管理绩效评价、公共管理环境等政府外部问题。在研究形式上，行政管理学已经形成为一门多学科交叉、渗透，多种学派并存的理论与应用相结合的系统的科学。

由于政府行政管理的复杂性、所涉及的对象和事务的广泛性，与此相应，行政管理学也必然要研究涉及各个方面、各个领域的管理问题，由此，发展出了许多专业的、领域的分支行政管理理论，如司法行政管理、公安行政管理、交通行政管理、环境行政管理、海洋行政管理等。

海洋行政管理学作为行政管理学的重要分支理论，是行政管理学在海洋管理领域的运用和延伸，其存在必然以行政管理的基本理论为学科基础，与行政管理学相同的本质特征，与行政管理的发展保持着一致性。行政管理学的基本理论、研究对象、框架体系为海洋行政管理学的构建设定了基本的框架体系，提供了理论前提和依据。

（二）海洋科学理论

海洋科学是研究海洋的自然现象、性质及其变化规律，以及与开发利用海洋有关的知识体系。它的研究对象是占地球表面71%的海洋，包括海水、溶解和悬浮于海水中的物质、海洋中的生物、海底沉积和海底岩石圈，以及海面上的大气边界层和河口海岸带等。

海洋科学的研究领域十分广泛，其主要内容包括对海洋的物理、化学、生物和地质过程的基础研究，海洋资源开发利用，以及海上军事活动等的应用研究。基于海洋本身的整体性、海洋中各种自然过程相互作用的复杂性，以及主要研究方法、手段的共同性而统一起来，使得海洋科学成为一门综合性很强的科学。

人类认识海洋的历史，是在沿海地区和海上从事生产活动开始的。古代人类已具有关于海洋的一些地理知识。但直到 19 世纪 70 年代，英国皇家学会组织的"挑战者"号完成首次环球海洋科学考察之后，海洋学才开始逐渐形成为一门独立的学科。20 世纪 50—60 年代以后，海洋学获长足发展，特别是 1957 年，海洋研究科学委员会（SCOR）和 1960 年政府间海洋学委员会（IOC）的成立，促进了海洋科学的迅速发展。

海洋科学研究和科学理论呈现出日益增强的整体化趋势。随着海洋科学的发展，揭示的海洋现象越来越多，因此学科的划分也就越来越细，研究领域也越来越广。近几十年来对海洋现象和过程的深入研究发现，各分支学科之间是彼此依存、相互交叉、相互渗透的，每一分支学科只有在整个海洋科学体系的相互联系中才能得到重大发展。现代海洋科学的研究体系，大体可以分为基础性学科研究和应用性技术研究两部分。基础性学科是直接以海洋的自然现象和过程为研究对象，探索其发展规律。应用性技术学科则是研究如何运用这些自然规律为人类服务。

海洋中发生的自然过程，按照内秉属性，大体上可分为物理过程、化学过程、地质过程和生物过程四类，每一类又是由许多个别过程所组成的系统。对这四类过程的研究，相应地形成了海洋科学中相对独立的四个基础分支学科：海洋物理学、海洋化学、海洋地质学和海洋生物学。

如同自然科学中的其他学科一样，海洋科学的各个基础分支学科不仅互相联系，互相依存，而且互相渗透，不断萌生出许多新的分支学科，如海洋地球化学、海洋生物化学、海洋生物地理学、古海洋学等。

从海洋科学的研究方向和研究内容看，海洋科学的研究，特别是在早期，具有明显的自然地理学方向，着重于从自然地理的地带性和区域性的角度研究海洋现象的区域组合和相互联系，以揭示区域特点、区域环境质量、区域差异和关系，形成了区域海洋学。

由于现代科学技术发展很快，海洋资源开发技术与日俱新，因此需要专门研究如何把基础理论研究成果应用到实践中去，解决生产技术问题。这样，在海洋科学研究中就逐渐分化出一系列技术性很强的应用学科和专业技

术研究领域。如海洋工程，它始于为海岸带开发服务的海岸工程。到了 20
世纪后半期，世界人口和经济迅速增长，人类对蛋白质和能源的需求量也急
剧增加，因此海洋工程又增加了深海采矿、经济生物的增养殖、海水淡化和
综合利用、海洋能的开发利用、海洋水下工程、海洋空间开发等内容。

海洋科学研究成果的应用，由于服务对象不同，还相应地形成一些相对
独立的应用性学科，如海洋水文气象预报、航海海洋学、渔场海洋学、军事
海洋学等。

但是，如同其他自然科学研究一样，任何学科分类和体系都不是最终的
封闭系统，随着对海洋研究的深化和扩展，海洋科学的学科分类和体系将不
断地有所更新和发展。

海洋行政管理学尽管不研究海洋的自然特征，但作为一门因海而兴的学
说，其理论构建必然离不开海洋自然科学知识的基础，离开海洋科学知识而
泛泛地谈海洋行政管理，那只能是无的放矢，无本之木。

第三节　海洋行政管理学的学科特征与框架体系

海洋行政管理的实践推动和理论发展，既为海洋行政管理学的产生创设
了前提条件，同时又要求海洋行政管理学带有鲜明的时代和海洋特色。但由
海洋行政管理发展为"海洋行政管理学"则要经历长期积累的过程。对于
目前的海洋行政管理是否已经成长为"海洋行政管理学"这一问题，国内
外学者尚没有对此进行充分而有力的论证。当然，由海洋行政管理生长出海
洋行政管理学需要具备一些外在的硬性条件，如：有一批学者关注这个主
题、有相关的学术著作、有高等院校开设专门课程等，但就学科自身来讲，
更主要的则取决于海洋行政管理学是否具有明确的学科特征和确定的研究内
容，只有这样，海洋行政管理才能发展为海洋行政管理学。

一、海洋行政管理学的特征

任何一个学科都是把客观世界的某一类事物、现象或过程作为自己的研
究对象，它要探讨这类事物或现象及过程的本质联系或规律性，从而形成学
科的概念、范畴、原理和方法的理论体系。海洋行政管理作为一种客观的社

会活动及其过程，它构成海洋行政管理学的研究对象。海洋行政管理学是一门研究海洋行政组织和海洋行政管理活动过程及运动规律的科学，它的目标是调整涉海组织及个人关系，促使海洋行政组织更有效地执行海洋政策与法律，优化海洋资源配置，维护国家的海洋权益，保护海洋环境，促进海洋经济、社会的可持续发展。

海洋行政管理学的学科特征如下：

1. 海洋行政管理学是行政管理学的一个重要分支。作为行政管理学的分支学科，海洋行政管理不能背离行政管理的基础规律。行政管理学是从整体上研究国家行政事务管理的原理和方法，为我们在有关行政机构设置、科学决策以及行政执行、控制等方面进行海洋行政管理提出了一系列规律和原则。海洋行政管理是国家行政管理的一个组成部分，这是建立海洋行政管理学的逻辑起点。海洋行政管理学在研究内容和研究方法上与行政管理学有着诸多的相同和相似之处，如都要研究政府职能、行政组织、法治行政等一般性问题。但二者也有明显的差别，海洋行政管理学具有鲜明的海洋特色，它是运用行政管理学的基本理论、概念、方法对海洋行政组织及其行政实践活动进行分析的学说，是行政管理学在海洋领域中的运用和发展，二者是包含与被包含的关系。

2. 海洋行政管理学具有独特的研究对象。尽管海洋行政管理学从学科归属上源于行政管理学，但其研究对象的独特性决定了它与一般行政管理学的本质区别。海洋行政管理学是以涉海行政组织及其行政实践行为为研究对象，要揭示海洋行政组织的职能、结构特征，海洋行政组织的运行过程和运行规律，要研究海洋领域中一些特殊的管理问题，如海洋权益维护、海域使用、海洋环境保护、海岛开发与保护等具体内容。海洋行政管理学的研究内容是一般行政管理学难以涵盖的，也是其他具体的行政管理学难以涉及的，因此，具有学科的独立性。

3. 海洋行政管理学具有跨学科性与综合性。海洋行政管理学是以行政管理学、管理学、海洋学、政策学等为背景发展起来的，是多学科交叉的产物。但是，海洋行政管理学对其他学科的跨越并不是简单地移植、机械地套用，而是对相关学科知识的有机整合和综合运用，在吸收其他学科理论和方法的基础上，也形成了自己的"研究范式"，具有自己的研究对象、范畴和体系，是综合性与独立性的统一。

4. 海洋行政管理学是理论性与实践性的统一。海洋行政管理学是以实践和应用为取向的，是一门理论见诸于实践的学科。通过对不同时期、不同阶段的海洋行政管理实践进行系统的总结和分析，形成了系统化的理论体系。因此，海洋行政管理学有着很强的理论性。海洋行政管理学所包含的每一种理论与方法，都直接或间接地为海洋行政管理实践活动提供了具体的指导，具有重大的咨询参考意义。海洋行政管理学研究的实践性是海洋行政管理学的生命力所在。

5. 海洋行政管理学是规范研究和实证研究的统一。规范研究主要指通过价值判断作出结论的分析方法，即根据一定的理念、价值标准或行为规范对"是非"作出一定的评价，主要回答"应该怎么样"的"应然性"问题。实证研究指通过观察、描述事实，进而依据事实得出结论的分析方法，主要回答"是什么"的"实然性"问题，最大限度地收集与客观事实相关的一切资料，是实证分析方法的基础。海洋行政管理学既是实证的，重视客观事实、观察调研，重视从经验中汲取知识和重视以问题为导向；同时又是规范的，提倡研究海洋行政管理中的"应该不应该"的问题，寻求海洋行政管理的价值取向以及相应的基本准则，用以规范海洋行政管理行为。

二、海洋行政管理学体系建构的原则

（一）理论密切结合实际原则

海洋行政管理体系构建的意义在于通过它可以对海洋行政管理有一个总体性的认识。这一总体性的认识既包括感性认识，即对海洋行政管理主体、海洋行政管理组织、海洋行政管理手段、海洋行政管理对象等直观的把握；也包括深层次的理性认识，即上述范畴存在的理论基础。实际解决的是实然问题，而理论解决的是应然的问题。在海洋行政管理体系构建的过程中要体现理论联系实际原则，表现在两个方面：首先海洋行政管理从学科角度构建体系结构本身就属于理论研究的范畴，理论研究应坚持的首要原则就是理论联系实际原则。如果一套理论不能联系实际并有效地运用于实际，那理论研究就失去了存在的价值。或者说，研究出来的理论怎么能够被证明是正确的？仅凭严密的逻辑分析，翔实的规范分析是远远不够的。很多理论分析从逻辑上都是正确的，但最终却被实践证伪。将海洋行政管理定位于一门学科的出发点是通过构建一整套的海洋行政管理理论来更好地指导我们的海洋行政管理实践，单纯就学科论学科是没有任何实际意义的，即用理论指导实践是我们从事理论研究的出发点和归宿。在具体的体系构建上，应遵循理论密切结合实际这一原则。也就是说体系在构建过程和具体的构建环节上都必须以现实的海洋行政管理实践为基础，不能片面追求理论上的标新立异，这只能导致闭门造车的结果。与此同时，还要注重理论的实际应用，理论实际应用的基础在于理论必须是正确的，具有指导性。这要求我们在体系构建过程中要注意联系实际的海洋行政管理状况，善于发现现有管理存在的问题，并在此基础上探寻改进的对策，以为海洋行政管理实践提供借鉴。

（二）突出海洋特色原则

海洋行政管理本身就是行政管理的一个组成部分，但这并不意味着海洋行政管理学科体系构建过程中必须严格遵循和套用行政管理学体系构建的原则和框架。由于海洋领域的特殊性，要求我们在海洋行政管理体系构建过程中要突出海洋特色。第一，海洋行政管理的出发点是维护国家海洋权益，推动国家海洋事业的发展，而海洋行政管理体系构建在于寻求对海洋行政管理的一般理论认识，具体涉及人类对海洋的科学认识、海洋实践活动的客观规律等。因此，本着这一目标，在构建海洋行政管理体系的过程中，要研究行政管理系统中海洋行政管理的海洋特色性，把握通过构建海洋行政管理理论体系指导和推动我国海洋事业发展这一理论目标。第二，海洋行政管理学突出海洋特色性还表现在，海洋行政管理涉及的具体研究领域的特殊性。如：针对海洋环境的管理，解决的是经济开发所导致的海洋环境污染问题；针对海域使用的管理，目的在于合理规划、开发利用海域资源、促进海洋的可持续发展等。

（三）系统性原则

构建海洋行政管理体系要遵循系统性原则是指海洋行政管理理论体系的各个组成部分要相互联系、符合逻辑性，构成一个不可分割的有机体。系统性的原则要求是要有逻辑性，即海洋行政管理体系应有内在的一致性，按照一定的逻辑结构形成一个有序的体系。应该按照这一个逻辑结构来分析，即：海洋行政管理既然是一种涉及具体区域——海洋的管理，那么其定义是什么？管理的主体是谁？管理什么？在什么样的环境下进行管理？管理中应遵循的基本理念是什么？这就涉及海洋行政管理的定义、主客体、管理环境以及所遵循的基本理论问题。以上问题可以概括为海洋行政管理基本理论，这是我们进行研究的起点。以上问题解决之后，接下来探讨海洋行政管理组织，这一部分解决的是海洋行政管理的实施主体及组成体制问题。海洋行政管理组织解决的是管理的主体及机制问题，而海洋行政管理行为及工具则旨在解决如何管理以及采取什么工具来管理的问题。

（四）生态性原则

海洋行政管理学的生态性原则体现在两个方面：一方面，海洋行政管理的主体和客体自身不仅是由具有特定功能的生态系统，而且主客体的交互作用也形成特定的生态系统。这些生态系统中的各要素既相互独立又交互作用，可以起到"一加一大于二"的功效，也可以产生"一加一小于二"的效果。同时，海洋自身是一个流动的、不稳定的、边界模糊的生态体系，单纯依靠某一特定职能部门、特定执法力量、特定管理手段等难以管理好这个生态系统。正是在这样的背景下，"基于生态系统的区域海洋管理"的概念才被学界日益重视。另一方面，把握海洋行政管理学的生态性还应该立足于中国特定的政治生态环境进行建构。中国的传统文化、政治体制、市场发育程度、公民社会发育程度、政府能力和职能、行政管理体制等因素与西方有着较大的差异性，因此需要立足于我国行政管理的客观生态环境，与我国行政管理体制改革相衔接起来，探索符合我国发展阶段和发展特色的"海洋行政管理学"。

三、海洋行政管理学的框架体系

海洋行政管理学涉及内容广泛，既包括行政管理学所通常涉及的一般性研究内容，也包括海洋行政管理学所涉及的特殊的研究领域，如果取舍不当，可能导致海洋行政管理学或因强调了行政管理学的共性而忽略了个性；或因过于强调海洋的个性而忽略了行政管理学的学科特性。如何实现共性与个性的统一，是本书在构建体系过程中首先要解决的问题。按照强化特色、突出重点、体现共性、取舍有度的思路，本书依照从一般到个别、从基础内容到特色领域的逻辑联系建构海洋行政管理学的理论体系。该体系实际涵盖两大板块内容：

1. 海洋行政管理学的基础研究内容

海洋行政管理学作为综合运用多种学科理论和方法来研究海洋行政管理活动及其规律的知识体系，从属于行政管理学，因此，对于海洋行政管理学科内容的安排，应首先遵从行政管理学学科的一般要求。鉴于这样的认识，本部分的研究基本思路通过以下内容来实现。

首先，明确"是什么"，"从哪里来"等问题，即回答海洋行政管理和海洋行政管理学的内涵与外延，弄清楚海洋行政管理学产生的前提和基础，海洋行政管理学的研究对象等基本问题。

其次，回答海洋行政管理由谁来管、应该如何管的问题。通过对海洋行政职能、海洋行政组织的系统阐述，揭示海洋行政职能、海洋行政组织的特性和运行规律。

最后，解决怎样进行海洋行政管理的问题。通过海洋政策、海洋行政法治、海洋信息管理等具体内容的阐释，明确海洋行政管理的方式、手段和工具等基本问题。

2. 海洋行政管理学的特色研究领域

海洋行政管理学作为一门新兴学科，除了从理论和实践中获得养分外，一个非常重要的特点还在于通过解决海洋行政管理领域中的特殊问题和难点问题来夯实自己的基础和拓展自己的空间。正是这些特色管理领域，显示出海洋行政管理的独特性和必要性。由于带有海洋特色的研究领域非常宽泛，难以用列举的方式一一陈列，且易出现主次不分"眉毛胡子一把抓"的现象，所以本书在选择海洋行政管理的特殊研究领域时，没有把涉海的行业性的管理领域涵盖在内，如海洋渔业管理、海上交通管理等，而是以带有综合性质的海洋管理领域为主要内容，重点阐述了海域使用管理、海洋环境管理、海岛开发与管理、海洋应急管理等内容。

四、构建海洋行政管理学的意义

海洋行政管理事关一个国家海洋事业的发展、海洋综合国力的提升以及海洋强国战略的实现。海洋行政管理学作为海洋行政管理的知识体系，不仅有助于帮助人们了解和掌握海洋行政管理的理论体系，更重要的还在于指导海洋行政管理实践活动，提高海洋行政管理效率，促进海洋经济的可持续健康发展。其意义具体表现在：

（一）为国家海洋行政管理工作合理高效的运行提供理论基础

海洋行政管理学是为了了解和掌握海洋行政管理的基本规律，科学履行政府海洋管理职能，促进海洋经济与社会协调发展。长期以来，由于我国海洋行政管理缺少系统的认识论和方法论支撑，导致实践中的海洋行政管理带有很大的盲目性和被动性，始终摆脱不了"头疼医头、脚疼医脚"的"末端管理"的局限。海洋行政管理学在增强海洋行政管理研究的系统性和前瞻性的同时，进一步提升了海洋行政管理理论对实践的指导能力，促进国家海洋行政组织更加科学、高效地从事海洋行政管理实践活动。

（二）为推进海洋行政管理体制改革提供理论依据

一方面，海洋行政管理体制改革迫切需要得到理论指导，从而不断推动海洋行政管理学向广度和深度发展；另一方面，海洋行政管理学从改革实践中获得新的研究动力，也获得新鲜的研究课题和研究素材，研究成果直接服务于改革实践，充分体现了海洋行政管理学的学位价值。改革是理论发展最好的推动力，同时，理论也是改革顺利有序推进的基本保证。

（三）为建设海洋强国提供人力和智力支持

海洋行政管理人员的素质高低直接影响着海洋管理部门治理能力的高低，影响到我国海洋强国战略的顺利实施。尤其是在进入海洋世纪的今天，海洋管理者面临着前所未有的挑战：海洋权益维护的迫切性、海洋资源开发不可持续性、海洋环境保护的严峻性、海洋公共危机的频发性等，使得海洋公共事务复杂程度不断提高，海洋行政管理的难度不断增加，海洋行政管理创新的需求不断增大。所有这些都迫切要求海洋行政管理人员和有志于从事海洋行政管理的在校学生学习和研究海洋行政管理知识，了解和把握海洋行政管理的规律，以提高自身的理论素质和专业化水平，并最终提高海洋行政管理部门的管理效能和管理水平。

当前，海洋正在对世界政治、经济、社会产生越来越重要的影响，与之相应，海洋行政管理的重要性也日益凸显。海洋事业的迅速发展需要有科学的海洋行政管理理论的指导，正所谓"没有革命的理论就没有革命的行动"。因此，构建科学的海洋行政管理学理论体系，不仅将通过为海洋实践活动"定规立矩"来解决海洋开发利用活动中的实际问题，而且能够通过研究海洋实践活动中人与人、人与海洋关系，通过研究海洋行政活动的过程和内在规律，把握海洋事业发展的方向和趋势，为海洋事业发展提供理论依据支撑。

第二章 海洋行政管理职能

行政职能是行政管理的基础，行政职能的范畴决定着行政权力的配置、行政组织的构建以及行政领导的方式等。对于海洋行政管理而言，确定海洋行政管理职能同样有着非常重要的基础性作用。

第一节 海洋行政管理职能概述

随着海洋开发与保护的深入，海洋行政管理职能的重要性逐渐凸显，它对传统行政管理职能产生了重要影响。对海洋行政管理职能进行界定，是进一步探讨海洋行政职能的构成及转变的基础。

一、海洋行政管理职能的含义

行政管理职能又称公共行政职能或行政职能，在某些条件下亦可称政府职能。行政管理职能是公共行政的基础，它直接决定了行政组织的构建及其权力配置。所谓行政职能，就是指行政组织在管理活动中的基本职责和功能作用，主要涉及行政组织管什么、怎么管、发挥什么作用的问题。行政职能的核心价值点在于回答行政主体"应该做什么"的问题，其反题则在于"不应该做什么"[1]。就国家职能而言，行政职能是与立法职能、司法职能相

---

[1] 张国庆：《公共行政学》（第三版），第69页。

对应的职能，是国家公共职能之一。

海洋行政管理职能，或称之为海洋行政职能，是行政职能在海洋领域的重要表现和具体化。具体而言，海洋行政管理职能是指政府实现国家海洋权益和满足海洋事业发展需要而负有的职责和所应发挥的功能。它实际上是政府在海洋权益维护、海洋开发与保护中，应该涉及多大的范畴，采取何种手段，承担何种责任，发挥何种功能。海洋行政管理职能概括了政府在海洋行政管理中的内容、方式及作用。

海洋行政管理职能与国家的海洋管理活动密切相关。正是有了国家对海洋活动管理和规范的职能需求，才使得海洋行政管理成为可能。因此，海洋行政职能是海洋行政管理的基础和前提。要深入了解海洋行政管理职能，还需要把握以下几个方面：

第一，海洋行政管理职能延续了行政职能的基本范畴。行政职能主要确立政府管理的范围和深度，匹配政府的职权和责任。作为行政职能组成部分的海洋行政管理职能，同样为了实现政府在海洋行政管理中的管理范畴，实现职权与责任的匹配。

第二，海洋行政管理职能超越了行政职能的争议主题。对于行政职能而言，其争议的焦点在于政府应该管什么，不应该管什么。因此，探讨政府与市场的关系，效率与公平的关系，是行政职能争议的核心主题。对于海洋行政管理职能的争议主题而言，则主要在于探讨政府在海洋资源开发和海洋环境保护中应该处于何种位置，行使何种权力。换言之，海洋行政职能争议的主题是政府应该侧重海洋资源开发，还是侧重海洋环境保护。

二、海洋行政管理职能的依据

海洋行政管理职能是海洋行政管理的基础，是海洋行政管理的权力、体制、领导等确立的依据。有什么样的海洋行政管理职能，就需要配置相应的权力，构建相应的管理体制，实施相应的行政领导。因此，确立海洋行政管理职能至关重要。换言之，如何确立海洋行政管理职能，即明确海洋行政管理职能确立的依据，是海洋行政管理职能的重要内容。

1. 行政职能的范畴。海洋行政管理职能是行政职能的重要组成部分，因此，行政职能的范畴对海洋行政管理职能有着重要影响，从而构成海洋行政管理职能设定的依据之一。行政职能可以分为两大部分：统治职能和服务职能。因此，海洋行政管理职能也相应地分为两部分：维护国家海洋权益，实现海洋开发与保护的平衡。维护国家海洋权益体现了行政职能的统治职能，实现海洋开发与保护的平衡则体现了行政职能的服务职能。

2. 海洋行政管理的目的。海洋行政管理目的是政府在海洋行政管理中的基本价值理念阐述和规定，包含着海洋行政管理的基本价值标准。海洋行政管理目的对海洋行政管理职能有着重要的引导作用。一旦确立海洋行政管理目的，就需要设置相应的海洋行政管理职能。目前，我国的海洋行政管理目的，主要是维护海洋权益，规范海洋开发，保护海洋环境，实现海洋资源利用与海洋生态环境保护的平衡。这一海洋行政管理目的成为海洋行政职能确立的重要依据。

3. 海洋实践活动的需要。人类开始走进海洋，开始了海洋实践活动之后，国家才开始设置相应的海洋行政管理职能。因此，海洋实践活动的需要，是海洋行政管理职能的依据。随着社会发展，海洋能够为人类提供越来越多的资源，海洋环境对人类的影响也越来越重要。因此，人类的海洋实践活动，不管在广度还是在深度上，都将呈现不断拓展的趋势。因此，海洋行政管理职能也将不断得到拓展。

4. 国家的海洋战略与政策。国家战略以及国家的基本政策，对行政职能有着重要影响。对于海洋行政管理职能而言，国家的海洋战略与海洋政策同样有着重要的影响，甚至可以确立其基本范畴。目前，我国已经提出"实施海洋强国"的战略规划，也相应地出台了一系列的海洋政策。这些海洋战略和海洋政策直接影响到海洋行政管理职能，从而也是海洋行政管理职能确立的依据。

三、海洋行政职能的作用

海洋行政管理职能是海洋行政管理的基础。因此，海洋行政管理职能在海洋行政管理中有着重要的作用。

1. 海洋行政管理职能是海洋行政管理权力配置的依据。行政职能的范畴，决定行政权力的配置。只有按照行政职能配置行政权力，才能实现权责一致。同样，在海洋行政管理中，海洋行政管理职能也是确立行政权力的依据和基础。只有明确了海洋行政管理职能的范畴以及职能的广度和深度，才能赋予海洋行政管理主体相应的行政权力。

2. 海洋行政管理职能是建立海洋行政组织的依据。行政组织与行政职能存在内在关联：一方面，行政组织是行政职能的必要载体，离开这一载体，行政职能就无法实现；另一方面，行政组织必须依据行政职能进行科学设置。① 同样，海洋行政管理职能决定了海洋行政组织的数量、规模、层次以及运行方式。因此，科学认定和确立海洋行政管理职能是建立结构合理、功能齐全的海洋行政组织体系的前提。有什么样的海洋行政管理职能，就需要建立相应的海洋行政组织体系。

3. 海洋行政管理职能是海洋行政管理活动科学化的基础。行使行政职能是行政管理活动的重要过程，各项行政职能之间有着先后顺序和相互制约关系。同样，在海洋行政管理中，确立海洋行政管理的各项职能，能使我们更清楚、更科学地认识和把握海洋行政管理的过程。不仅能够从宏观角度，而且能够从微观角度，了解观察海洋行政管理过程的运行状况，了解各个环节内部的工作状况以及各个环节之间的衔接情况，从而把握海洋行政管理各阶段所产生的实际影响和效果。因此，注意发挥海洋行政管理各项职能应有的作用，认真检查各个环节之间的关系，是实现海洋行政管理活动科学化的重要内容，也是重要基础。

4. 海洋行政管理职能实现程度是检验海洋行政管理绩效的重要标尺。检验和考察政府是否有效地履行和实现了行政职能，是评价行政绩效最为重要的标准。在海洋行政管理活动中，海洋行政管理职能能否得到充分发挥和完全实现，受到行政权限划分、组织机构设置、人员素质、活动原则、经费收支等多方面的影响。因此，海洋行政管理职能的实现，受到海洋行政管理中多种因素和活动的影响。作为海洋行政管理的产出结果，测评海洋行政管理职能的实现情况，是检验海洋行政管理绩效最为便捷和科学的途径。

---

① 郑志龙：《行政管理学》，高等教育出版社 2011 年版，第 103 页。

第二节   海洋行政管理的一般职能

按照不同的划分标准，海洋行政管理职能的构成有着不同的种类。按照一般的角度，海洋行政管理职能可以分为海洋政治职能、海洋经济职能、海洋文化职能及社会管理职能。

一、海洋政治职能

海洋政治职能，亦可称之为海洋政治统治职能，是国家政治职能在海洋方面的体现。国家的政治职能即国家的阶级统治职能，是国家运用暴力、法制等特殊的强制力，控制被统治阶级，镇压被统治阶级及一切破坏现存的政治法律秩序、社会秩序的分子的反抗的政治管理职能。政治职能最为集中地体现出国家的本质属性。同样，海洋政治职能也是国家本质在海洋方面的体现。通过海洋政治职能的梳理，可以窥见国家在海洋管理方面的基本立场。当然，海洋政治职能并非国家政治职能在海洋方面的简单体现，海洋政治职能也具有一些不同于一般意义上的独有内涵。概括而言，国家的海洋政治职能囊括以下内容：

第一，维护国家海洋权益，实现国家利益。海洋权益是海洋政治职能的重要内容，也是海洋行政职能对外职能的表现。一般而言，行政管理职能只是针对于内部职能，对外职能属于国家的政治职能。但是在海洋行政管理职能中，需要将对外职能纳入其中。海洋权益的维护，需要相关的行政管理部门介入，特别需要海上行政执法队伍的积极行动。与海洋军事力量不同，海上行政执法队伍的海洋权益维护，可以为国家提供更多的回旋余地，从而更有利于国家形象的维护。

第二，维护海洋开发秩序，保障国家权益与公民的海洋利益。这是海洋政治职能的第二个方面，它也集中体现了海洋行政管理职能的核心特征。随着陆域资源的日渐匮乏，海洋资源逐渐进入人们开发的视角。但是海洋资源开发过程中，由于技术或成本方面的限制，破坏海洋环境的行为时有发生。而海洋作为人类生存环境的最后调控者，一旦海洋环境遭到破坏，对人类的影响将是灾难性的。因此，维护海洋开发秩序，合理引导与规范海洋开发，评估海洋开发的危害，实现海洋开发下的海洋生态维持与环境保护，就成了海洋政治职能的重要内涵之一。

二、海洋经济管理职能

海洋经济管理是海洋行政管理职能的经济表现，属于政府的经济职能。海洋经济管理是指政府或其他公共组织为达到一定的目的，对海洋领域的生产和再生产活动进行的以协调各当事者的行为为核心的计划、组织、推动、控制、调整等活动。海洋经济管理职能的目的是协调海洋资源的开发利用，建立结构和布局合理的海洋产业，提高海洋经济系统的产出效能；防止和减少生产活动对海洋自然资源和环境的损害，维持海洋的健康状态和生态平衡；提高海洋在人口就业和人的全面发展方面的作用。

按照管理主体的层次不同，海洋经济管理职能可分为三个层次：一是中央政府对全国海洋经济系统的管理；二是各经济区域和各沿海地方政府对本地区海洋经济活动的管理；三是各海洋产业部门对本行业的经济管理。按照领域或者管理的内容不同，海洋经济管理职能又可以划分为两个方面：一是海洋资源开发管理职能；二是海洋产业管理职能。当前，海洋经济管理职能最大的问题就是政府过多地介入海洋的经济开发中，甚至直接进行海洋资源的开采，表现出明显的政企不分。在今后的海洋经济管理职能中，政府需要逐步退出海洋直接开发，让位于社会其他组织，尤其是经济组织，政府主要处于监督者、协调者的位置。

三、海洋文化管理职能

海洋文化，就是有关海洋的文化；就是人类源于海洋而生成的精神的、行为的、社会的和物质的文明化生活内涵。海洋文化的本质，就是人类与海洋的互动关系及其产物。[①] 海洋文化管理职能是指政府促进社会关注海洋，普及海洋意识，繁荣海洋文化的管理职能。我国自古就是一个陆域文化为主的国家，国民的海洋意识不强，海洋文化事业发展滞后。因此，政府负有繁荣海洋文化的职责。概括而言，海洋文化管理职能的内容可以分为以下几个

① 曲金良：《海洋文化与社会》，中国海洋大学出版社 2003 年版，第 26 页。

方面：

1. 培养国民的海洋意识。我国国民的海洋意识还非常薄弱。例如1998年《中国青年报》曾进行"中国青年蓝色国土意识调查"，有三分之二以上的被调查者认为我国的国土面积为960万平方公里，在这些被调查者的观念中根本就没有300万平方公里的"海洋蓝色国土"概念。上海、北京部分高校里的一些大学生对《瞭望新闻周刊》提出的"海洋问题"并没显示出太多的兴趣。[①] 政府可以从以下三个方面培育国民的海洋意识：一是培养海洋国土意识，从媒体宣传、教科书等各个方面强化我国300万平方公里的海洋国土，而不仅仅是960万平方公里的陆域国土；二是培养国民的海洋资源意识，让国民意识到，海洋蕴含着大量的资源和能源，应该重视海洋的开发与保护；三是培养国民的海洋环境意识，让国民意识到海洋环境的保护对我国及整个人类至关重要，在开发海洋的过程中，不能重蹈陆域"先污染，后治理"的老路。

2. 促进海洋文化事业的发展。由于我国传统文化具有浓厚的内敛特性，因而海洋文化事业在我国还处于起步阶段。我国中小学及大学中普遍缺乏有关海洋知识的教育；各类影视、书籍中对于海洋的记录也并不多见；各类有关海洋的博物馆、建筑等在我国也屈指可数。相对于陆域文化事业，我国的海洋文化事业亟须发展。政府作为今天文化繁荣的发动机，具有发展海洋文化事业的职能。具体而言，政府支持海洋文化事业发展的海洋文化管理职能包括以下几个方面：一是普及海洋知识和意识教育，建立从小学、中学到大学的系统海洋教育；二是大力进行海洋权益、海洋知识、海洋环境等方面的影视和书籍宣传，促进社会对海洋的认可；三是建设有关海洋的博物馆，修复有关海洋的传统建筑等；四是规范海洋文化产业的发展，文化产业是指凝结一定程度的知识产权，并传递象征性意义的创造性的文化产品和服务的生产、扩散、聚合体系。[②] 而海洋文化产业则是有关海洋文化创新的文化产业。通过海洋文化创新的文化产业发展，可以拓宽海洋文化事业发展的途径。

[①] 张宇等：《增强全民海洋意识：海洋强国必由之路》，《中共济南市委党校学报》2010年第4期。
[②] 安宇等：《国外文化产业：概念界定与产业政策》，《世界经济与政治论坛》2004年第6期。

四、海洋社会管理职能

海洋社会管理职能是政府或其他公共组织以促进海洋社会系统的协调运转为目标，对海洋社会系统的发展环节进行组织、协调、监督和控制的过程。政府社会管理职能的基本任务包括协调社会关系、规范社会行为、解决社会问题、化解社会矛盾、促进社会公正、应对社会风险、保持社会稳定等方面。具体而言，海洋社会管理职能包括以下几个方面的内容：

1. 解决海洋开发造成的社会问题。随着海洋开发的深入，因为海洋开发而衍生了众多社会问题。海洋生态环境的破坏，是海洋社会问题的集中体现，也是衍生其他海洋社会问题的主要根源。例如海洋生物多样性降低，渔业资源匮乏，造成大量渔民失业；海洋石油开发或运输，造成大面积海域污染，损害了沿海居民、渔民及企业的利益，引发社会问题。这些因为海洋开发或海洋环境保护不利所造成的社会问题，需要政府予以解决。政府在解决环境海洋社会问题的时候，所行使的就是海洋社会管理职能。

2. 培育海洋社会组织。海洋社会组织是社会组织（或者称之为非营利组织、非政府组织）的组成部分，它们在平衡社会发展，促进社会进步方面发挥着重要的作用。总体而言，我国的海洋社会组织较之国外，发展较为缓慢。国外已经诞生了一些非常有影响力的海洋社会组织，例如海洋守护协会、国家水下与海洋组织、海洋管理委员会等。目前，我国的海洋社会组织主要是自上而下类型的，即主要由政府成立，经费由政府拨付的官方海洋社会组织。而自下而上类型的民间海洋社会组织则较为少见，主要有蓝丝带海洋保护协会、大海环保公社等为数不多的几个海洋社会组织。培育海洋社会组织，尤其是促进民间海洋社会组织的发展，是政府海洋社会管理职能的重要内容。

3. 协调涉海人群关系。随着海洋开发的深入，涉及海洋开发与保护的社会群体已经越来越多。这些人群基于不同的立场和利益，产生了一定的矛盾，需要政府在海洋行政管理中予以协调。例如基于海洋环境保护的海洋自然保护区设立，对周围的渔民生计造成冲击；建设大型港口码头对沿海居民生存空间的侵占所衍生的冲突。这一系列社会问题的产生，在于不同涉海人群有着不同的利益诉求和立场。因此，如何协调他们之间的关系，促进不同涉海人群的和谐发展，是海洋社会管理职能的重要内容。

　　4. 加强海洋社区管理。海洋社区是人们在涉海生产和生活中形成的文化同构、习俗一致、业缘关联的地域共同体。随着海洋经济、海洋产业以及海洋事业的发展，海洋社区逐渐发展壮大起来，而且其与陆域社区的差异性越来越明显。以往，渔村等是海洋社区的主要形态。现在，随着沿海大型海洋加工业、港口、运输等的发展，海洋社区的形态越来越多。对于政府而言，对这些海洋社区进行有效管理，促进其发展，是一项重要职能，这也构成了海洋社会管理职能的重要内容。

　　海洋政治职能、海洋经济管理职能、海洋文化管理职能、海洋社会管理职能是从法理角度对海洋行政管理职能的划分。在现实中，上述的海洋行政管理职能主要由国家海洋局承担。国家赋予国家海洋局 10 项有关海洋行政管理的职能。（具体见表 2-1）

表 2-1　国家海洋局的海洋行政管理职能表

序号	内　　容
1	承担综合协调海洋监测、科研、倾废、开发利用的责任。组织拟订国家海洋事业发展战略和方针政策，组织拟订并监督实施海洋主体功能区规划、海洋信息化规划、海洋科技规划和科技兴海战略，会同有关部门拟订并监督实施海洋事业发展中长期规划、海洋经济发展规划。
2	负责建立和完善海洋管理有关制度，起草海岸带、海岛和管辖海域的法律法规草案，会同有关部门拟订并监督实施极地、公海和国际海底等相关区域的国内配套政策和制度，处理国际涉海条约、法律方面的事务。
3	承担海洋经济运行监测、评估及信息发布的责任。会同有关部门提出优化海洋经济结构、调整产业布局的建议，组织实施海洋经济和社会发展的统计、核算工作，组织开展海洋领域节能减排和应对气候变化工作。
4	承担规范管辖海域使用秩序的责任。依法进行海域使用的监督管理，依法组织编制并监督实施全国海洋功能区划，组织实施海域使用权属管理，按规定实施海域有偿使用制度，组织实施海域使用论证、评估和海域界线的勘定和管理，审批和管理海底电缆管道铺设。
5	承担海岛生态保护和无居民海岛合法使用的责任。组织制定海岛保护与开发规划、政策并监督实施，组织实施无居民海岛的使用管理，发布海岛对外开放和保护名录。
6	承担保护海洋环境的责任。按国家统一要求，会同有关部门组织拟订海洋环境保护与整治规划、标准、规范，拟订污染物排海标准和总量控制制度。组织、管理全国海洋环境的调查、监测、监视和评价，发布海洋专项环境信息，监督陆源污染物排海、海洋生物多样性和海洋生态环境保护，监督管理海洋自然保护区和特别保护区。

续表

序号	内　　容
7	组织海洋调查研究，推进海洋科技创新，组织实施海洋基础与综合调查，承担海水利用和海洋可再生能源的研究、应用与管理，管理海洋系列卫星及地面应用系统，拟订海洋技术标准、计量、规范和办法。
8	承担海洋环境观测预报和海洋灾害预警报的责任。组织实施专项海洋环境安全保障体系的建设和日常运行的管理，发布海洋灾害和海平面公报，指导开展海洋自然灾害影响评估工作。
9	组织对外合作与交流，参与全球和地区海洋事务，组织履行有关的国际海洋公约、条约，承担极地、公海和国际海底相关事务，监督管理涉外海洋科学调查研究活动，依法监督涉外的海洋设施建造、海底工程和其他开发活动。
10	依法维护国家海洋权益，会同有关部门组织研究维护海洋权益的政策、措施，在我国管辖海域实施定期维权巡航执法制度，查处违法活动，管理中国海监队伍。

第三节　海洋行政管理的特殊职能

海洋行政管理的一般职能，是按照一般的行政管理职能标准划分，它是行政管理职能在海洋领域的体现。海洋行政管理的特殊职能，是由于海洋自身的特殊性所形成的不同于其他领域行政管理的职能。

一、海洋权益维护职能

海洋权益维护是海洋行政职能的政治表现，是政府的政治职能之一。"海洋权益"是"海洋权利"和"海洋利益"的结合。"海洋权利"是"国家主权"概念内涵的自然延伸，即国际法赋予主权国家享有的海上权利；"海洋利益"即因享有海洋权利而获得的好处。[1] 所谓海洋权益，是指国家对其邻接的海域及其公海区域，以海域所处的地理位置和历史传统性因素，按照国际、国内法制度、国际惯例、历史主张和国家生存与发展需要享有的不同主权权利和利益要求。[2] 而海洋权益维护就是保障我国的这些主权权利和利益要求不被他国侵犯。目前，世界各国的海洋权益由1982年的《联合

---

① 刘中民：《"海权"与"海洋权益"辨识》，《中国海洋报》2006年4月18日。
② 鹿守本：《海洋管理通论》，海洋出版社1997年版，第104页。

国海洋公约》规定。《海洋法公约》规定了各国的海洋权益内容包括以下几个方面①：

第一，划定 12 海里领海和 24 海里毗连区的权利。《公约》明确规定沿海国有权建立不超过 12 海里的领海，沿海国对其领海、领海的上空、海床及底土享有等同于陆地领土的主权，唯一的不同在于其他国家的船舶有无害通过的权利。同时《公约》第 33 条规定，沿海国可以在领海以外，建立毗连其领海的、从领海基线起不超过 24 海里的毗连区。为防止和惩治"在其领土或领海内违犯其海关、财政、移民或卫生的法律和规定"的行为，沿海国在其毗连区内有行使"必要的管制"的权利。

第二，对专属经济区和大陆架的主权权利和管辖权。根据《公约》，沿海国可以建立 200 海里的专属经济区和作为其陆地领土自然延伸的大陆架。沿海国对上述两种区域内的自然资源享有主权权利，对专属经济区和大陆架的人工岛屿、设施和结构的建造和使用、对海洋科学研究、海洋环境保护与保全等事项享有管辖权，并享有为此而采取一定措施的权利。

第三，享有公海自由的权利。《公约》规定，公海对所有国家开放并应只用于和平目的。以前的公海四大自由现在扩大为六项：航行自由、飞越自由、铺设海底电缆管道的自由、建造人工设施的自由、捕鱼自由、海洋科学研究的自由。

第四，享有"国际海底"及其资源。享有"国际海底"及其资源是人类共同继承的遗产的原则。国家管辖范围以外的海床、洋底、底土（简称"区域"）及其资源，是全人类共同继承的遗产，"区域"内资源的一切权利属于全人类。因此，任何国家都享有"国际海底"及其资源，这是各国海洋权益的重要内容，中国同样享有"国际海底"及其资源。而且，中国已经获得一定"区域"的资源开采权。

第五，海洋科学研究。《公约》首先赋予所有国家以及各主管国际组织进行海洋科学研究的权利，并规定了进行海洋科学研究应专为和平目的等一般原则。《公约》将准许和进行领海内海洋科学研究的专属权利赋予沿海国，沿海国可对此作出规定；《公约》规定在专属经济区内和大陆架上进行

---

① 参见联合国第三次海洋法会议《联合国海洋法公约》，海洋出版社 1992 年版。

海洋科学研究，应经过沿海国的同意。

目前，我国海洋权益维护的任务非常艰巨。按照《联合国海洋法公约》的规定，在总面积为 472.2 万平方公里的中国边缘海区中，属于中国海区的面积为 300 万平方公里，但约有一半与 8 个邻国存在着争议。其中，在东海和黄海海域，我国与朝、韩、日三国之间存在 40 多万平方公里的争议海域；而仅在南海就有 143 万平方公里的海洋权益处于争议状态。① 在北部，我国与韩国存在包括黄海大陆架划分和以苏岩礁为代表的东海大陆架划分两部分的领海争端。在中部，我国与日本存在有关钓鱼岛问题的领土争端和东海大陆架划分争端。在南部，我国与东南亚很多国家存在南海诸岛的领土争端。例如越南主张对西沙和南沙全部群岛享有主权，并占据了南沙群岛的 28 个岛屿。菲律宾主张享有中沙和南沙群岛中 60 个岛屿的主权，实际占据了 7 个岛屿。马来西亚对南沙群岛主张 12 个岛屿的主权，实际占据 3 个岛屿。文莱则对我国南沙的南通礁提出领土要求，企图划分我国 3 万平方公里的海域，并占据 1 个岛屿。印度尼西亚宣布的 200 海里专属经济区深入我国传统海疆线 5 万平方公里。②

在海洋权益不断遭受侵犯的状况下，我国政府需要承担起海洋权益维护的职能，这也是我国海洋行政管理最为核心的职能之一。

二、海洋环境保护职能

海洋环境保护职能是政府或其他公共组织对海洋生态及资源进行保护，并防止人为污染海洋环境的职能。根据《海洋环境保护法》的规定，我国的海洋环境保护职能包括以下内容：

第一，海洋环境监督。海洋环境监督是指海洋行政主管部门或其他相关部门对经济组织、社会团体、公民个人使用海洋的行为进行监督，以防止破坏海洋生态、污染海洋环境行为的发生。具体而言，海洋环境监督还包括进行海洋功能区划、海洋环境保护规划、制定国家海洋环境质量标准、规范海洋倾废并收缴排污费、进行海洋环境监测、海洋环境信息管理、防治海洋环

---

① 张世平：《中国海权》，人民日报出版社 2009 年版，第 4 页。
② 王萍：《国际法确定南海海权的思考》，《河南省政法管理干部学院学报》2009 年第 1 期。

境污染以及处理海洋环境突发事件。海洋环境监督是海洋环境保护职能中最基本的内容，它体现出海洋行政组织对海洋开发主体的监督、指导和控制的职能。

第二，海洋生态保护。海洋生态保护是指国务院和沿海地方各级人民政府应当采取有效措施，保护红树林、珊瑚礁、滨海湿地、海岛、海湾、入海河口、重要渔业水域等具有典型性、代表性的海洋生态系统，保护珍稀、濒危海洋生物的天然集中分布区，保护具有重要经济价值的海洋生物生存区域及有重大科学文化价值的海洋自然历史遗迹和自然景观。具体而言，海洋生态保护包括海洋自然保护区和海洋特别保护区的设立和保护、重要海洋生态系统的维持和恢复、鼓励生态海洋渔业养殖、保护滨海湿地、海岛等重要生态基地。

第三，防治陆源污染物对海洋环境的污染损害。这一职能主要是指环境保护部门应该规范陆地的入海排污口设置、降低陆地污染物对海洋污染的程度。环境保护部门或海洋主管部门需要对排放的陆源污染物的种类、数量和浓度进行监控，并督促排放方提供防治海洋环境污染方面的有关技术和资料，并禁止向海域排放油类、酸液、碱液、剧毒废液和高、中水平放射性废水等污染物。

第四，防治海岸及海洋工程建设项目对海洋环境的污染损害。这一职能主要是指相关管理主体对海岸或海洋工程项目的建设进行环境评估，以防止海岸或海洋工程建设项目对海洋环境造成污染损害；对严重污染海洋的工程建设项目应该禁止立项。

第五，防治倾倒废弃物对海洋环境的污染损害。这一职能其实就是海洋倾废的管理，是指海洋行政主管部门划定海洋倾废区，并对相关行为主体的海洋倾废行为进行规范，以减低或防止倾倒废弃物对海洋环境的污染损害。

第六，防治船舶及有关作业活动对海洋环境的污染损害。这一职能是指海事管理部门对船舶污染物及废弃物、船舶垃圾接收、船舶清舱、洗舱作业等有可能造成海洋环境污染的活动进行规范、控制的职能。具体而言，这一职能包括对船舶港区水域内焚烧炉使用的规范、对船舶在港区水域内进行洗舱及排放压载水等作业的规范、对从事船舶水上拆解及海上船舶施工作业的规范。

三、海域使用管理职能

海洋行政管理中的海域，一般限定于我国内水和领海，其平面范围是从海岸线至领海外部界限，垂直范围包括水面、水体、海床和底土。^① 海域使用管理职能是各级海洋行政管理部门代表国家对使用海域的主体实施的依法管理的职能，是海洋综合管理工作的重要内容。海域使用管理的核心是实施海域使用申请审批制度和有偿使用制度。

政府的海域使用管理职能主要集中在以下几个方面：

第一，明确海陆界线。国家海洋局与国土资源部、交通部协同进行实地调查，严格确定每一处有争议的区域，并以法规形式予以明确，这对于各部门之间处理海域管理权限的关系将起到指导作用。

第二，加强海域使用管理中的基础性工作和配套制度建设。要使海域使用管理工作真正走上科学化、规范化、法制化道路，还需要做大量工作，加强海域使用管理中基础性工作和相关配套制度建设尤为重要。要加强海域使用的论证工作，严格按照《关于进一步加强海域使用论证工作的若干意见》展开论证。

四、海岛管理职能

海岛是指四面环海水并在高潮时高于水面的自然形成的陆地区域，包括有居民海岛和无居民海岛。我国拥有面积大于500平方米的海岛7300多个，面积在500平方米以下的岩礁有上万个。海岛陆域总面积近8万平方千米，占全国土地总面积的8%，海岛岸线总长14000多千米，为大陆海岸线的77.8%。^② 与大陆相比，海岛的特点主要是：地理环境独特，相对孤立地散布于海上，岛陆之间和岛屿之间的联系比较困难；海岛土地资源、森林资源有限，水资源严重短缺，生态系统十分脆弱；海岛自然灾害频繁，生产和生活条件不利，海岛环境资源的承载能力是有限的。

我国对海岛的管理职能分为有居民海岛管理和无居民海岛管理两大类。

① 《中华人民共和国海域使用管理法》第2条。
② 国家海洋局：《全国海岛保护规划》，2012年4月19日正式公布。

前者由国土部门行使管理权限，后者由海洋主管部门行使管理权限。对于有居民海岛，国土部门视同陆地管理。通常意义上，海洋主管部门对无居民海岛的管理职能主要包括海岛政策制度等的制定、海岛保护规划、海岛生态保护、海岛利用管理、海域海岛地名管理、海岛执法监察、海岛能力建设等方面。

海岛管理职能是海洋行政管理职能重要的组成部分。尤其是一些远离大陆的无居民海岛，加强其管理，不仅仅可以实现海岛资源的开发利用和生态环境的保护，而且也是海洋权益维护的重要组成内容。在南海等一些海域，部分周边国家觊觎我国南海丰富的资源而侵占了我国部分岛屿，侵犯了我国的海洋权益。因此，海岛管理职能是海洋行政管理特殊职能中非常重要的内容。

五、海洋应急管理职能

海洋应急管理是指以海洋主管部门为核心的多元主体为了降低海洋突发事件的危害，基于对造成海洋突发事件的原因、海洋突发事件发生发展过程以及所产生的负面影响的科学分析，有效集成社会各方面的资源，运用现代技术手段和现代管理方法，对海洋突发事件进行有效的监测应对、控制和处理。海洋应急管理职能则是指政府为了有效应对海洋突发事件的发生以及妥善处理不利影响所应承担的职责。按照时间维度，海洋应急管理职能的具体内容可以分为三个方面：海洋突发事件的预防；海洋突发事件的处理；海洋突发事件的恢复。

海洋突发事件具有一些突出特点，这些特点决定了海洋应急管理的艰巨性和紧迫性。概括而言，海洋突发事件具有扩散快、影响广、持续时间长、衍生性高等特点，这些特点使得政府而非民间成为海洋突发事件应对的主要主体，海洋应急管理职能也就理所当然成为海洋行政管理职能的重要组成部分。

六、海洋交通管理职能

海洋交通管理职能是指海事管理部门规范海洋交通，提高海洋运输而承担的管理职能。其内容包括：港湾监督、船舶航行监督与管理、锚泊监管、航道与航标管理、海上交通信息发布、导航、海上救助打捞、海洋环境保护等多方面的内容。海洋交通管理职能的重要目标之一就是保障船舶航行安全、提高航运效率。

对我国海洋交通管理来说，由于其系统化的发展时间还不是很长，加之所涉及领域广泛、关系错综复杂等原因，导致其管理模式问题在很长一段时期内难以着手解决。海洋交通管理中的问题主要有：海洋交通管理体制缺少协调机制和协作精神；海上交通管理缺乏强有力的法律保障；信息技术在海上交通管理中的应用远未普及。基于上述海洋交通管理的问题，我国海洋交通管理职能应该在以下几个方面加以侧重：加强协调与协作，完善海洋交通相关法律，为海洋交通管理提供一个可靠的法律保障；注重运用信息技术，逐渐实现海洋交通信息技术的普及。

七、海洋渔业管理职能

海洋渔业管理职能，是指国家通过渔业立法和执法手段对渔业生产全过程的计划、组织、指挥、协调以及监督等所进行的一系列管理活动，是渔政监督管理机构依据渔业法律法规对渔业实施监督管理的行政执法过程。随着渔业生产的发展和变化，海洋渔业管理自身也必须不断发展和完善，以达到保护渔业资源，维护正常的渔业生产秩序，保障渔业生产者的合法权益和我国的渔业权益不受侵犯的目的，从而促进渔业生产持续稳定发展。行使海洋渔业管理的职能，最重要的是理顺其中的各种关系。主要的关系有：渔民和国家之间的关系；渔业组织与国家之间的关系；渔业组织之间的关系。

第四节 海洋行政管理职能的转变

海洋行政管理职能并非一成不变。随着社会发展以及政府行政管理职能调整的要求，海洋行政管理职能也需要随之作出转变。当然，这种转变也体现了海洋行政管理理念转变的要求。

一、海洋行政管理职能转变的推动力

海洋行政管理职能转变的推动力，亦可以称之为海洋行政管理转变的原

因、必要性，它回答了我国海洋行政管理职能为何需要进行转变。实际上，这种转变，既有海洋行政管理外部的因素推动，也有其内部因素推动。

第一，我国行政管理职能改革要求海洋行政管理职能转变。政府转变行政管理职能既是经济体制改革对机构改革提出的客观要求，也是行政管理体制和机构改革的内在要求。我国历次机构改革都未能走出"精简——膨胀——再精简——再膨胀"的怪圈。党的十三大明确提出机构改革必须抓住职能转变这个关键，自此，行政职能的转变成为历次政府体制改革的核心内容和工作。如果职能不转变，势必要回到原来的运行方式上去，再次出现机构反弹膨胀，改革就会失败。尽管30年来政府职能的改革已经取得了阶段性的成果，但是政府职能转变还面临很多问题。今后行政管理职能转变仍是我国行政体制改革的重要内容。而海洋行政管理作为行政管理的一大重要领域，无论从管理性质看，还是从运行特点来看，都符合行政管理体制改革的背景和要求。因此，海洋行政职能转变是行政管理职能转变的必然要求。同时海洋行政管理职能的转变，也完善了政府对海洋管理的职能体系，是行政管理在特定领域内的职能要求和现实需要。

第二，我国经济体制改革的不断深化，要求海洋行政管理职能转变。建立与完善市场经济是我国经济体制改革的方向。在海洋开发与管理中，政府对海洋经济的干预仍然过多，经常既承担"运动员"的角色，又承担"裁判员"的角色，使得海洋资源开发与环境保护难以实现有效的平衡。因此，在海洋领域，我国的经济体制需要实现改革，从以前的注重计划和控制，转变到注重市场和引导。而这种经济体制改革的深入，海洋行政管理职能转变是其前提，也是重要内容。海洋行政管理职能需要及时作出新的转变抉择，既要从微观领域中退出，还权于市场，给市场以更多的发展空间，又要在"市场失灵"时积极有效地进行干预，加强宏观调控，强化战略引导，形成合理的产业结构，同时还要强化平衡协调功能，通过综合运用国家计划、财政政策和货币政策，保障社会总需求与总供给的平衡，推动社会经济的协调发展。因此，推动经济体制改革，完善海洋经济运行机制，必然要求海洋行政管理职能的转变。

第三，海洋行政管理问题的有效解决要求海洋行政管理职能转变。当前，我国海洋行政管理实践中存在很多问题，束缚海洋行政管理的手脚，也大大降低了海洋行政管理的效能。主要表现在，中央与地方的海洋管理范围不清，地方各省之间海洋管理的范围也没有划定，地区之间争海域、争资源、争浴场等矛盾时有发生；各地政府大力发展海洋经济，但海洋开发涉及行业多，综合性强，必须解决科学合理地使用海域问题，产业布局问题等。但在实际中重复建设造成的生产能力过剩，生产设备出现闲置和各种资源严重浪费的现象屡见不鲜，产生地区之间的矛盾和冲突；海洋治理的碎片化严重，跨区域性的海洋治理失灵。这些问题都需要通过海洋行政管理职能的转变，在科学、合理的职能框架体系内加以解决。

二、海洋行政管理职能重心的转移

我国海洋行政管理职能重心的转移，还没有实现认识上的一致。从目前的海洋行政管理职能的特点以及发展趋势看，海洋行政管理职能转变的重心应该包含以下两个方面：

一是从直接开发与保护海洋转移到主要对涉海组织及个人进行管理上。基于计划经济管理模式的延续，我国在海洋管理中，也秉承了直接管理的思路，即政府直接对海洋进行开发。在海洋行政管理的初期阶段，这种管理思路和模式适应了当时的实际，发挥了作用。但是随着社会发展，政府直接参与海洋开发与保护的职能方式已经不适宜。它使得权力高度集中于政府，政府管了许多不该管、管不了也管不好的事情。随着海洋开发的进一步深入，我国海洋管理的越位、缺位、错位以及由此而导致的管理效益低下的现象十分突出。另外，当前我国海洋行政管理还面临着一些新的形势和问题，如海域开发主体多元化，海洋开发高新技术的发展，海洋非传统安全因素的增加以及国际海洋争端的增加等，这些都迫切需要提高海洋行政管理的能力，由直接开发与保护转移到涉海组织及个人进行管理上。随着海洋公共事务的增多，越来越多的国人认识到，单独依靠行政力量是不能很好地完成海洋行政管理工作的，因此转变管理模式势在必行。要通过分权和授权，将海洋企业、海洋非政府组织以及海洋相关人群等引入到海洋产品和服务的提供中来，构建起一个由政府、市场和社会多元主体共同管理的模式，实现由全能型向有效型转变。对涉海组织和个人不再是管制和控制，而是转向提供服务，为服务创设条件。社会中的组织和个人不再是单纯的被管理对象，而是成为具有主体资格和独立行为能力的服务对象，成为海洋行政管理的主要参与者，成为海洋行政管理的中心。

二是从海洋开发为主转移到海洋保护为主。人类经济活动与海洋环境系统之间是相互促进相互制约的关系。海洋环境系统不仅为人类生存提供环境支持，而且为人类社会的发展提供了物质基础。人类从海洋环境系统中提取可用资源，为自己创造着财富，同时又把一些废物排入海洋环境，影响着海洋环境的质量。对海洋资源开发利用的经济活动，由于受人类当前技术水平的限制，必然会有大量的生活或生产废物直接或间接流入大海，从而对海洋环境形成污染和冲击，导致海洋环境质量恶化。同时，由于海洋环境的公共物品属性，海洋开发利用活动中往往出现海洋资源的浪费和过度开发，导致不可再生海洋资源短缺日益严重化。而且，过度开发可再生海洋资源，也将使海洋生物网中的食物链受到损害，从而影响海洋生态系统的再生能力。这就需要人们在海洋开发利用过程中必须注意处理好海洋经济发展与海洋环境保护的关系，尽最大可能减少对海洋环境的破坏程度，从海洋开发为主转移到海洋保护为主，建立有效的资源管理体系，来规避配置失衡。我们既考虑满足当代人的需要，又要兼顾后代人的生存与发展。

三、海洋行政职能方式的改变

海洋行政职能方式的转变，是海洋行政管理职能转变的主要组成部分。概括而言，它包括三个方面的转变：

（一）由单一运用行政手段转变为多手段综合运用

海洋行政管理的管理方式中，包括行政手段、经济手段和法律手段。海洋行政管理的行政手段包括出台各种海洋政策、海洋规划以及行政命令、指示、决议、决定等行政文件。行政手段实际上就是行使行政权威，具有强制性和垂直性。它是我国传统海洋行政管理的主要管理方式，具有成本低、效率高等优点。但是行政手段由于没有充分考虑下级的利益，因而经常遭受下级"上有政策、下有对策"的消极抵制。而且，它对资源的调配没有充分考虑被调配人的意愿，因而经常出现资源配置失当的情况。尤其是随着社会经济的发展，政府很难掌握充分的信息，因为行政手段造成资源配置失当的情况就与日俱增。

海洋行政管理的经济手段是指国家海洋管理机关运用税收、财政支持、收取费用以及奖励、罚款等经济手段间接管理海洋的手段。经济手段实质是运用市场机制来实现国家管理的方式。经济手段有利于社会经济利益重新分配，从而调节海洋活动中各种经济关系，使海洋活动中各种经济组织的活动方向、活动规模和发展速度等沿着有利于合理开发利用和保护海洋的方向发生变化，从而达到海洋治理的目的。

海洋行政管理的法律手段是指国家依据法律法规对海洋实践活动进行管理的方式，主要指通过海洋法律、法规的制定与颁布实施，依法来规范、监督人们的海洋实践活动，调解和处理海洋活动主体之间的矛盾纠纷，保证海洋开发利用活动的有序进行。海洋管理所运用的法律法规，是指所有调整我国海洋活动中各种关系的法规，既包括与海洋管理相关的国内所有法律法规，也包括调整涉海国家之间的有关国际海洋法规。

我国的海洋行政管理职能方式需要改变以往太注重行政手段的传统模式，而综合运用行政手段、经济手段和法律手段。行政手段可以提高海洋行政管理的效率，降低成本。而经济手段能够实现海洋资源的合理配置，有效提高个人、企业及其他社会组织参与海洋开发的积极性。海洋行政管理的法律手段则可以提高海洋行政管理的公平性，更好地实现开发与保护的平衡，有效约束海洋行政管理主体的管理行为，使其有法可依，需要建立完备的海洋管理法律法规体系。同时，需要保证海洋管理法律法规之间的协调性，要避免海洋行业管理部门制定的海洋法规与地方政府制定的海洋法规在内容上彼此冲突，导致海洋实践活动的人们无所适从。行政手段、经济手段与法律手段的综合运用，可以使得行政管理职能管理方式多元化，从而更好地实现海洋开发与保护的平衡。

（二）由微观管理为主转变到宏观管理为主

我国以往的海洋行政管理方式是政府直接开发与管理海洋。这种管理方式，其实质是计划经济的延续。国家包揽一切，从而造成国家既是"掌舵人"，又是"划桨人"。随着我国计划经济向市场经济的转变，在海洋行政管理中，也需要改变以往直接管理海洋、微观管理海洋的管理方式，从而转变为间接管理海洋、宏观管理海洋的管理方式。政府不再是海洋开发的主体，而由企业或其他社会主体进行海洋的开发，政府承担起"掌舵人"的角色。这种转变思维是新公共管理理论的主要内容之一。奥斯本早在 1992 年就提出政府"掌舵而非划桨"的改革思路。① 海洋行政管理的职能方式，转变为间接管理海洋、宏观管理海洋，有利于释放开发与保护海洋的民间资本和智慧，从而实现开发与保护的多样性。而且，政府作为"掌舵人"，可以居间调停，从而实现更好的调控。

（三）由行业管理为主到综合管理为主

海洋行政管理职能分属不同的管理部门，由此衍生了诸多问题。早在 20 世纪 30 年代，美国就提出了"海洋综合管理"（Integrated Marine Management）的概念。美国的阿姆斯特朗和赖纳在《美国海洋管理》一书中对海洋综合管理做了如下界定：海洋综合管理是指对某一特定海洋空间内的资源、海况以及人类活动加以统筹考虑的方法。这种管理方法可以被认为是特殊区域管理的一种发展，即提出把整个海洋或其中的某一重要部分作为一个需要予以关注的"特别区域"。② 海洋综合管理概念的提出，其背景之一就是针对在海洋开发、海洋环境保护与海洋资源利用之间的无序状态而提出的，这种无序状态的存在很难全面维护国家的海洋权益。相对于分散的行业管理，海洋综合管理是战略的、宏观的，面向未来的，是基于生态的，侧重海洋环境保护的管理。因此由分散的行业管理走向综合管理，将使得海洋行政管理更能适用海洋事业发展的要求，也能更好地保护海洋。

（四）由管理控制转变到共同治理

长期以来，受计划经济和全能型政府的影响，我国的海洋管理一直由政府直接控制，政府是海洋管理理所当然的主体。不可否认，政府在海洋管理中发挥着不可替代的作用，其所具有的优势使其能够产生其他非政府组织所达不到的效力。但是，政府的能力毕竟是有限的，整个国家管辖海洋需要整合利用各方力量，达到满足公共利益的共同需要。从世界发展状况看，第三部门的兴起，在维护公共利益方面发挥了积极的作用。西方学者通常把社会分为三个领域或部门：一是公共领域或部门（Public Sector）；二是私人领域

---

① ［美］戴维·奥斯本、特德·盖布勒：《改革政府——企业精神如何改革着公营部门》，周敦仁译，上海译文出版社 2006 年版，第 1 页。

② ［美］J. M. 阿姆斯特朗、P. C. 赖纳：《美国海洋管理》，林宝法等译，海洋出版社 1986 年版，第 168 页。

或部门（Private Sector）；三是有别于前两者或介于前两者之间的"第三域"或"第三部门"（Third Sector）。第一部门即公域，也就是政府组织。第三部门是介于政府组织和工商企业（私人部门）之间的一些部门，通常称为准公共部门，这些部门数量巨大，情况复杂，包括事业单位、社会团体和社会中介组织等。当前，第三部门已经成长为一支重要的社会力量，在对海洋环境、海洋资源保护和海洋权益维护方面发挥着越来越重要的作用。如绿色和平组织为阻止往海洋倾倒污染物所做的努力，我国的民间社团为保卫钓鱼岛所进行的斗争。正因为如此，《联合国 21 世纪议程》中一再强调海洋管理中要调动各方力量，并在第 17 章第 6 条中指出："每个沿海国家都应考虑建立，或在必要时加强适当的协调机制（例如高级别规划机构），在地方一级和国家一级上从事沿海和海洋区及其资源的综合管理及可持续发展。这种机制应在适当情况下包括与学术部门和私人部门、非政府组织、当地社区、资源用户团体和土著人民参加。"形成国家与社会共同管理海洋的管理方式，有利于整合全社会的力量进行海洋开发与管理，也使得海洋行政管理避免一些不必要的问题产生。

四、海洋行政职能关系的调整

职能关系是指不同的管理职能该由谁来负责以及管理主体之间的职能划分。在我国，职能关系主要表现为：中央与地方、上级与下级政府之间的关系；政企关系；政府与市场的关系；政府与社会的关系；政府内部各职能部门的关系。在海洋行政管理职能关系的调整中，具体包括以下几个方面的内容。

（一）理顺中央政府与沿海地方政府之间的关系

中央政府和地方政府都是海洋行政管理的主体，在根本利益上是一致的。目前我国的海上行政区划正在进行，但迄今为止，沿海省、自治区、直辖市的行政区划界向海一侧的界线大多没有划定。根据我国现行的法规，海域一直是由国家统一管理。随着我国沿海经济的快速发展，沿海特有的环境条件和便利的进出口口岸，已成为众多投资者的首选之地。海洋产业产值已接近国内生产总值的 10%。海洋越来越重要的战略地位，使几乎所有的沿海地方政府都十分关心海洋工作，并建立了相应的海洋管理机构，它们强烈地要求改变地方政府行政区划不含海域的现状，要求辖区下海，建立一种新的中央与地方分级管理海洋的制度，有的还自行认定了本地区的海域范围。中央与地方海洋行政管理机构之间的关系实际上是中央政府与地方政府关系在海洋行政管理领域中的具体体现。伴随中央与地方关系的调整，海洋行政管理领域中的中央与地方关系也在发生着一系列的变化，其中一个重要表现就是沿海地方政府要求扩大海洋行政管理权限。

由于我国的海洋行政管理主要是以中央海洋行政管理与行业海洋管理为主，因而，地方海洋行政管理机构的作用受到很大限制。但是，地方政府对各地的海洋开发利用活动相对熟悉，能够克服中央政府对社会需求的非敏感性，节约中央政府直接管理的成本。因此，借助沿海地方政府的地位优势，发挥地方政府管海的积极性，是当前调整海洋行政管理中中央与地方关系的一个重要内容。应当看到，发挥沿海地方政府的作用并不是要削弱中央政府的统一领导。因为统一的、有权威的中央政府海洋行政管理部门在我国的海洋事业发展中起着关键作用，在维护国家海洋主权和领域的统一完整、保持海洋政策的完整性统一性、维持国家海洋事业的整体发展、促进涉海资源的有效合理配置等方面发挥着不可替代的作用。要解决沿海地方政府在海洋管理中存在的问题，需要从中央到地方的共同努力，其中既需要强化地方政府管理海洋的职能，完善其官僚体制，同时，又要加强中央政府对海洋行政管理的统一、协调。

要处理好中央与地方政府海洋行政主管部门的关系，需要遵循以下原则：第一，必须坚持国家海洋行政主管部门对全国海洋生态环境管理工作的统一监督和指导；第二，要理顺国家与地方政府海洋行政主管部门各自的职权责任；第三，要充分调动和发挥地方政府管好海洋的积极性。

（二）理顺政府内部各职能部门之间的关系

当前，我国政府有多个职能部门拥有海洋行政管理的职能，如国家海洋局，作为国家海洋行政主管部门，主要负责海洋环境的监督管理、调查、勘测、监测、评价及科学研究，负责全国的海洋工程建设及海洋废弃物对海洋环境污染防治及管理的业务工作。农业部，作为国家渔业行政主管部门，负责对渔港水域非军事船舶和渔港水域外的渔业船只对海洋污染的预防及管理监督工作，管理渔业水域内的生态环境项目和渔业污染事故等。交通运输部，作为中国国家海事行政管理主管部门，负责港口水域内非军事船舶和港口水域外的渔业船只及非军事船舶对海洋环境污染的防治监督管理，负责在中国管辖海域内航行、停泊、作业的外国国籍船舶的海洋污染事业的监督处理。实际上，拥有海洋行政管理职能的部门远不止5个。例如环境保护部，是全国海洋环境保护项目的指导、协助、监督的主要负责机构，负责全国陆源污染及海岸工程建设对海洋环境污染的防治以及海洋环境保护管理。海军，负责海洋边防及对军事船舶的海洋环境污染的管理和污染事务的处理。很多涉及海洋管理的部门职能存在很大的交叉。以海洋污染防治为例，其被"条条"分割成不同的领域：国家海洋局主管海洋废弃物的污染防治；农业部主管渔港渔船及渔业的海洋污染防治；交通运输部主管港口水域及非军事船只的海洋污染防治；环境保护部也主管海岸工程的海洋污染防治及海洋废弃物的管理；海军则主管军事船舶的海洋环境污染的管理和污染事务的处理。管理职能的交叉重叠势必产生扯皮推诿现象，从而增大协调的难度。

这种职能的分化，是我国当前海洋行政管理尚没有走上综合管理的重要原因。各个部委依然沿着以往强调各自职能的惯性思路来进行管理。这种思路延伸到海洋行政管理中，就是各个部委突出自己在海洋开发与保护中所属的领域。因此，海洋行政管理形成"多龙治海"的局面，也就不足为奇。要打破"多龙治海"的海洋行业管理局面，需要转变管理思路，理顺政府内部各职能部门之间的职能关系，对海洋行政管理的各职能部门进行整合。

（三）理顺政府与涉海企业、社会组织、公众之间的关系

理顺政府与涉海企业、社会组织、公众之间的关系，其核心就是确立海洋行政管理职能的范畴，确立海洋行政管理职能应在多大程度上介入海洋活动中。政府需要放弃以往独揽一切的管理思路，应该借助涉海企业、社会组织、公众等社会力量来共同参与海洋治理。政府应该在海洋行政管理中注入民主、法制、科学的元素，在改革海洋管理体制的同时，培育起与海洋行政管理体制配套的运行机制。海洋事务涉及多方利益，需要建立一种处理海洋行政管理事务的协商机制。海洋行政管理的协商机制主要通过建立某种形式的协商机构来实现，即主要涉海管理的不同部门、相关组织，建立一个跨部门的组织机构。它的参与者除了各级政府及政府内的各有关部门之外，还包括海洋管理的研究者、涉海企业和民众团体等。由这些各方利益代表所组成的协调机构其运作模式不尽相同，可以通过以官方名义实行的正式沟通渠道，也可以通过以一种非官方行为实行的非正式沟通渠道。同时，建立一种向社会开放的机制，让公众或民间的力量参与到公共管理活动中来，建立海洋专家咨询团体，发挥他们的咨询功能。

第三章 海洋行政组织

海洋行政组织是海洋行政管理职能的主要承担者，也是海洋行政权力的主要运用者。海洋行政组织的设置，即海洋行政管理体制的完善，有助于推进海洋行政管理。目前，我国的海洋行政管理体制并不完善，不同的海洋行政组织之间存在职能交叉、权责不清，这使得海洋行政管理衍生出了很多问题。因此，完善我国海洋行政组织，健全海洋行政管理体制，是推进海洋行政管理改革的重要内容。

第一节 海洋行政组织概述

海洋行政组织在现实中表现为行使海洋行政管理职权的行政组织。我国的海洋行政组织经历了一个从无到有、由小到大的发展历程。海洋行政组织的发展壮大，表现出海洋行政管理逐渐受到重视。

一、海洋行政组织的含义

组织是人类生存的基本方式，没有组织，也就没有社会。组织是连接人与社会的中介，是社会的细胞和基本单元，是人们实现共同目标的工具。从广义上说，组织是指由诸多要素按照一定方式相互联系起来的系统。从狭义上说，组织就是指人们为实现一定的目标，互相协作结合而成的集体或团体，如党团组织、工会组织、企业、军事组织等等。一般来说，组织是指追求特定目标的社会群体，是两个以上的人、目标和特定人际关系这三种要素构成的一种特殊的社会群体。

公共行政学上所说的行政组织特指国家行政组织，即狭义的政府。从广义上来说，行政组织是指为执行一定行政事务而将从事共同工作的人们通过权责和任务分配结成系统协调的组织机构；从狭义上说，则指为执行国家的政务所结成的有系统的组织结构。因此，我们这里所指的行政组织仅仅指国家机构中的政府系统，不包括政府系统以外的其他公共组织，既不包括立法组织和司法组织，也不包括一些承担社会服务职能的社会组织。在我国，指的是国务院及其领导下的各级政府系统。行政组织在本质上是统治阶级推行其意志的工具，因而最直接地体现了国家职能的性质。行政组织是大量日常国务活动的直接承担者，任何行政管理的问题都与行政组织相联系，其管理思想、管理行为和管理方式，直接关系到国计民生、国富民强以及社会的稳定与发展。

海洋行政组织是海洋行政管理的主要承担者，是以国家海洋利益为目标，通过其管理职能的发挥，从而提高海洋开发利用的系统功效，保护海洋环境，促进海洋的可持续发展和维护海洋权益的政府组织。从行政法的角度而言，海洋行政组织需要具备三个必要条件，即依法享有海洋行政管理职权，能以自己的名义实施海洋行政管理活动，能够独立地承担由此产生的法律责任。

海洋行政组织亦有狭义与广义之分。狭义的海洋行政组织，即是指国家海洋行政主管部门。在我国，国家海洋行政主管部门主要指国家海洋局及其地方各级海洋行政管理部门。国家海洋局包括总局和北海、东海、南海三个分局，沿海地方政府中的海洋部门由于也接受国家海洋局的业务指导，因而也可以将之纳入狭义的海洋行政组织范畴之内。沿海地方各级海洋行政管理部门的名称及其职权关系并不相同，这也体现了地方海洋行政组织的复杂性。

广义的海洋行政组织，除了国家海洋局之外，还包括其他一些涉海行政组织。这些涉海行政组织的主要职能并非海洋行政管理，但是由于其管理职能也涵盖海洋，因而也被归入海洋行政组织之内。因此，广义下的海洋行政组织可以分为海洋行政主管组织和海洋行业主管组织。海洋行政主管组织主要指国家海洋局及其附属组织，它作为主要的海洋行政组织，承担我国主要的海洋管理职能。海洋行业主管组织则包括交通部门、农（渔）部门、公安部门、海关、环境保护部门、旅游部门、国土部门等十几个职能部门。其中国家海洋局、交通部、农业部、公安部及海关等都有自己的海洋执法队伍，它们被称之为中国海监、中国海事（或中国海巡）、中国渔政、中国海警及中国海关。

广义的海洋行政组织除了上述职能部门之外，沿海地方政府也可以纳入其中。我国有11个省级沿海地方政府，其中包括7个省政府，1个自治区政府和2个直辖市。此外，还有6个副省级沿海地方政府，它们是大连、青岛、宁波、厦门、深圳5个副省级城市和天津滨海新区1个副省级市辖区。11个省级沿海地方政府和6个副省级沿海地方政府也是海洋行政组织的重要主体。

二、海洋行政组织的种类

海洋行政组织按照不同的标准，可以有不同的种类划分。

（一）按照管理范畴或者客体的标准，可以将海洋行政组织划分为海洋行政主管部门和涉海行业管理部门

海洋行政主管部门承担着海洋行政管理的主要职责，负责海洋事务的统筹、协调和规划。目前，随着海洋事务的增多以及海洋的重要性逐渐凸显，世界各国都设置了主管海洋事务的海洋行政主管部门。在我国，海洋行政主管部门主要指国家海洋局及其下属机构。海洋行政主管部门代表国家对海洋实施一体化管理，可以有效实现海洋的统筹规划和综合管理。因此，世界上很多国家都将海洋行政主管部门设置为海洋综合管理组织，并赋予其很高的管理权限。

涉海行业管理部门则是只有权对涉及自己行业的海洋活动或者对象实施管理的海洋行政组织。涉海行业行政管理部门的管理权限也并非仅仅局限于海洋，它们是基于自己的职能划定，对海洋中有关自己的职责范畴事务进行管理。例如交通部对海洋上的一切有关交通的事务进行管理。涉海行业管理组织具有专业化的优点，因而可以辅助海洋行政主管部门管理海洋事务。涉海行业管理部门是海洋行政组织中的一个重要组成部分，它们构成了海洋交通管理、海洋渔业管理、海洋油气管理等的管理主体。但是另一方面，由于

海洋行政主管部门与涉海行业管理部门处于同一行政层级，它们之间没有隶属关系，因而也造成了一些管理事务的推诿和扯皮，造成管理不畅。因此，进行海洋行政主管部门和涉海行业管理部门的职权划分、责任确定等成为海洋行政管理改革内容之一。

（二）按照管理权限层级的标准，可以将海洋行政组织划分为中央海洋行政组织和地方海洋行政组织

中央海洋行政组织主要是指代表中央对有关海洋事务进行管理的海洋行政组织。不同的国家，对于中央海洋行政组织赋予的权限是不同的。有的国家将中央海洋行政组织设置为部级，享有较高的地位。例如韩国设立了国土海洋部，赋予了它较高的管理权限。而有的国家的中央海洋行政组织则地位较低。例如美国的中央海洋行政组织为国家海洋和大气管理局，为商业部下属的管理部门，较之韩国，权限较低。在我国，国家海洋局是最主要的中央海洋行政组织，它是隶属于国土资源部的国家局，代表中央对海洋事务进行统筹管理。除此之外，其他一些涉海行业管理主体，例如交通部、农业部等也属于中央海洋行政组织。

地方海洋行政组织是指负责地方海洋事务管理的行政组织。在我国，地方海洋行政组织也有广义和狭义之分。广义的地方海洋行政组织指沿海地方政府。在我国，沿海 11 个省、直辖市单位，以及沿海市政府、县政府、乡镇政府等，都属于地方海洋行政组织。狭义的地方海洋行政组织则主要指沿海地方政府中的海洋管理部门。在我国，沿海省市中的海洋与渔业厅（局）是狭义的地方海洋行政组织。它们接受多个中央部委的指导，对沿海的海洋环境、渔业，甚至沿海滩涂等进行管理。

（三）按照管理方式的标准，可以将海洋行政组织分为海洋决策组织、海洋幕僚组织和海洋执法组织

海洋决策组织，亦可称之为海洋首脑组织，是指在海洋事务中统筹全局，具有决策权的领导组织，它是海洋行政组织的中枢或统率，是海洋行政管理效能的关键。海洋决策组织在现实中表现为各个海洋行政组织的领导团体，包括中央相关部委的部长、局长以及副部长、副局长等，沿海地方政府的省长、市长以及副省长、副市长等，海洋渔业厅（局）的厅长、局长以及副厅长、副局长等。

海洋幕僚组织通常是指协助海洋决策组织处理海洋日常事务的综合性办事组织，其典型的存在形式是各级海洋行政组织中的办公厅（室）。海洋幕僚组织没有特定的专业性，它不能离开海洋首脑组织而独立存在，其活动直接听从海洋首脑组织及其领导的指挥和要求。由于海洋幕僚组织是紧靠海洋首脑组织且完全听命于首长的一个组织，事实上参与海洋事务的协调、沟通、汇集信息、处理纠纷等各个环节，它的状况直接关系到海洋首脑组织功能的发挥，因而历来被认为是一种重要的海洋行政组织。

海洋执法组织，亦可称之为海上执法武装或海上执法力量，是指具有执法权并配备专门的执法队伍的海洋行政组织。它们都配备有专门的执法武装、船只以及飞机等。2013 年以前，我们共有五支专门的海洋执法队伍，它们是隶属国家海洋局的中国海监、隶属交通部的中国海事、隶属公安部的中国海警、隶属农业部的中国渔政以及中国海关的海上缉私队。五支执法队伍有着不同的职责分工，分别负责海洋权益、海上交通、海上治安等海洋事务的执法。但是由于五支执法队伍隶属不同的职能部门，沟通不畅，也造成了现实中的一些问题。2013 年的机构改革，对海洋执法组织进行了整合，将中国海监、中国海警、中国渔政以及海关的海上缉私等四支执法队伍进行了合并，组建成立了新的海洋执法组织——中国海警局。目前，我国海洋执法组织包括中国海警局和中国海事两支执法队伍。

第二节　海洋行政管理体制

海洋行政管理体制决定了海洋行政组织的机构设置和运行，是海洋行政组织的重要内容。世界各国的海洋行政管理体制不尽相同，我国实行统一管理与分散管理相结合的海洋行政管理体制。这一体制尽管在以往的海洋行政管理中发挥了重要的作用，但是随着海洋开发和保护的深入，也衍生出一些问题。进一步理顺我国的海洋行政管理体制，是海洋行政组织改革的重要内容之一。

一、海洋行政管理体制的含义

行政管理体制是有关行政机关机构设置与管理权限划分的具体制度，主要包括两层意思：一是政府或者行政机构的设置，即系统问题；二是政府或者行政机构的活动方式，即在政府或行政机构运行的基础上怎样规范其行为。行政管理体制往往通过一定的组织结构体现出来。结构是行政管理组织的基本属性之一，它确定行政组织的总体布局，规定了行政组织的法定权力、职责以及各种行为主体之间的相互关系。结构方式不同，即使要素相同，行政组织的性质也可能存在较大的差异。正因为不同的组织有不同的要素和不同的结构方式，才形成不同的体制类型和不同的管理模式。

因此，我们将海洋行政管理体制概括为：海洋行政管理体制是有关海洋行政组织系统化和体系化的组织制度，是建立在国家政府行政体制之上的海洋行政管理的组织制度。它决定国家海洋行政管理机构设置、职权划分和活动方式、方法。它决定着海洋行政组织的机构设置、职权划分和责任认定。概括而言，海洋行政体制包含着以下要素：

1. 人。人员是海洋行政管理体制的核心，这里的人员包括作为海洋管理主体的人与作为海洋管理客体的人。

2. 财。包括维持海洋管理组织存在所需的经费、海洋管理活动的开支等。

3. 物。包括海洋管理组织赖以存在的物质载体，如场地、房屋办公用品、通讯器材等。

4. 机构设置。指承载海洋管理权力的一系列特定的机构的确定。

5. 职位设置。指一定机构内职位、职级、职数和职责的确定。

6. 权责划分。指海洋管理组织中各个部门、层次、成员之间的若干从属、并列等相互关系的确认。

7. 规章制度。包括控制海洋管理组织构建、运行程序的各种法律规范、规章、各项工作制度。

8. 组织设计。主要指海洋管理机构的构造、创新组织结构过程中的分化与整合工作。组织设计是海洋管理体制构成因素中最为复杂的部分。

海洋行政管理体制是海洋行政组织的系统化表现。海洋行政管理体制是通过海洋行政组织的机构设置、职责划分体现出来的。因而，可以说海洋行政组织是海洋行政管理体制的表现形式，海洋行政管理体制是海洋行政组织的决定方式。海洋行政管理体制使得海洋行政组织以系统化、体系化的方式表现出来。

二、海洋行政管理体制的类型

世界上沿海国家社会制度不同，海洋地理位置、自然环境和资源状况也不同，从而使得海洋行政管理的组织构建也存在差异，形成各自的海洋行政管理体制。概括而言，这些海洋行政管理体制大致可分为三类：即集中管理型、半集中管理型和松散管理型。三类海洋行政管理体制体现出海洋管理权限从集中到分散的逐渐变化。①

（一）集中管理型海洋行政体制

集中管理型海洋行政体制是海洋行政管理职权最为集中的一类海洋行政管理体制。这类海洋行政管理体制的历史并不长，实行的国家也不多，但是它适应了海洋管理的需要，代表了海洋行政管理体制发展的趋势。

集中管理型海洋行政体制具有以下几个特征：

1. 有职权较高的海洋综合管理机构，这一管理机构拥有较大的海洋行政管理权限，对海洋事务实施统一管理，或有权对海洋事务相关管理机构进行协调。

2. 有统一的海上执法队伍，即实现了海洋执法的集中和统一。

3. 有健全、完善的海洋行政管理体系。集中型海洋行政体制一般都是由分散性、半集中型体制过渡而来，一般建立了从地方到中央，从行业到综合的健全、完善的海洋行政管理体系。

4. 有较为系统和完善的国家海洋法律法规及海洋政策。实现集中型海洋行政体制的国家一般非常重视海洋事务，出台了相关国家海洋法律法规及海洋政策。

5. 将海域与海岸带统一管理。集中型海洋行政体制下的海洋行政组织的管辖范畴不仅仅局限于海域，还包括海岸带，从而实现海陆统筹。

其中，第 1 个特征和第 2 个特征是核心特征，拥有了这两个特征的海洋行政管理体制就可以称之为集中型海洋行政体制。目前，实现这类海洋行政管理体制的代表国家是美国。美国的海洋行政管理体制历经三个发展阶段：行政区划海洋管理体制阶段、部门管理海洋体制阶段、集中型海洋行政体制

---

① 王志远、蒋铁民：《渤黄海区域海洋管理》，海洋出版社 2003 年版，第 331—341 页。

阶段。早在 1970 年，美国就成立了专门的海洋行政管理机构——国家海洋
与大气管理局（National Oceanic and Atmospheric Administration，缩写为 NO-
AA），隶属商务部。海洋与大气管理局下设五个二级局：国家海洋局、国家
气象局、国家海洋渔业局、国家海洋环境卫星资料局和海洋与大气研究局。
进入 21 世纪，美国开始实行海洋综合管理，其海洋行政管理体制从部门管
理体制迈向集中型海洋行政体制阶段。这一转变体现在三个方面：（1）成
立高规格的海洋政策委员会。2004 年 12 月，时任美国总统的布什签署命
令，正式成立新的内阁级海洋政策委员会，以协调美国各部门的海洋活动，
全面负责美国海洋政策的实施。① 新成立的海洋政策委员会负责向总统和政
府部门首脑提供海洋事务相关政策的制定和执行方面的咨询和建议，制定国
家解决海洋问题的战略原则，协调联邦各涉海部门的海洋活动。2010 年 7
月，奥巴马政府颁布《政府部门间海洋政策特别工作组最终报告》，决定对
小布什政府的海洋政策委员会的结构进行一系列整合，建立新的国家海洋委
员会，以发挥更强有力的指导作用，实现更高水平的管理；明确国家海洋委
员会的角色，强化决策与争端解决的程序；加强国家海洋委员会与国家安全
委员会、国家经济委员会、能源与气候变化办公室、环境质量委员会、科技
政策办公室、管理与预算办公室以及白宫其他机构之间的协调。国家海洋委
员会的成员包括：国务卿、国防部长、内政部长、农业部长、商业部长、交
通部长、能源部长、国土安全部长、国家环保署署长、环境质量委员会主
席、国家航天与航空管理局局长、国家科学基金会主任、总统国家安全事务
助理、国家海洋与大气管理局局长等，职能主要是统筹和协调联邦各部门的
涉海工作，以便有效地贯彻落实国家海洋政策。②（2）提升国家海洋和大气
局（NOAA）的权限。除了成立新海洋政策委员会，以提升海洋管理在整个
国家权限中的位置，美国还积极提升 NOAA 的现有权限。布什政府起草了
《NOAA 组织法》，并于 2004 年获得美国国会通过。新的组织法增强了
NOAA 作为国家海洋职能部门的科技实力，提升了有效履行海洋可持续利用
的管理职责。（3）进一步提升海岸警备队的统一执法。美国是世界上最早

---

① 石莉：《美国的新海洋管理体制》，《海洋信息》2006 年第 3 期。
② 夏立平等：《美国海洋管理制度研究》，《美国研究》2011 年第 4 期。

成立海岸警卫队的国家。2003 年 3 月，海岸警卫队转属新成立的国土安全部，成为美国第五大军事力量。美国海上执法管理集中于海岸警卫队，由它全面负责执行海洋管理的法规条令。美国海岸警卫队的三大基本任务是：海事安全、海域治安和海上管理，其具体职责包括海事安全、海洋环境保护、海上应急、国际、海上缉私、缉毒等。

（二）半集中管理型海洋行政体制

半集中型海洋行政体制处于集中型海洋行政体制和分散管理型海洋行政体制中间，其海洋行政管理体制具有集中型海洋行政体制的某些特征，但是还没有实现海洋综合管理。

半集中管理型海洋行政体制具有以下几个特征：

1. 全国没有统一的海洋行政主管部门，海洋行政管理职能分散在多个管理部门。

2. 尽管没有建立专门的海洋行政主管部门，但是建立了全国的海洋行政管理事务协调机构或政策。

3. 已经建立了统一的海上执法队伍。

由于半集中型海洋行政体制介于集中型和分散型之间，因而表现形式也最为多元。上述的三个特征只是半集中管理型海洋行政体制的表现形式之一。半集中型海洋行政管理体制还会通过其他形式表现出来。例如有的国家建立有专门的海洋行政主管部门，但是没有建立统一的海上执法队伍。

目前，实现这类海洋行政管理体制的代表国家是澳大利亚。澳大利亚没有建立全国统一的海洋行政主管部门，其海洋行政管理职能分散在环境部、工业科学与资源部、农林渔业部、交通部以及国家海洋办公室等部门。这些管理部门具体负责海洋行政管理事务。为了弥补这种海洋行政管理职能分散的不足，澳大利亚政府成立了由环境部、工业科学部与资源部、农林渔业部、交通部以及旅游部等涉海部门的部长组成的国家海洋部长委员会，负责协调联邦政府各涉海部门的有关海洋工作。而且，澳大利亚成立了国家海洋咨询小组，为政府的海洋管理工作提供的非官方性咨询意见，在很大程度上为海洋综合管理起到了理顺关系和协调管理的作用。澳大利亚的海洋监察工作始于 20 世纪 60 年代末，主要由空军和皇家海军执行行政监察，1983 年海上执法监察职能转到澳大利亚联邦警察，1999 年澳大利亚海岸警备队正式成立。

（三）松散管理型海洋行政体制

实行松散管理型海洋行政体制的国家，更多地延续了以往海洋行政管理的经验，其海洋行政管理权限和职能分属于不同的管理部门。

松散管理型海洋行政体制具有以下几个特征：

1. 全国没有统一的海洋行政主管部门，海洋行政管理分散多个部门。

2. 没有统一的海上执法队伍，海洋执法分属不同的部门。

3. 一般而言，实行松散管理型海洋管理体制的国家，没有建立起系统完善的海洋法律法规及政策体系。

目前，实现这类海洋行政管理体制的代表国家是英国。英国是近代世界海洋强国，各项海洋事务起步较早，因此，伴随着一项海洋新事务的出现，就要建立一个相应的机构来管理。由于这一历史原因，导致英国至今没有综合性的海洋法规和政策，没有形成集中管理的体制和统一的海上执法管理机构。海洋管理和海洋开发按不同类型，分别由能源、工业、国防、环境、农渔粮食、科学教育等部门实施。当负责海洋管理和开发的各部门之间在海域利用上发生矛盾时，由有关部门之间以成立委员会的形式自己协调解决，解决不了的再交由内阁成立的专门委员会进行协调。为了有效地进行各部委之间、政府部门和企业公司之间、管理部门和研究机构之间的协调工作，英国成立了海洋行政管理的协调机构——海洋技术科学委员会，负责协调政府资助的有关海洋科技活动，皇家地产管理委员会负责海域使用管理。其他工作分别由各行业管理机构负责。如英国外交部海事、航空与环境组负责协调政府各部的涉外海洋政策和法律；交通部负责海上交通安全管理、海洋环境保护和海上救生；农业食品部负责200海里渔区管理和渔业资源保护；能源部负责管理大陆架油气资源开发；土地委员会负责管理海底和海滩砂矿开采；煤炭局负责管理海底煤炭开发；海关和移民局负责缉私缉毒等。

三、我国的海洋行政管理体制

在2013年以前，我国实行统一管理与分级管理相结合的海洋行政管理体制，属于半集中型的海洋行政体制。① 2013年的机构改革，对我国的海洋

---

① 鹿守本等：《海岸带综合管理：体制和运行机制研究》，海洋出版社2001年版，第132页。

行政管理体制进行了较大幅度的变革。设置了较高位阶的海洋委员会，将以前分散的海洋执法队伍进行了整合，从而使得目前我国的海洋行政管理体制基本上具有了集中型的特征 1 和特征 2，因而我国的海洋行政管理体制正处于由半集中型向集中型转变的过程中。我国的海洋行政管理体制包括四个方面的内容。

（一）海洋行政管理领导与协调体制

海洋行政管理领导与协调体制，代表了中央对海洋事务的统一领导、组织协调。目前，我国海洋行政管理领导与协调体制包括两个方面：

1. 国家海洋委员会。国家海洋委员会作为我国最高层次的海洋事务统筹和协调机构，是 2013 年海洋行政体制改革的重要内容之一。2013 年 3 月 10 日，十二届全国人大一次会议在北京人民大会堂举行第三次全体会议。为加强海洋事务的统筹规划和综合协调，国务院机构改革和职能转变方案提出，设立高层次议事协调机构国家海洋委员会。国家海洋委员会的成立，是我国海洋行政管理体制由半集中向集中转变的重要标志之一。国务院机构改革和职能转变方案设定的国家海洋委员会职能主要包括两大部分：负责研究制定国家海洋发展战略；统筹协调海洋重大事项。国家海洋委员会为我国海洋事务的统一领导、组织协调奠定了体制保障，这是我国海洋行政管理体制逐步走向完善的重要举措。

2. 海洋行政主管部门——国家海洋局。国家海洋局作为我国的海洋行政主管部门，承担国家海洋委员会的具体工作。国家海洋委员会尽管层次较高，但仅是一个议事协调和决策机构。因此，国家海洋局代表中央，统一负责海洋的有关事宜，完成国家海洋委员会委托及其他有关全国海洋事务的管理工作。目前，在行政体制上，国家海洋局存在双重身份：一是作为国家海洋委员会的执行机构，代表中央完成国家海洋委员会的决议和交给的其他任务；二是作为国土资源部下属的国家局，接受国土资源部的领导。与国土资源部其他的部门有所区别，国家海洋局拥有较大的独立性，同时也设有自己专门的海洋执法队伍。

表 3-1　当前国家海洋局机构一览表①

国家海洋局	机关直属部门	总工程师、办公室（财务司）、政策法规和规划司、海域管理司、海岛管理司、海洋环境保护司、海洋科学技术司、海洋预报减灾司、国际合作司（港澳台办公室）、人事司、直属机关党委、纪委、监察专员办公室、离退休干部办公室、审计办公室
	局属部门	中国海监总队（合并成立国家海警局）、国家海洋局极地考察办公室、中国大洋矿产资源研究开发协会办公室、国家海洋局学会办公室、国家海洋局北海分局、国家海洋局东海分局、国家海洋局南海分局、国家海洋信息中心、国家海洋环境监测中心、国家海洋环境预报中心、国家卫星海洋应用中心、国家海洋技术中心、国家海洋标准计量中心、中国极地研究中心、国家深海基地管理中心、国家海洋局第一海洋研究所、国家海洋局第二海洋研究所、国家海洋局第三海洋研究所、国家海洋局天津海水淡化与综合利用研究所、国家海洋局海洋发展战略研究所、国家海洋局海洋咨询中心、国家海洋局宣传教育中心、海洋出版社、中国海洋报社、国家海洋局海洋减灾中心、国家海洋局机关服务中心

（二）地方海洋行政管理体制

地方海洋行政管理体制是指沿海地方政府中管理海洋的职能部门的职权划分以及其在地方政府中的地位和作用。按照地方海洋管理机构的设置和管理职能，可以将之划分为三种：

1. 海洋与渔业管理相结合体制。在全国 15 个沿海省（区、市）和计划单列市当中，有 10 个是属于海洋与渔业合并在一起的行政管理体制。自北向南它们分别是：辽宁、山东、青岛、江苏、浙江、宁波、福建、厦门、广东、海南。管理机构名称一般为海洋与渔业厅（或局）。

海洋与渔业厅（或局）兼有海洋和渔业的两种管理职能，受国家海洋局和农业部渔业局的双重领导。在海上执法过程中，既有海监管理的执法任务，又有渔政监督管理职能。因此，这两种海洋行政管理体制是把海洋和渔业管理紧密结合在一起的体制。这种体制延续了大部制改革的思路，将相邻的管理部门进行整合，从而实现职责的明确。有的沿海地方政府在这方面更进一步，例如江苏东台市甚至将滩涂管理机构也合并进来，成立了海洋滩涂与渔业局。这是迈向海洋综合管理的一大步。

2. 隶属于国土资源管理体制。河北省、天津市、广西壮族自治区三个

① 国家海洋局网站，2013 年 4 月 7 日，见 http：//www. soa. gov. cn/soa/governmentaffairs/overview/jigoushezhi/A01080502index_ 1. html。

省（区、市）在机构改革中，遵循中央机构改革模式，将地矿、国土、海洋合并在一起，成立了国土资源厅（或局）。其中，海洋部门负责海洋综合管理和海上执法工作。

3. 海洋局分局与地方海洋行政管理部门结合体制。上海市地方海洋管理机构在改革过程中，与国家海洋局东海分局合并，这种地方海洋行政管理体制在全国尚不多见。而且，上海市还进一步整合了其与水利管理部门之间的职能关系，将水利部门也整合进了这一管理机构中。

表 3-2　地方海洋行政管理体制一览表

模式	海洋与渔业模式	国土资源模式	分局与地方结合模式
实行省市	辽宁、山东、青岛、江苏、浙江、福建、厦门、广东、海南	河北、天津、广西	上　海

（三）涉海行业管理体制

我国的涉海行业管理模式是指基于管理职能的划分，而使得一些中央职能部门的管理权限也涉及海洋管理的某一领域。按照职能进行权限划分和机构设置，是目前行政体制的主要特点。在 2013 年的机构改革中，尽管设置了较高层级的海洋委员会，但是并没有对隶属于各个职能部门中的涉海职能进行整合。因此，我国的海洋行业管理体制也是海洋行政管理体制的主要组成部分。目前我国涉海行业管理体制可以细分为以下几个方面：

1. 海洋渔业的管理。在中央一级国家主管渔业和渔政的行政机关是农业部的渔业局，下设渔政渔港监督管理局（对外称中华人民共和国渔政渔港监督管理局）、渔业船舶检验局，在黄渤海、东海和南海设立了三个直属农业部渔业局的海区渔政局。在地方上沿海省、自治区、市和地、县设立了水产行政主管机构和相应的渔政管理机构。国家对渔业的监督管理实行"统一领导，分级管理"的原则。在国务院划定的"机动渔船底拖网禁渔区线"外侧，属于中央一级管辖的渔业海域，由国务院渔业行政主管部门及其所属的海区渔政机构管理。在禁渔区线内侧的海域，除国家另有规定者外，由毗邻海区的省、市渔业部门管理；重要的洄游性的共用渔业资源，由国家统一管理；定居性的、小宗渔业资源，由地方人民政府渔业行政主管部门管理。基本上形成了以专管队伍为骨干,以群管队伍为基础,专、群管理相结合的国家、省、市、县、乡五级管理网络。

2. 海上航运和港口的管理。交通部下设的港务系统、航道系统和港务监督系统,都是海上航运业的管理部门。其中港务系统负责航运生产,航道系统保证航道通畅,港务监督系统则是负责海上交通安全。港务监督是20世纪50年代首先在各主要港口建立起来的,负责海务和港务监督工作。后来,在交通部内设立了专门机构,现在的名称是水上安全监督局,对外称"中华人民共和国港务监督局"。它是我国主管水上交通安全监督工作的国家行政管理机关,它代表政府统一行使航务行政管理主权,港务监督的主要任务是负责水上交通安全管理,统一办理船舶进出港手续,验证船舶法定证书,监督危险品装卸,防止船舶污染水域,对港口水域和锚地进行区划安排,处理海难事故等。

3. 海洋油气生产的管理。我国海上油气的勘探和开发有三大部门:中国海洋石油总公司、中国石油天然气总公司和国家能源局。三个部门提出海洋能源发展战略的建议,拟订海洋能源发展规划并组织实施。由于油气开发部门作为大型国有企业,所承担的社会责任以及所具有的技术优势,使其承担了部分监管职能,如中海油的安全健康环保部(HSE)作为一个重要的部门,已参与到海洋石油开发的监管中来。

4. 海盐生产的管理。从新中国成立到20世纪90年代,我国盐业一直实行计划管理体制。1990年颁布的《中华人民共和国盐业管理条例》规定,轻工业部是国务院盐业行政主管部门,主管全国盐业工作。对全国盐业实行行业管理,进行统筹、规划、调节、协调、指导、监督、服务。省及省级以下人民政府盐业行政主管部门,由省、自治区、直辖市人民政府确定,主管本行政区域内的盐业工作。1990年7月13日轻工业部在《关于抓紧贯彻〈盐业管理条例〉的通知》中明确了"轻工业部授权中国盐业总公司行使盐业行政管理职能,负责组织贯彻实施《盐业管理条例》及有关盐政管理工作"。2003年8月23日根据《国务院办公厅关于印发国家发展和改革委员会主要职责、内设机构和人员编制规定的通知》精神,国家发展和改革委员会为国务院授权的国家盐业行政主管部门,盐业管理办公室是具体办事机构,设在国家发展和改革委员会工业司。国家发展和改革委员会盐业管理办公室主要职能是：对全国盐业实施行政管理、指导行业发展以及食盐专营管理等。全国大多数省（市、区）盐业公司都实行垂直管理。

目前，政企不分、垄断经营仍是这个行业的主要问题。我国大部分地区的盐政管理和经营队伍是一套机构两块牌子，盐政部门直接负责食盐计划安排、生产、调运和除两碱工业用盐以外的其他工业用盐的销售。同时，盐政执法（包括执法队伍和执法费用支出）也由各地盐务部门承担。各地盐务局既是盐业管理政策的制定者、盐政执法者、生产企业的上级主管，同时又是盐产品的经营者。这种既是裁判员又是运动员的双重角色，显然与社会主义市场经济运行的基本制度规则相背离，为此，盐业管理体制亟须变革。①

以上这种多头、分散式的海洋行政管理体制，尽管在海洋开发中发挥过积极作用，但是，随着海洋开发范围和力度的拓展和加大，其弊端也逐渐暴露出来。这使人们认识到，单靠各自为政的行业分散式管理，是无法保证海洋资源的有序开发和合理利用的，更无法保障国家的海洋利益不受侵犯，综合管理已成为人们的普遍共识。近年来，海洋综合管理日益受到各级领导的重视。国家在机构改革中进一步明确了国家海洋局为国务院管理海洋事务的职能部门，负责综合管理我国海域、维护我国海洋权益，协调海洋资源合理开发利用，保护海洋环境等多项工作。

（四）海洋行政执法体制

海洋行政执法，是指拥有行政执法权并配有专门的执法队伍的海上执法队伍。2013 年以前，我国的海洋行政执法体制是典型的分散执法体制。这一分散的海洋执法体制包括五支海洋执法队伍，它们分别是中国海监、中国海事、中国海警、中国渔政以及中国海关。

中国海监：隶属国家海洋局的海洋执法队伍。中国海监，全称为中国海监总队，成立于 1998 年。中国海监是国家海洋局领导下、中央与地方相结合的海上行政执法队伍，由国家、省、市、县四级海监机构共同组成。中国海监总队的主要职能是依照有关法律和规定，对我国管辖海域（包括海岸带）实施巡航监视，查处侵犯海洋权益、违法使用海域、损害海洋环境与资源、破坏海上设施、扰乱海上秩序等违法违规行为，并根据委托或授权进

---

① 徐祥民：《渤海管理法的体制问题研究》，人民出版社 2011 年版，第 1—3 页。

行其他海上执法工作。

中国渔政：隶属农业部的海洋执法队伍。中国渔政，全称为中国渔政局或农业部渔业局，其机构设立最早可以追溯到 1958 年。[①] 中国渔政是我国海上执法队伍最为庞杂的一支，但如此庞大的执法队伍长期以来却并没有一个统一的核心领导机构。一直到 2000 年，经中央机构编制委员会办公室批准，中国渔政指挥中心才正式成立。中国渔政的主要职能包括维护国家海洋权益、养护水生生物资源、保护渔业水域生态环境和边境水域渔业管理；承担着渔船、渔港、水产养殖和水产品质量安全等渔业行政执法任务；负责渔业船舶和船用产品检验，保障渔业生产秩序和渔业安全生产等。概括而言，中国渔政的执法分为三大领域：渔政、港监和船检。

中国海警：隶属公安部的海洋执法队伍。中国海警，全称中国公安边防海警部队，隶属于公安部边防局。中国海警是在 1979 年组建的海上公安巡逻大队的基础上逐渐发展而来，是我国维护海上治安的公安执法力量。中国海警在部队序列上，称"中国人民武装警察海警部队"；行政上称"公安部海洋警察局"，对外称"中华人民共和国海洋警察局"，简称"中国海警"。[②] 公安部海洋警察局包括大连、上海、厦门、广州和三亚 5 个海警指挥部，下辖若干个海洋警察局、海洋警察大队。战时，海洋警察部队作为海军的辅助和后备力量，由中央军委、海军统一指挥。中国海警组建初期主要承担维护沿海治安和缉私任务。此后海警担负的任务逐渐增加，职能不断扩展，主要负责在我国管辖海域进行巡逻检查，实施治安行政管理，打击海上偷渡、走私、贩枪贩毒和海上抢劫等违法犯罪活动。[③]

中国海关：海上缉私的执法队伍。中国海关也是我国海上一支重要的执法队伍，其执法工作主要由海关总署下设的缉私局承担。海关总署作为我国防止走私泛滥的主要职能部门，其海上执法主要包括两大内容：打击走私和口岸管理。缉私局的执法力量也逐渐获得提升。

中国海事：隶属交通运输部的海洋执法队伍。中国海事（亦可称之为中国海巡），全称为中国海事局，成立于 1998 年。中国海事是在原港务监督

---

① 目前，将 1958 年 4 月 3 日确定为新中国成立后的"中国渔政"成立日。
② 实际上，中国海警具有双重身份，它既是公安部下设的执法队伍，也是我国海军的组成部分。
③ 白俊丰：《构建海洋综合管理体制的新思路》，《水运管理》2006 年第 2 期。

局和原船舶检验局的基础上合并组建而成①，是交通运输部直属机构，实行垂直管理体制。目前，中国海事下设天津海事局、河北海事局、山东海事局、辽宁海事局、黑龙江海事局、江苏海事局、上海海事局、浙江海事局、福建海事局、深圳海事局、广东海事局、长江海事局、广西海事局、海南海事局等 14 个直属海事机构，以及 28 个地方海事机构。中国海事的海上执法主要负责国家海上安全监督、防止船舶污染、船舶及海上设施检验、航海保障管理和行政执法。中国海事亦被称为"海上交警"，负责港口以及海上船舶出现的一切有关交通、环境事宜。

这五支海上执法队伍隶属不同的管理部门，拥有不同的管理权限。但是在很多领域还是存在执法交叉（具体见表 3-3）。而且，执法队伍的分散，也使得每支执法的力量都受到削弱。

表 3-3　五支执法队伍的部分涉海执法职能表②

执法职能 ＼ 执法队伍	中国海监	中国海事	中国渔政	中国海警	中国海关
海上环境保护	√	√	√	√	
海洋权益维护	√		√	√	
船舶检查		√		√	
海上走私缉拿				√	√
沿海口岸管理	√				√
渔场海域使用	√		√		
海上治安	√			√	
我国海域的巡航	√		√	√	√

2013 年的机构改革中，其有关海洋行政管理体制的改革，除了设立上述的国家海洋委员会之外，另一个重大举措就是对上述分散的海洋行政执法队伍进行整合。国务院机构改革和职能转变方案提出，将上述五支海洋执法队伍中的四支：中国海监、中国渔政、中国海警及海关缉私队伍进行整合，

---

①　在有关法律、法规进行相应的修改之前，海事局仍继续以"中华人民共和国港务监督局"和"中华人民共和国船舶检验局"的名义对外开展执法工作。

②　表中出现"√"表示该执法职能涉及该执法部门。

成立一支海上执法队伍，以"国家海警局"的名义开展海上执法。国家海警局接受国家海洋局的领导，接受公安部的业务指导。整合后的海洋行政执法体制，更能适应我国海洋事业发展的需要，避免因职能交叉而造成的责任推诿。中国海警局的成立，预示着我国海洋行政管理体制进入到了一个新的历史发展阶段。

第三节　我国海洋行政组织的变革

海洋行政组织变革是海洋行政管理优化的重要内容。海洋行政组织变革，既包括海洋管理机构的整合，也包括机构之间的职权重组与责任明确。因此，海洋行政组织变革是一个系统性和全面性的问题。

一、新中国成立后海洋行政组织的沿革

我们以国家海洋局的成立、发展、职权调整为主线，梳理新中国成立后海洋行政组织的沿革。通过历史沿革的梳理，能够更好地认识我国目前海洋行政组织的特性、存在的问题，以及海洋行政管理体制的改革。

（一）成立期（20 世纪 60 年代—70 年代）

新中国成立后，我国最早设立的海洋行政机构可以追溯到 60 年代。1963 年，29 位海洋专家学者上书党中央和国家科委，建议加强我国的海洋工作。专家们认为我国在海洋管理方面至少存在四个方面亟须解决的问题：一是海上活动安全没有保证；二是海洋水产资源没有得到充分合理利用；三是海底矿产资源储量和分布情况了解甚少；四是国防建设和海上作战缺乏海洋资料。因此必须加强对全国海洋工作的领导，建议成立国家海洋局。专家们的意见得到了中央的认可，经过第二次全国人大审议批准，1964 年 7 月，国家海洋局正式成立。国家海洋局的成立，标志着我国开始专门的海洋管理。

成立之初的国家海洋局，其职能包括统一管理海洋资源和海洋环境调查、资料收集整编和海洋公益服务。此外，海洋局还在地方组建了北海分局、东海分局、南海分局、海洋科技情报研究所，接管建设了 60 多个沿海海洋观测站、海洋水文气象预报总台、海洋仪器研究所以及第一、第二、第

三等三个海洋研究所和东北工作站（后来改为海洋环境保护研究所）等机构。[①]

（二）发展期（20 世纪 80 年代—90 年代）

这一时期，我国海洋行政组织建设具有两个特点：一是逐渐为地方海洋行政管理机构的成立奠定了基础。早在 20 世纪 80 年代初，当时的五部委联合在沿海省市开展全国海岸带和海涂资源综合调查。为了更好地配合这次调查，沿海各省市都成立了"海岸带调查办公室"。这样一个临时性机构，成为今天沿海地方海洋行政管理机构的雏形。在历时 8 年的联合调查后，在国家科委和国家海洋局的倡议下，海岸带调查办公室改为沿海各省市科委下面管理本地海洋工作的海洋局（处、室）等机构，接受国家科委和海洋局双重领导。我国地方海洋行政管理机构初现端倪。

另一个典型特点就是进一步加强了涉海行业管理。这一时期，我国的涉海行业管理在四个方面开始得到加强和完善：1. 海洋渔业的管理。国家除了加强对海洋渔业的立法之外[②]，在机构建设上，设立了主管渔业和渔政的渔业局，隶属农业部。渔业局下设渔政渔港监督管理局、渔业船舶检验局，并在黄渤海、东海和南海设立了三个直属渔业局的海区渔政局。此外，沿海各省市和地县也都设立了水产行政主管机构和相应的渔政管理机构。2. 海洋港口和交通运输管理。交通部下设港务系统、航道系统和港务监督系统，进行海上航运的管理。成立了港务监督局[③]，主管水上交通安全，到 1987 年，我国在沿海主要港口组建 14 个交通部直属的海上安全局，沿海港监队伍扩大到一万多人。3. 海洋油气生产管理。早在 1964 年，我国就开始了海洋油气勘探。自 1979 年，我国实行对外合作勘探开发海洋石油天然气的政策，成立了中国海洋石油总公司和中国石油天然气总公司，每个公司下面都设有若干个海区公司。4. 海盐生产管理。当时，我国将盐业生产统一归属到国家轻工业局进行管理，在全国成立了中国盐业协会和中盐业总公司。在国家的统一规划下，进行盐业的生产和销售。这一时期的海盐生产，更多的

---

① 鹿守本等：《海岸带综合管理》，海洋出版社 2001 年版，第 127—128 页。

② 1986 年，我国颁布了渔业的基本法《中华人民共和国渔业法》，随后又颁布了《中华人民共和国渔业法实施细则》和《中华人民共和国野生动物保护法》。

③ 现在称为"水上安全监督局"。

是突出盐业的统一管理，没有彰显海洋管理在盐业管理中的特性。

（三）调整期（20 世纪 90 年代末—2012 年）

1998 年，国务院进行机构调整和改革。其改革的一个重要内容就是合并机构，精简人员，压缩部委的数量。国家海洋局整合为隶属国土资源部的独立局。国家海洋局的基本职能也进行了调整，确定为海洋立法、海洋规划和海洋管理三项职能，其基本职责发展为海域使用管理、海洋环境保护、海洋科技、海洋国际合作、海洋减灾、维护海洋权益六个方面。这一时期，除了调整、完善海洋局的职能外，另一个重要的机构调整就是于 1999 年成了中国海监总队，负责海洋监察执法，与国家海洋局合署办公。随后不久，国家海洋局的三个分局也分别成立了北海区海监总队、东海区海监总队、南海区海监总队。[①] 在此基础上，国家海洋局根据实际情况的变化，也进行了其他一些机构的整合。例如成立了海洋减灾中心，与教育培训中心合署办公。

（四）完善期（2013 年—　　）

2013 年的机构改革中，国务院机构改革和职能转变方案的重要内容之一，就是重新组建国家海洋局。重新组建后的国家海洋局，在几个方面实现了突破。首先，成立了高层次的议事协调机构国家海洋委员会。国家海洋委员负责研究制定国家海洋发展战略，并统筹协调海洋重大事项。国家海洋局负责国家海洋委员会的具体工作。其次，整合了海上执法队伍，成立了新的国家海警局。2013 年的机构改革和职能转变方案，将原来分别隶属于海洋局、公安部、农业部、海关的海上执法队伍进行了整合，成立了新的海上执法队伍——中国海警局。海警局接受国家海洋局的领导，公安部进行业务指导。

尽管 2013 年的机构改革中，并没有对国家海洋局的隶属关系进行调整，国家海洋局依然是国土资源部下辖的国家局，但是它设立了高层的国家海洋委员会，并对执法队伍进行了整合，这预示了我国的海洋行政管理体制进入了一个新的完善时期。我国的海洋行政管理体制也从半集中型发展到了集中型体制。在今后的行政管理体制改革中，重点是进一步完善集中型管理体制，加强海洋局的管理能力和执行能力，进一步理顺国家海洋局内部以及与

---

① 鹿守本等：《海岸带综合管理》，第 131 页。

国家海洋委员会、海警局之间的关系。

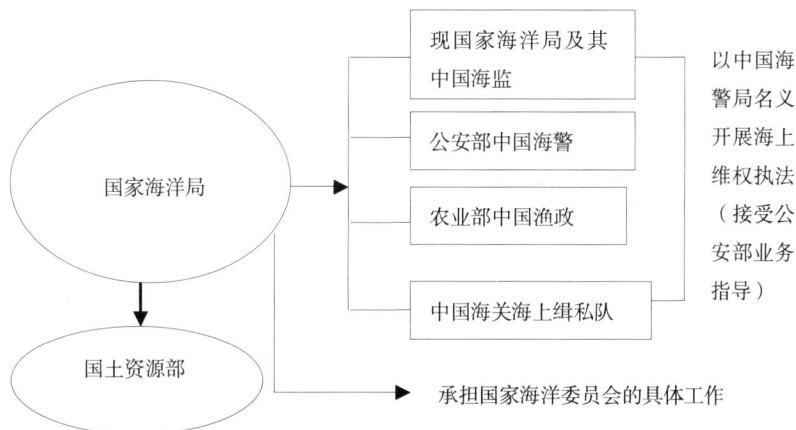

图 3-1 2013 年重组后的国家海洋局

二、我国海洋行政组织变革的动力

组织变革的动力是解决组织问题的重要因素。组织变革的动力,即变革的推动力,总是同时来自若干方面,并在交互作用中推动变革进行。概括而言,海洋行政组织变革的动力来自以下几个方面。

(一)外部环境变化

进入 21 世纪后,海洋的战略地位愈发突出。海洋地位的凸显,也使得海洋行政管理的外部环境不断变化。这种变化体现在三个方面:一是陆域资源面临枯竭。随着世界人口的不断增加,经济的快速发展,使得陆域资源面临枯竭的境界。陆域的矿产、能源已经难以承担当前人口和经济发展的需求。二是海洋权益维护面临挑战。由于海洋的重要性为大家所认知,沿海国家经常发生海洋维护的纠纷。我国在黄海、东海、南海方面,都与周边国家有着一定的海洋权益纠纷,这使得我国的海洋权益维护面临巨大挑战。三是海洋环境污染严重。海洋作为全球环境的调节器,陆域污染最终通过河流等汇入海洋,从而造成海洋污染。大型油轮、货船等也经常发生倾覆而造成海洋污染。海洋油气开发过程中,也会由于遗漏而造成海洋污染。这些外部环境的变化,使得目前的海洋行政组织难以承担起相应的管理职责,从而成为海洋行政组织变革的动力。

(二) 海洋行政管理职能变化

海洋行政职能对海洋行政组织有着重要的影响。有什么样的海洋行政职能，就应该设置什么样的海洋行政体制。随着海洋事业的日益发展，涉海事务也不断增多，海洋行政管理职能也因此出现了一系列变化。海洋事务的多样性和复杂性决定了海洋行政管理职能需要变化以适应这种状态。海洋管理各部门之间，各职位之间也相互联系、相互依存，整个海洋行政组织形成一个不可分割的统一整体，相互间的联系进一步紧密起来；由于市场经济体制的转变，政府更多的是"掌舵"而非"划桨"，海洋行政管理也要从微观管理转向宏观管理，从管理转为服务，因此各组织部门要坚持有进有退，有所为有所不为的原则，在涉海领域有重点分区域地进行管理。海洋事务的增多要求海洋行政管理职能要满足所有海洋事务的需求，这要求海洋行政组织不管是在纵向上还是横向上都要进行一定的变革，以适应海洋事业发展的需要。

(三) 行政管理体制改革

中华人民共和国建立以来，随着国家情势的变化，我国国家行政组织先后进行过多次改革。尤其在近 30 年，行政管理体制改革几乎成为常态，每隔 5 年，我国的行政管理体制都会进行一次较大规模的改革。其中，尤以 1998 年改革、2008 年改革和 2013 年改革最为瞩目，其改革力度也较大。我国行政管理体制改革，是我国社会经济不断发展的动力，它适应了当今社会对行政管理的要求。在最近几十年的改革中，我国行政管理体制改革侧重于横向改革，尤其对职能管理部门的隶属关系和机构设置进行了较大规模和幅度的调整。海洋行政组织作为我国行政管理体制的重要组成部分，其改革步伐需要与行政管理体制的改革相适宜。而且，我国海洋行政管理体制主要是职能部门之间的权责关系的理顺，这与我国行政管理体制改革的整体步骤和策略相吻合。因此，行政管理体制改革，不可避免地要求海洋行政组织进行变革。

三、海洋行政组织尚需进一步优化的内容

2013 年的机构改革，其对国家海洋局的改革力度较大。此次改革，适用了我国海洋事业发展对海洋行政管理体制改革的需要，理顺了我国海洋行政管理体制的一些权责关系，这预示着我国的海洋行政管理体制进入了一个

新的时期。经过此次改革，以往海洋行政管理体制存在的一些问题得到有效化解。但是，此次改革还存在进一步深化的空间，以下几个方面的问题，也需要在今后海洋行政组织的优化中着重解决。

（一）国家海洋委员会与海洋行政主管部门的权责还需进一步理顺

我国海洋行政领导与协调机构分为两个部分：一是 2013 年新组建的高层次的国家海洋委员会，二是隶属于国土资源部的国家海洋局。国家海洋委员会层级较高，它的成立，意味着海洋事务可以较为迅捷地进入国家高层次的决策议程之中，同时也为相关机构之间在海洋事务上的沟通协调提供了平台。国家海洋委员会尽管层次较高，但是其机构性质是一个议事和协调机构。因此，机构决议的具体执行由海洋行政主管部门——国家海洋局负责。在体制上，我国正在走向集中型的海洋行政管理体制，国家海洋委员会的成立，使得这一相对集中型海洋行政管理体制更能统筹海洋事务。目前还需进一步理顺三个方面内容：

一是进一步明确国家海洋委员会的组成。国家海洋委员会作为我国最高层次的海洋事务议事和协调机构，应该直接接受党中央、国务院的领导。由于我国的涉海行业管理部门众多，很多部门的管理职能都涉及海洋事务，因此，哪些部门领导应该是国家海洋委员会的常务会议的组成人员，是需要进一步深入思考的问题。这就需要明确我国的海洋发展战略，哪些涉海管理部门对海洋发展战略的实施具有核心作用，从而将其领导纳入国家海洋委员会的常务会议之中。

二是进一步明确国家海洋委员会的职责。2013 年的机构改革，对国家海洋委员会的职责进行了初步的设定，但是这种设定还需要进一步细化和明确。哪些海洋事务应该进入海洋委员会的议事日程，哪些海洋事务直接由海洋行政主管部门或其他涉海行业部门自行处理，都尚需进一步明确。

三是进一步理顺海洋行政主管部门的权责关系。国家海洋局作为我国的海洋行政主管部门，也是海洋行政管理领导与协调机构的组成部分，其权责关系还需要进一步理顺。2013 年的国务院机构改革方案中，将国家海洋局定位为国家海洋委员会的执行机构，同时还将延续以往的惯例，将国家海洋局定位为国土资源部下属的国家局。这种权责关系，需要在今后的运行中，进一步明确三者的关系，从而避免一些管理的掣肘和权责不明。

（二）海洋行政主管部门与海上执法机构的关系还需要进一步理顺

2013 年的机构改革，其值得关注的就是整合了我国的海上执法队伍，将原来分散在多个职能部门的执法权限进行了整合，成立了新的海警局。海警局是国家海洋局的执法部门，因此，2013 年的国务院改革方案设定，海警局接受国家海洋局的领导，接受公安部的业务指导。换言之，海洋行政主管部门与海上执法队伍之间是领导与被领导的关系。这种权责关系在我国当前的行政管理体制中尚不多见。

我国行政管理体制还遵循着一条关键法则，即同一个级别性质的单位不能向另一个单位发出有约束力的指令。从操作上说，这意味着一个部不能向另一个部发布有约束力的命令，一个省也不能向另一个省发布有约束力的命令。① 这种权力运作的关键法则，使得同一级别的职能管理部门之间很难有着直接的权力运作关系，同一级别的地方政府之间也很难有着直接的权力运作关系，除非它们基于某种相关的事项进行临时协商。我国的行政管理体制中所形成的权力运作关系，一般是不同性质的行政组织之间具有领导与被领导、指导与被指导的纵横关系。例如山东省教育厅接受山东省政府的领导，接受教育部的业务指导。而像中国海警局这样隶属于一个职能部门（国家海洋局），又接受另一个职能部门（公安部）业务指导的情况并不多见。因此，海洋行政主管部门需要进一步理顺与海警局的关系，从而使得海洋行政主管部门与其执法机构之间的权责关系，与我国整体的行政管理权力运作原则相吻合。

（三）新成立的海警局还需进一步加强内部整合

我国海上执法队伍整合之后，成立了中国海警局，适用了统一执法的需要，也更有利于维护海洋权益。但是成立后的海警局需要进一步加强内部的整合，否则将使得改革的效果大打折扣。如上所述，我国以前的五支海上执法队伍，历史悠久，分属不同的职能部门，形成了不同的执法风格和组织文化。对如此复杂的海上执法队伍，要实现真正的统一执法，尚需要在以下几个方面进行整合：一是进行机构的合并。机构的合并是成立统一的执法的基

---

① 李侃如：《中国的政府管理体制及其对环境政策执行的影响》，《经济社会体制比较》2011 年第 2 期。

础，合并后的四支执法队伍需要进行机构的重新设置和整合，以适应统一执法的需要。二是权力关系的重新确立。新成立的海警局，不仅仅是四支执法队伍的合并，它的执法权限和隶属关系也发生了变化。中国海警局将拥有比以往中国海监更多的执法权限，其权力隶属也更为复杂。因此，确立合理、明确的执法权限和执法性质，理顺其与海洋局、公安部等职能部门的权力关系，避免权责不清，是海警局内部整合的内容之一。三是进行人员的整合和人事关系的梳理。整合后的四支执法队伍，在人员上需要重新整合，其人事任免和隶属关系也需要进一步理顺。

（四）海洋行政主管部门与其他涉海部门的关系还需进一步理顺

2013 年的机构改革，对高层的领导与协调机构、海洋执法队伍进行了较大幅度的变革，但是对于海洋行政主管部门以及其他涉海部门的管理职权都没有进行调整。因此，如何理顺海洋行政主管部门与其他涉海部门的关系，是海洋行政组织尚需进一步优化的内容之一。

经过 2013 年的机构改革，我国已经建立了集中型海洋行政管理体制。但是集中型海洋行政管理体制的"集中"程度，世界各国也存在差异。我国的集中型海洋行政管理体制也没有将海洋事务全部集中到一个机构之中。其他涉海部门，尤其是海洋行业管理，是其他职能部门基于职能划分的原则，将自己的管理权限延伸到海洋。职能管理体现了分工原则，它在一定程度上更能提高管理效率、降低管理成本。交通部门更擅长交通的管理，包括海上交通；农（渔）部门更擅长渔业的管理，包括海上渔业。因此，海洋统一管理、综合管理并非意味着否定其他涉海行业管理在海洋行政管理中的作用，集中型海洋行政管理体制，还需要正确处理好海洋行政主管部门与海洋行业管理部门之间的关系，理顺它们之间的权责划分，建立良好的沟通和协调机制，在国家海洋委员会的领导和协调之间，有效地管理海洋事务。

海洋行政主管部门除了需要协调与其他海洋行业管理部门之间的关系外，其领导的海警局也需要协调与中国海事的执法关系。我国以往的五支执法队伍，其中四支合并，组建中国海警局，但是中国海事还承担着以往的海上执法任务。因此，从某种意义上而言，新组建后的海警局，还没有实现海上执法的完全统一。因此，如何协调海警局与中国海事的执法关系，划定它们之间的执法权限，是今后海洋行政组织优化的内容之一。

第四章　海洋政策

海洋政策，亦可称之为海洋公共政策，是有关海洋开发与保护的政策。海洋政策是海洋行政管理的重要内容，也成为公共政策的重要分支领域。海洋政策的出台与运行，集中体现了海洋行政管理的理念、原则与方法。海洋政策按照不同的标准，可以分为不同的种类。海洋政策在我国的海洋管理实践中发挥了积极的引导作用，但尚需进一步优化。

第一节　海洋政策概述

海洋政策是公共政策的分支领域，它具有公共政策的一般特征，但是也具有自己的独特特征。明确海洋政策的内涵、特征和功能，是我们深入探究海洋政策的前提。

一、海洋政策的含义

政策，或曰公共政策，是现代社会中使用频率最高的词汇之一。关于公共政策的含义，众说纷纭。政策科学的创立者拉斯维尔认为，政策是"一种含有目标、价值与策略的大型计划"[①]。美国知名政治学家托马斯·戴伊

[①]　H. D. Lasswell and A. Kaplan: Power and Society. New Haven, Yale University, 1970, p. 71.

认为："凡是政府决定做的或者不做的事情，就是公共政策。"① 詹姆斯·安德森则认为："政策是一个有目的的活动过程，而这些活动是由一个或一批行为者，为处理某一问题或有关事务而采取的，……公共政策是由政策机关或者政府官员制定的政策。"② 我国部分研究公共政策的学者也对公共政策作出了自己的解释。陈振明将公共政策界定为"国家（政府）、执政党及其他政治团体在特定时期为实现一定的社会政治、经济和文化目标所采取的政治行动或者所规定的行为准则，它是一系列谋略、法令、措施、办法、方法、条例等的总称。"③ 陈庆云认为公共政策是政府对社会公共利益分配的动态过程。④

尽管公共政策已经如此为大家所接受，但实际上"公共政策"概念的出现也就半个多世纪。1951 年，美国政治学学者哈罗德·拉斯维尔（H. D. Lasswell）与其同事合著的《政策科学：近来在范畴与方法上的发展》一文，可以看作现代政策科学发端的标志。政策，或者说公共政策开始进入人们的视野。经过近 60 年的发展，政策科学已经为人们所认可和熟知。从中可以看出这是一个充满活力和具有前途的领域。与之细化的相关具体政策，如财政政策、货币政策、保障政策、人口政策、外交政策等，已经为大家耳熟能详，深入大家的生活词汇之中。

随着政策科学的发展和完善，尤其是海洋的重要性日益凸显，以及海洋环境问题日益严重，海洋政策作为政策科学的重要分支领域，开始崭露头角，受到社会越来越多的认可。早在 20 世纪 80 年代以前，美国学者杰拉尔德·J. 曼贡就出版了《美国海洋政策》一书，但是没有对海洋政策进行系统界定。根据学界对公共政策的界定，结合海洋行政管理的特点，本书认为，海洋政策是一国为维护海洋权益，实现海洋事业的发展而依法制定的行动准则。它表现为一系列事关海洋事业发展的规定、条例、办法、通知、意见、措施，体现了政府在海洋资源开发、海洋环境保护、海洋权益维护等方

---

①　Thomas R. Dye: Understanding Public Policy（6th, ed.）Englewood Cliffs, N. J: Prentice-Hall Inc, 1987, p. 2.

②　[美] 詹姆斯·E. 安德森：《公共决策》，唐亮译，华夏出版社 1990 年版，第 4 页。

③　陈振明：《公共政策学》，中国人民大学出版社 2004 年版，第 4 页。

④　陈庆云：《公共政策分析》，中国经济出版社 2000 年版。

面的价值取向。海洋政策既是国家对海洋事业发展进行宏观管理的基本实现方式，又是各级海洋行政管理机关实施具体行政行为的重要依据。

具体而言，海洋政策的含义包含以下几个方面：

1. 海洋政策属于公共政策的范畴。公共政策是由政府出台的治理社会公共事务的措施、办法、条例、法规的总称，它的主体是国家机关，客体是涉及社会公共利益的公共事务。海洋政策的主体亦为国家机关，它的客体亦是涉及公共利益的海洋公共事务。因此，有关公共政策的基本界定，同样适合海洋政策。①

2. 海洋政策的目标是维护国家海洋权益，规范海洋开发，保护海洋环境，化解相关涉海社会问题。由于海洋缺乏陆地那样明显的划界标准以及历史等其他一些问题，造成很多沿海国家存在海洋国土争议。因此，如何维护一国的海洋权益，成为海洋政策的基本目标之一。随着陆域资源的逐渐枯竭，海洋丰富的资源、能源逐渐受到人们的关注。如何规范人们的海洋开发行为，防止海洋污染环境问题出现，保护海洋生态，就成为海洋政策的另一个重要目标。在海洋开发与保护过程中衍生的一些社会问题，例如失海渔民的生计问题，大型海港建设造成的沿海居民动迁问题等，如何有效解决这些社会问题，也是海洋政策的目标之一。

3. 海洋政策表现为一系列涉海的政府措施、办法、条例和法规等，其最高层次是以法的形式颁布，成为社会普遍遵守的准则。海洋政策作为一种行为准则或行为规范，有着具体的作用对象或客体。它规定对象应做什么和不应做什么；规定哪些行为受鼓励，哪些行为被禁止。这些政策规定常带有强制性，它必须为政策对象所遵守。行为规范和准则使得海洋政策具有可操作性，从而实现特定的社会目标。

二、海洋政策的特征

海洋政策的特征可以分为两个方面：一是海洋政策的一般特征，二是海洋政策的独有特征。前者是指海洋政策作为公共政策的组成部门所具有的公

---

① 有学者将海洋政策的主体限定为"国家海洋管理机关"。实际上，这种限定并不合适。我们认为，海洋政策更应该从政策的客体来限定。即行政机关出台的有关海洋的政策为海洋政策。海洋政策的出台并非必然是海洋管理机关。

共政策特征；后者是指海洋政策之所以能够构成公共政策的一个子系统，在于其有不同于一般公共政策的特征。本文所界定的海洋政策特征主要是指其独有特征。这些独有特征包括以下几个方面：

（一）海洋政策更具公共性

海洋政策是有关海洋权益维护、保护海洋资源与环境的公共政策。海洋政策的相关目标决定了海洋政策更具公共性。首先，在海洋权益维护方面，海洋权益涉及一国的主权，是一国国家利益的最高表现之一。因此，海洋权益维护的功能和目标，使得海洋政策具有明显的公共性，它们的行使涉及一国所有国民的福祉和利益，以及未来国民的利益。其次，在海洋资源与环境保护方面，海洋生态与环境具有更广的影响。相对于陆域，海洋一旦被污染，将很容易从一个地区飘散到另一地区，从一个国家飘散到另一个国家。而海洋生态系统的破坏，也不仅仅影响一个地区或国家，而是多个国家甚至全人类。例如某种洄游鱼类在某一海域的被过度捕捞，就可能使得其他海域依赖这种鱼类的其他海洋物种濒临灭绝，从而引发生态灾难。因此，海洋政策保护海洋资源与环境的功能与目标，使得其具有维护整个地区甚至全人类利益的属性，从而更具公共性。

（二）海洋政策更具生态性

不管是从海洋政策的价值取向上而言，还是从海洋政策的具体内容上而言，海洋政策相对于公共政策，更注重生态环境的保护。生态伦理观构成了海洋政策的一个重要价值基础，它强调海洋政策的一个主要价值取向就是海洋生态环境的保护。而现实中，海洋政策应该侧重于环境保护而非经济开发也越来越获得认可，海洋环境保护政策在海洋政策中所占的比重越来越大。

（三）海洋政策更具国际性

所谓更具国际性，是指相对于一般公共政策，海洋政策的制定、执行等需要考虑到国际法对于海洋的一些规定。这是因为海洋具有更多公共物品的属性，国际法对其做了一些有利于全人类利益的规定，例如自由航行的权利。其他国家具有无害通过他国领海的权利，一国不得无礼限制这种自由航运的权利。而且，如上所述，海洋生态作为一个整体，一国的过度破坏会危及整个海洋生态，进而危害他国的利益。因此，海洋政策的制定等需要考虑到国际法（主要是海洋法）的一些规定。

（四）海洋政策更具统筹性

大多数国家中，海洋行政管理职能分属不同的管理机构。各个相关管理机构基于自己的职能定位、权力设置进行海洋开发与保护。由于不同管理机构的不同定位，造成海洋开发与保护的冲突在所难免。因此，海洋行政管理的协调非常重要。海洋政策，尤其是海洋基本政策，需要对不同管理机构进行协调、统筹，从而实现海洋行政管理的有序进行。因此，海洋政策具有统筹性，也更具统筹性。

三、海洋政策的功能

海洋政策的功能就是指海洋政策所能发挥的作用和海洋政策所具有的意义。海洋政策具有不同的功能，这些功能体现了发展海洋政策的价值所在。

（一）指导功能

海洋政策的指导功能，亦称导向功能，是指引导人们的海洋开发行为或海洋事业的发展朝着政策制定者所期望的方向发展。海洋政策的指导功能所包含的一项重要内容就是规定目标、确定方向。规定目标就是把海洋活动中表现出的复杂性、多面性、相互冲突性，纳入明晰的、单面的、统一的、目标明确的轨道，使得海洋活动有序进行和发展。海洋政策指导功能的另一项重要内容就是教育指导、统一认识、协调行动、因势利导。海洋政策，不仅要告诉人们什么是该做的，什么是不该做的，而且还要使人们明白，为什么要这样做而不要那样做，怎样做才能更好。海洋政策的指导功能，为人们有序推进海洋事业发展指明了方向。

（二）协调功能

海洋行政管理活动是一个复杂的系统过程，其中有许多海洋利益关系需要协调，以保证海洋活动的和谐进行。这种协调首先表现在国家海洋活动在整个国家政治、经济、文化等活动中应该处于何种位置。相对于陆域活动，人类的海洋活动相对较晚，人们经常采用陆域活动的思维和策略去进行海洋活动，将海洋活动看成人类陆域活动的一种简单延伸。海洋政策需要对陆域活动与海洋活动的差异造成的冲突进行协调，以保证海洋活动在整个国家活动中占据合理的位置。其次，海洋政策协调功能还体现在海洋开发与海洋保护的协调上。人类进军海洋，一个重要原因在于海洋能够提供更为丰富的资源和能源。因此，进行有序的海洋资源开发是海洋活动的重要内容。但是另一方面，海洋生态环境对整个人类的存在起着更为基础性的作用，其保护也至关重要。但是在海洋资源开发中，却经常造成海洋生态环境的破坏。例如人类开发无居民海岛，但是由于无居民的生态更为脆弱，一旦破坏，将难以修复。因此，海洋政策的协调功能就是需要合理有效地平衡海洋开发与海洋保护。最后，海洋政策的协调功能还表现在不同领域海洋管理的协调上。目前，我国海洋行政管理的一个显著特征就是行业管理突出，海洋交通、海洋渔业、海洋油气等大量的海洋行业管理和活动，造成了一定的冲突。因此，海洋政策需要对这些不同的海洋行业进行协调。

（三）规范功能

海洋政策的规范功能是指海洋政策在社会实际生活中为保证海洋开发与保护正常运转所起的规范作用。这一功能主要表现为海洋政策针对目标群体的行为所起的作用。迄今为止，人类社会对人们的行为进行规范的手段或方式主要有法律、伦理道德和政策。总体而言，这三种手段或方式都具有鼓励性和惩罚性的特征。法律手段本身具有的稳定性和定型化特征，难以满足瞬息万变的社会需要；伦理道德在一些领域、对一些人的行为具有规范的功能，但由于它对行为的规范是"软约束"，对那些自觉性差、思想觉悟低的人来说，伦理道德对其并没有多少约束作用。政策的规范功能可以有效弥补法律手段和道德手段的上述不足。海洋政策的规范功能其根本任务在于发现并纠正海洋开发与保护中的非常规的、"越轨"的行为，保障并加强海洋的正常秩序，促进海洋事业的发展。

在海洋活动中，通过海洋政策进行规范，相对于法律手段和伦理道德手段，更具有优势。海上执法和司法取证的成本，较之陆域更高。因此，法律手段对海洋活动的规范作用较弱；人类目前的道德规范主要是针对人们的陆域活动形成的，海洋活动的道德规范，较之陆域还不成熟，难以对海洋活动有效规范。因此，海洋政策成为海洋活动最为重要的规范工具，它也在海洋活动中的确发挥着重要的规范作用。

（四）激励功能

海洋政策的激励功能，亦可称为推动功能，是指海洋政策对海洋事业发展的激励和促进作用。这一功能主要表现为海洋政策针对海洋事业发展方向和速度所起的作用。一个社会发展的动力来源于社会资源的合理配置和人的积极性的发挥。在一定程度上，社会资源的调整和重新配置就是为社会发展方向进行定位。在现代社会，由于市场配置资源本身的不完美性，政府在保证资源的合理配置中具有重要作用。政府配置资源就是通过对资源的权威性分配，以实现资源的最佳组合。人的积极性的发挥有赖于公平的制度环境、社会环境和自身利益的全部或部分满足。海洋政策的激励功能在于通过海洋资源的合理配置，实现海洋经济的发展与生态环境的保护。由于海洋政策激励功能能够调动人们在海洋开发与保护中的积极性，从而推动海洋开发利用活动的有效开展。

第二节　海洋政策的构成体系

海洋政策按照不同的分类标准，可以有不同的体系划分。对海洋政策的构成体系进行系统划分，可以更为深入地了解和把握海洋政策。

一、按照海洋政策的层次标准

（一）海洋元政策

元政策，也可以称为总政策、总路线、总方针等，是指用以指导和规范政府政策行为的一套理念和方法的总称，其基本功能在于如何正确地制定公共政策和有效地执行公共政策，因此元政策也可以称之为政策的政策，即"制定政策的政策"①。元政策更多地表现为规范、指导政策制定的价值观或价值取向。海洋元政策处于海洋政策最高点，与海洋基本政策、海洋具体政策不同，海洋元政策一般是隐含着的，体现出一国在海洋权益维护、海洋开发与保护方面所持的价值观。具体而言，海洋元政策包括两个方面：

一是国家海洋权益维护的价值选择。在海洋权益维护方面，一般可以分为两种价值观选择：一种是注重武力的海洋霸权发展策略，表现为注重海权，确立海洋势力范围，通过海洋军事力量彰显自己的海洋意图。另一种是注重和平的海洋权利维护策略，表现为在国际法框架内合法维护自己的海洋

---

① 张国庆：《现代公共政策导论》，北京大学出版社 1997 年版，第 22 页。

权益。这种不同的海洋权益维护价值观对一国的海洋政策有着极为重要的影响，它成为一国制定海洋基本政策的依据。

二是国家海洋开发与保护的价值选择。在海洋开发与保护上，国家有着两种不同的价值选择：一种是注重海洋资源开发与利用为主的功利主义价值观。这一海洋元政策体现了国家对海洋资源开发的重视。一般而言，采用这种价值观的国家将经济发展放在首位，体现了功利主义的公共政策价值选择。海洋资源、海洋能源、海洋产业的发展一般处在政策制定的议程前列。另一种是注重海洋生态环境保护为主的生态伦理价值观。这一海洋元政策更注重海洋生态环境的保护，特别是当海洋资源开发与海洋环境保护发生矛盾时，优先考虑生态环境的保护。在海洋开发之前，要求进行严格的环境评估，将预防原则置于海洋活动的优先原则。

（二）海洋基本政策

海洋基本政策是国家宏观层面的综合政策，是一国为实现一定时期内在海洋行政管理上的目标、任务而制定的行动准则，具有长期性、全局性和综合性。海洋基本政策相对于海洋元政策而言，是显性的，以非常明显的形式公布，为大家所熟知。海洋基本政策的制定和发布主体，职权较高，一般由国家最高权威机构或其机关制定和发布，具有很强的权威性，包括党中央、全国人大、国务院，从而具有较高的层次。海洋基本政策的覆盖范围较广，一般涵盖了海洋事业发展的各个方面。海洋基本政策也具有较强的稳定性，可以具有更强的导向作用。

海洋基本政策一般以三种形式出现，一是党中央出台的有关海洋发展指导文件或规划。例如十八大报告明确提出，要建设海洋强国，从而确立了我国最为重要的海洋基本政策；二是全国人大或其常委会出台的海洋法律，如《中华人民共和国领海及毗连区法》、《中华人民共和国专属经济区和大陆架法》、《中华人民共和国海洋环境保护法》、《中华人民共和国海域使用管理法》等；三是由国务院出台的海洋行政法规，如《中华人民共和国渔业法实施细则》、《中华人民共和国渔港水域交通安全管理条例》、《中华人民共和国海洋倾废管理条例》等。三种形式并非并列关系，也呈现出一定的层次性。

（三）海洋具体政策

海洋具体政策，是为贯彻海洋基本政策而制定的具体行动准则或具体行为规范，它最为具体，更有针对性。较之海洋基本政策，海洋具体政策的数目繁多，更具操作性。海洋具体政策可以细分为两种：

一是海洋行业政策。它是各个涉海职能部门出台的有关本领域的海洋政策，例如海洋渔业政策、海洋环境保护政策、海洋科技发展政策等。在表现形式上，海洋行业政策包括国务院所属部委出台的海洋行政规章，如《中华人民共和国海洋石油勘探开发环境保护管理条例实施办法》、《铺设海底电缆管道管理规定实施办法》、《海底电缆管道保护规定》等。此外，还包括各涉海职能部门所提出的有关海洋活动的办法、规定等。

二是地方海洋政策。它是沿海地方政府为了促进本地区的海洋事业发展而出台的有关海洋政策。在表现形式上，地方海洋政策包括沿海 11 个省（直辖市）人大所出台的有关海洋的地方法规，例如山东省人大出台《山东省渔业港口和渔业船舶管理条例》和广东省人大《广东省渔业管理条例》等；其次，还包括沿海 11 个省（直辖市）政府、5 个副省级市政府出台的行政规章，例如山东省政府出台的《山东省浅海滩涂养殖管理规定》；最后，还包括沿海省、市、县政府出台的有关规范指导海洋活动的办法、规定等。

二、按照海洋政策的领域标准

党的十八大报告提出了"政治、经济、文化、社会、生态"的"五位一体"。我们认为这代表了社会领域的发展趋势，因此予以借鉴，将海洋政策也分为这五类。

（一）海洋政治政策

海洋政治政策是指政策主体旨在解决海洋政治性问题、海洋权益问题等确立的政治目标和政治行为规范。海洋政治政策的制定主体一般层次较高，对其他的海洋政策具有重要影响。海洋政治政策受到不同国家政治体制的影响较大，不同政治体制的国家，其海洋政治政策存在较大的差异。根据对政策内容的划分，海洋政治政策又可以具体分为以下两个方面：海洋权益维护政策，主要指为了维护一国的海洋权利和利益所出台的相关政策；海洋法律与制度建设政策，主要指为了保证海洋开发与保护的公平，提供制度及公平、公正标准的社会公共产品，以发挥对海洋社会生活的组织、裁判等功能。

就海洋政治政策的性质而言，海洋政治政策主要是面对以下几个问题：一是处理国家海洋安全问题。在古代，海洋是阻隔世界联系的"天堑"。我国传统政治文化中，一直将东部沿海作为国家的安全屏障，而致力于打造北部的陆域的长城，以防止游牧民族的入侵。现在，海洋已经变为连接世界的最便捷的通道，通过海洋可以快速到达一个国家。因此，构建海洋安全，成为国家安全的重要内容。海洋权益维护作为海洋政治政策的重要内容，是处理国家海洋安全最为重要的方面之一。二是完善国家海洋行政管理体制。高层次的海洋政治政策对国家海洋行政管理体制有着重要的影响，它的转变，会影响到海洋行政管理体制的变革。三是对其他领域的海洋政策有着统领作用。海洋政治政策对下述的海洋经济政策、海洋文化政策、海洋社会政策、海洋环境政策等有着非常重要的影响。

（二）海洋经济政策

海洋经济政策是政策主体旨在处理海洋经济事务、实现国家海洋经济利益而确立的海洋经济建设目标和经济活动规范。与政治、社会等领域并列起来讨论海洋经济政策，主要指有关海洋产业对国民财富生产的政策。从历史的角度而言，国家海洋经济政策甚至要早于海洋政治政策。早在两千年以前，齐国等诸侯国就有了发展海盐的经济政策。目前，经济领域也是我国海洋政策最为集中和密集的领域。按照海洋经济政策的性质，海洋经济政策可以称之为海洋开发政策。

海洋经济政策也可以进行进一步的细分。如果按照产业的标准，海洋经济政策可以分为三个方面：一是海洋渔业政策。海洋渔业作为海洋第一产业，相当于陆域的农业。目前，海洋渔业政策主要体现国家培育和发展人工养殖，其相关政策法规有《中华人民共和国渔业法》、《中华人民共和国渔业法实施细则》；二是海洋资源政策。海洋资源开发作为海洋第二产业，相当于陆域的工业。目前，海洋资源开发成为海洋经济的主要领域，海洋资源政策也逐渐凸显。海洋资源政策包括海洋能源开发政策、海洋矿产开发政策等，其相关政策法规有《中华人民共和国海洋石油勘探开发环境保护管理条例》、《海洋石油开发工程环境影响评价管理程序》、《海洋石油平台弃置管理暂行办法》、《海砂开采动态监测简明规范（试行）》等；三是海洋交通政策。随着国际贸易的发展，全球化的深入，海洋交通的重要性日益显现，海洋交通的经济贡献逐渐受到人们的认可。我国相关政策法规有《中华人民共和国外国籍船舶航行长江水域管理规定》、《中华人民共和国港口法》等；四是海洋休闲与旅游政策。海洋休闲与旅游产业在发达国家已经成为一个重要产业。早在 2004 年，美国单纯海岸带休闲业和旅游业就支撑了 170 万个工作岗位，总共获得了 315 亿美元的工资收入。①

（三）海洋文化政策

海洋文化政策是政策主体旨在宣扬海洋文化，塑造国民海洋气质，实现国家海洋文明的文化繁荣的规范。海洋文化对海洋政治、海洋经济等有着积极影响。良好的海洋文化氛围，能够促进海洋政治政策、海洋经济政策的出台，并为这些海洋政策的顺利执行创造条件。海洋文化政策可以细分为以下几个方面：一是海洋教育政策。主要指国家通过教育系统或社会培训机构向学生、社会人员进行海洋知识、海洋意识等教育政策。我国的海洋教育还相对落后，国民的海洋知识、海洋意识还有待提高，因此，我国需要出台海洋教育政策，促进海洋教育事业发展，普及海洋知识，提高国民的海洋意识。二是海洋科研政策。主要指国家对海洋科学理论、海洋技术的扶持政策。我国在海洋动力学、海洋环境学、海洋水产学等领域，已经处于世界前列，但是科学转化力还有待提高。因此，今后的海洋科研政策还应该加大对海洋技术的扶持力度，加大对海洋管理、海洋经济等社会科学研究的扶持力度。三是海洋宣传政策。主要指国家通过大众媒体宣传海洋知识，或者扶持制作海洋娱乐、海洋文学、海洋影视的政策。海洋宣传政策能够提高社会对海洋的认可度，从而促进海洋文化发展，形成国家海洋文明。

（四）海洋社会政策

海洋社会政策是指根据社会发展需要，为了解决因为海洋开发所造成的社会问题，而确立的社会发展目标和行为规范。海洋社会政策是海洋政策体系中的一个重要组成部分。海洋社会政策的基本功能或主要目的是：解决因海洋开发或海洋保护不力所造成的社会问题；促进海洋相关群体的社会福

---

① Linwood Pendletona, Perla Atiyahb, Aravind Moorthyc: Is the non-market literature adequate to support coastal and marine management? Ocean & Coastal Management Volume 50, Issues 5-6, 2007, pp. 363-378.

利；解决偏远海岛居民的社会融入问题。与其他领域的海洋政策不同，海洋社会问题随着社会发展或情况改变，就有可能从社会问题转变为政治问题，海洋社会政策也就会转变为海洋政治政策。海洋社会政策随着社会发展阶段的不同和国家性质的不同而具有不同的内容。

海洋社会政策不仅仅通过政府制定特定海洋政策以国家力量去解决这些社会问题，更重要的是通过扶持社会组织去予以解决。因此，海洋社会政策可以分为两类：一类是国家直接出台相关政策法规，以解决海洋社会问题。例如政府直接出台财政政策对失海渔民的就业进行重新安置，或者政府针对边远海岛的上学难问题而在海岛上兴建学校。另一类则是国家通过扶持一些海洋社会组织来解决海洋社会问题。例如政府可以鼓励成立海洋渔业协会、海洋环境保护协会等一些社会组织，通过这些社会组织来内部处理海洋社会问题。

（五）海洋环境政策

随着环境问题的日益凸显，政治、经济、文化、社会、生态已经成为并称的领域。在生态领域的海洋政策，一般称之为海洋环境政策，或者可以称为海洋生态环境保护政策。所谓海洋环境政策，是指政府为了实现海洋的可持续发展和利用，而制定的有关保护海洋生态或者防治海洋污染的指导原则和行动规范。海洋环境政策秉承可持续发展的理念，代表了国家对海洋的保护。

海洋环境政策可以细分为两种：一是海洋污染防治政策。环境污染是指人类生产、生活活动过程中，向自然环境排放大量废弃物质，其种类、数量、浓度、速度超过环境自净能力，导致环境的化学、物理或生物特征发生不良变化，以至于危害人类健康、生命资源，或者妨害舒适性的现象。海洋污染防治政策是为了有效防止、治理海洋环境污染而出台的有关政策。海洋油气开发中的溢油，陆源污染物的入海排放，都是海洋环境污染。海洋环境污染对人们的健康有着直接的影响，对人们的视觉冲击最为明显，因而也最容易引起大家的注意，从而促使国家出台相关政策。二是海洋生态保护政策。生态是指一切生物的生存条件，以及生物之间和生物在其生活过程中与环境的关系。海洋生态保护政策是指国家为了保护海洋生态系统的结构和功能、保护海洋生物多样性以及特定海洋区域所出台的政策。海洋生态保护政策更具有长远性，因而一般由国家最高立法机关出台。确定海洋功能区划是海洋生态保护政策的典型表现。

第三节 海洋政策的制定

海洋政策的过程包括政策的制定、政策的执行以及政策的评估等。其中海洋政策的制定，在海洋政策中处于核心地位。科学的海洋政策制定，是保证海洋政策有效处理海洋问题的前提。海洋政策的制定需要遵循一定的科学原则，在科学原则指导之下，按照海洋政策制定的过程有序进行。

一、海洋政策制定的原则

（一）信息完备原则

信息是政策制定的基础和依据。政策制定无非就是一个与政策有关的信息输入——信息处理（政策方案规划）——信息的输出（政策方案出台）等过程。信息的搜集、加工和处理，贯穿于方案制定的整个过程。在海洋政策的制定过程中，信息同样发挥着举足轻重的作用。有关海洋权益的信息、海洋资源的信息、海洋能源的信息、海洋环境的信息等都对海洋政策的制定有着直接的影响。这些信息越全面、准确，海洋政策的制定就越科学。海洋政策的科学性是与信息的全面性、真实性成正比的。

现代社会是信息社会。但是与其他信息有所区别，海洋政策制定所需要的信息很多来自特有组织或群体的提供。其政策制定的信息，大部分在陆地上。很多信息来自公民生活的领域，人们对相关信息有着生活体验和一定的辨析能力。但是由于涉海的组织和群体是有限的，大部分民众没有相关海洋活动的经验，因此对海洋政策制定所需要的信息缺乏相应的识别能力。因此，对于海洋政策制定而言，其信息需要更为完备，发布信息的机构也需要更为谨慎，以防对政策制定者或公民产生不良导向。

（二）民主参与原则

民主的内涵与实质是权力的分享。海洋政策制定的民主参与原则，首先体现在海洋政策是否能够真实反映人们的要求和愿望，是否能够最终使群众获得利益和实惠。最终出台的海洋政策，并非代表了特殊利益集团的利益，而是为全体国民，或者弱势群体所认可。其次，民主参与原则，还要求海洋政策制定的过程中，能保证人民在各个环节，享有知情权、表达权，制定者也需要对民众的呼声真正予以回应。现代社会政策制定的一个重要特点就是"谋"与"断"的相对分离，科学的知识与方法已经成为政策制定时不可或缺的要素。学有专长者，或者有亲身体验者，往往能够在政策方案规划中担任积极的角色，以其客观、学术的眼光、科学的手段与方法，对政策问题详细探讨，并提出合理的建议。他们不仅仅为领导决策提供了充分的理论基础，也使得海洋政策的精确度大大提高。这对于海洋政策的科学化，具有十分重要的意义。再者，海洋政策制定中，坚持民主参与原则，还可以整合海洋政策涉及的相关群体，将他们的意见充分吸收，可以为出台后海洋政策的执行提供便利。经过民主参与的海洋政策，政策执行的阻力就会变小，从而降低政策执行成本。

（三）科学预测原则

预测是政策制定的前提，也是政策制定过程中一个必不可少的环节。这在海洋政策制定的过程中，同样如此。海洋政策的制定是面向未来的，是在事情发生之前的一种预先分析和选择，故具有明显的预测性。预测就是由过去和现在推知未来，由已知推知未知。对事物未来的发展趋势及其结果的正确与否作出判断，在很大程度上决定着政策实施的成败。没有预测或预测不科学，将导致盲目或错误的决策。要保证在海洋政策制定中有着科学的预测，要有完备的信息，民主的参与，还要有科学的预测方法。目前，公共政策已经构建了一些预测方法，例如德尔菲法、回归分析等，都可以在海洋政策制定中予以采用。海洋地质、海洋环境等自然科学知识，以及国际政治的社会科学知识，也应该在海洋政策的预测中加以采用。

（四）现实可行原则

海洋政策的制定目的，是为了付诸实施。要实施就需要具备实施的现实条件，即具有可行性。海洋政策问题的决策，包含了诸多复杂的因素，只有通过综合的全面的可行性分析，才能得出方案是否可行的结论。为此，需要海洋政策制定者充分占有各方面的实际材料，根据现有的人力、物力、财力、时间等主客观条件以及发展过程中的种种变化，对方案的政治、经济、技术、文化、伦理等方面的可行性进行分析，从而使方案建立在牢固的现实条件的基础上，使得海洋政策的实施具有可操作性并有成功的最大可能性。否则，无视现实条件与可能，即使再好的政策也会因无法实施而缺乏实际价值。在确立海洋维护权益、海洋开发规划、海洋环境保护等方面，不仅仅需要着眼于海洋事务，还需要考虑国家的整体状况，只有这样，制定的海洋政策才具有现实可行性。

二、海洋政策制定的过程

（一）海洋政策问题的确定

海洋政策问题的确定，就是将一些海洋问题纳入政策议程之中。并非任何海洋问题都能纳入政策议程之中。海洋政策问题的确定阶段，其实质就是将有关海洋问题进行排序，按照问题的重要程度进行议程安排，从而使得有限的政策资源能够最大程度地解决海洋问题。能够进入海洋政策议程的海洋问题一般具有以下特点：一是国家已经确立的发展重点。这类海洋问题与国家的发展战略相契合，从而很容易进入政策议程。例如国家要体现上海的经济带动和辐射作用，而上海港水浅、道窄的问题就很容易进入上海市政府的政策议程中，上海市也就很容易作出开发大小洋山港的政策决定。二是海洋问题引起社会舆论的广泛关注。现代社会是一个舆论监督非常发达的社会。一旦引起社会舆论广泛关注的海洋问题，就会进入政府的政策议程。例如康菲公司的渤海溢油事件，经过媒体的广泛宣传，社会民众普遍关注，使得处理这一海洋问题很快进入国家海洋局等行政机关的政策议程中。三是一些国际性事件也会使得一些海洋问题进入政府的政策议程之中。

海洋问题成为海洋政策问题，进入政策议程之中，是多种因素和多种力量共同作用的结果，其主要因素包括以下四个方面：一是政治精英和专家学者。执政党或政府中的领导人是决定海洋政治问题的一个重要因素，政治领导可能会密切关注某个特定海洋问题，将之告知公众，并提出解决方案。而专家学者由于具有某一方面的专长和渊博的知识，可以对海洋事业的发展趋势和进程进行科学的预测，从而为海洋问题进入政策议程创造条件。二是政治组织。海洋政策问题一般涉及国家利益，某个海洋问题一旦被某个政治组织提出来，就比较容易引起政府或全体社会注意，从而纳入政策议程。三是公众和利益群体。特别是和公众或某些强大利益群体密切相关的海洋问题，会引起民众的强烈共鸣，从而促使政府关注这一海洋问题，使得它进入政策议程。四是大众传媒。在现代社会，报纸、电视、广播以及互联网成为强大的社会舆论力量，它们对海洋问题的频繁报道，会促使政府予以关注，从而纳入政策议程之中。

（二）海洋政策方案的设计

海洋政策问题一旦确立，就进入海洋政策方案的设计阶段。海洋政策方案的设计，就是针对要解决的海洋政策问题，运用各种定性与定量的分析手段与方法，设计出一系列可供选择的方案。海洋政策方案的设计主要包括两个方面：政策方案轮廓的构思和方案细节的设计。科学的海洋方案设计需要遵循以下程序或要求：一是注重政策的咨询。可以成立海洋政策的咨询团体，咨询团体可以根据对有关政策问题的客观分析，主动向政策制定部门提出自己的意见，也可以应政策制定部门的请求，参加有关问题的"会诊"，提出意见和建议。二是保证政策方案的多样性和排斥性。一定要有多个政策方案。只有对多个备选方案进行缜密的评价与对比，才能知道所要选择方案的优化程度。设计出更多的备选方案，这些见解、备选方案要相互竞争、相互补充，为决策者从中对比选出一个最佳方案或博采众长形成一个综合性新方案提供有利条件。三是要关注政策目标，目标明确与否直接影响方案的质量，甚至影响到有效的执行与合理的评估。

（三）海洋政策方案的选择

海洋政策方案的选择，是指通过系统的分析、比较和可行性论证，在多个备选海洋政策方案中确定一个能最大限度地实现既定目标的方案（或方案组合）的过程。海洋政策的选择在海洋政策的制定中处于核心地位，只有政策制定的权力主体才能进行方案的选择。海洋政策的选择要关注方案的可行性（政治、经济、技术、行政、法律、国际局势等可行性）论证，充分估计主客观需要与可能，兼顾未来因素对政策的影响，使之建立在充分可行的基础上。此外，海洋政策方案的选择过程，就是对决策者智慧、远见等能力的综合考量。这是因为所备选的海洋政策方案，每一套方案都有其弊端和优点，而且其弊端和优点往往难以权衡。决策者需要运用自己的智慧对此作出权衡取舍。决策者一旦作出了海洋政策方案的选择，最好能够向公众或其他主体说明选择的理由。因为充分的选择理由更能增加大家对所选择的方案的认可度，从而有利于政策的执行。

（四）海洋政策合法化

所谓海洋政策合法化，是指法定主体为使海洋政策方案获得合法地位而依照法定权限和程序所实施的一系列审查、通过、批准、签署和颁布政策的行为过程。海洋政策合法化是政策制定的最后阶段，也是海洋政策执行的前提。海洋政策方案只有经过合法化过程，才能成为合法有效的政策，才能获得政策对象的认可、接受和遵照执行的效力。

合法化具有广义和狭义之分。广义的合法化指符合某些规制。① 因此，海洋政策合法化按照制定主体的不同，可以分为立法机关的政策合法化和行政机关的合法化。前者指立法机关根据海洋权益维护或海洋事业发展需要，出台一系列海洋法规。因此，立法机关的政策合法化结果就是将海洋政策提案转变为法律法规的过程，经过立法机关政策合法化的政策，其表现形式就是颁布施行的海洋法律法规，或者一般法律法规中有关海洋活动的规定。这一政策合法化其实质就是政策立法。后者指行政机关遵循政策议程规定，通过合法程序，由行政首长签署发布的一些有关海洋活动的规范、办法。行政机关的政策合法化包括几个要件：一是必须经过合法的程序。这一般指政策的制定必须经过行政领导机构的会议审议。西方一些国家还规定必须经过政策咨询，才能进行合法化。二是经过行政首长或委员会的集体签署。只有经过签署公布的海洋政策，才是合法化的海洋政策。行政机关的海洋政策合法化，也可以进一步将之升格为法律。这一过程也称之为政策法律化，是指享有立法权的国家机关依照立法权限和程序，将成熟、稳定而有立法必要的政策转化为法律。

第四节　我国海洋政策现状及其优化

一、我国海洋政策的发展历程

从新中国成立以来我国的海洋政策大致经历了三个主要发展阶段，这些

---

① 陈振明：《公共政策分析》，中国人民大学出版社 2003 年版，第 195 页。

政策通过具体的海洋事业得以体现。

（一）新中国成立初到改革开放前：从注重海防到注重海洋资源逐渐转变海洋政策

新中国成立初海洋事务方面的主要特点是注重海防。1958 年 9 月 4 日中国政府发表领海声明，宣布中国领海宽度为 12 海里，从而确立了中国的领海制度。1962 年，开始编制第二个海洋科学长远规划。1964 年 7 月中国成立了专门管理海洋事务的国家海洋局，随后相关机构创建，全国性专门海洋管理系统产生。这一系列事件标志着海洋事务开始从陆地事务中独立出来，海洋事业也逐步成为一类具有相对独立性的事业。这一时期受"大跃进"的影响，在海洋捕捞产量上一度提出过高的增产指标，造成近海资源的破坏，与此同时，海洋交通运输业得到了一定的发展。

"文化大革命"时期是海洋事业艰难前进时期，中国的海洋教育、科技发展遭到严重破坏。但是在这一艰难的环境下，海洋科技事业还是有所发展。"文化大革命"也给海洋产业带来不利影响。海洋渔业生产受到很大损失。捕捞产量从 1966 年的 205 万吨下降到 1969 年的 189 万吨。由于高指标、瞎指挥，增加小功率的拖网渔船，常年追捕，造成渔业资源遭受严重衰退。但是在此期间还是不乏亮点，1971 年后周恩来总理开始抓港口整顿，1973 年提出"三年时间基本解决港口问题"，国务院成立了建港领导小组，开展了大规模的港口建设。

（二）改革开放时期：内容丰富、逐渐完善的海洋政策

这一时期我国加强了直接为海洋开发服务的海洋调查工作，同时，还加强了海洋污染调查、检测和科学研究，开始在海洋石油勘探开发和海洋调查方面的国际合作。1984 年在国务院经济技术、社会发展研究中心的统一组织下，国家海洋局专门进行海洋开发的专题研究，同年提交了《中国海洋开发战略研究报告》。在该报告中，专家提出了海洋开发的基本政策，涉及海洋环境、海洋科技、海洋综合管理、海洋产业改造和新兴产业发展、海洋国际合作等 12 个方面。这些政策建议尤其是合理布局海洋开发区域，海洋开发和海洋环境保护同步规划、同步实施、同步发展以及提高海洋开发的经济、社会和生态效益等思想经多年的实践证明是正确的，为以后制定综合性海洋政策奠定了基础。这一时期，中国还加强了海洋立法工作，出台了包括

《中华人民共和国海洋环境保护法》在内的一系列法律、法规和制度。中央政府扩大了国家海洋局的职能，赋予组织实施海洋调查、海洋科研、海洋管理和海洋公共服务，为国民经济和国防建设服务的任务。20世纪50—80年代，有关海洋政策方面主要集中在海洋产业和海洋科技政策上，海洋环境政策仅具雏形。从政策制定的部门、过程及调整的对象或范围看，只是一些部门政策或是具体的政策，中国还没有形成统一的海洋基本政策。20世纪90年代是中国海洋政策发展的重要阶段，制定海洋基本政策的工作被提到重要的议事日程上来。1991年开始编制《全国海洋开发规划》，规划包括：资源开发条件、开发战略、产业结构的调整、开发区域布局、国土整治与保护以及实施措施，同时安排了12个省级规划和12个行业规划。为了将规划建立在科学的基础之上，成立了领导小组，由国家20多个机关和沿海12个省份组成，经过基础资料汇编和专题研究，于1995年完成，并由国家计委、国家科委和国家海洋局印发。与此同时，还由国家海洋局于1989—1994年组织编制了《全国海洋功能区划》，内容包括：地理区位和自然环境评价、自然资源开发现状、海洋功能区划原则、海洋功能区分类和指标体系、落实区划的管理措施以及各功能区登记表。1993年有关部门制定了《海洋技术政策》。针对海洋经济增长同时开始出现的对海洋资源的无序、无度、无偿利用问题，1993年财政部和国家海洋局联合颁发了《国家海域使用暂行规定》，开始实行海域使用证制度。

　　（三）社会主义市场经济建立和改革开放深入发展以来：和平与发展的海洋政策

　　这一时期的海洋政策，更加突出我国注重和平的海洋观和追求可持续发展的海洋战略。1994年11月《联合国海洋法公约》正式生效，1996年中国正式批准加入，这就为制定一种新的战略性海洋政策提供了法律依据和保障。而同年制定的《中国海洋21世纪议程》则为中国21世纪海洋可持续开发利用提供了政策指南。《中国海洋21世纪议程》阐明了海洋可持续发展的基本战略、战略目标、基本对策及主要行动领域。21世纪中国海洋的总体目标是："建设良性循环的海洋生态系统，形成科学合理的海洋开发体系，促进海洋经济持续发展。"1998年发表的中国政府白皮书《中国海洋事业的发展》较全面、系统地阐述了中国在海洋事业的发展中遵循的基本政策和原则。1999 年至今海洋立法工作取得突破性进展。修订后的《海洋环境保护法》1999 年出台，2001 年颁布了《海域使用管理法》，国家和省级拟定配套法规和实施办法 100 多件，海洋法规开始形成体系。2012 年，党的十八大报告进一步提出"建设海洋强国"，将海洋政策与战略的重要性提高到一个新的历史高度。

二、我国海洋政策存在的问题

应该说，从整个世界范围看，中国在实施综合性海洋政策方面并不落后，在某些方面甚至走在了世界前列，如我国颁布实施的《海域使用管理法》，作为一个综合性海洋管理法律，得到许多国家的重视和借鉴。但在与其他海洋发达国家的比较中，可以看到我国在综合性海洋政策制定和实施过程中也存在着一些问题，主要表现在以下几方面：

（一）海洋政策制定的认识论、方法论方面存在着一定的欠缺

海洋政策制定是一个综合性很强的系统工作，必须用系统科学的观点和辩证的方法加以对待。海洋政策作为一种公共政策又是一门新兴的学科，内含丰富的理论思想，这就需要海洋政策的制定必须有方法论的创新和理论的创新。要使海洋政策能够真正体现其宏观性、全局性，能够高瞻远瞩、从战略的高度指导国家海洋事业的发展，就必须有理论的高度。没有理论指导的海洋政策，只能停留在低层次的、实务性的对策研究阶段。从某种程度讲，我国的海洋政策模式是一种"末端治理"模式。仅仅指出"怎么干"，而没有阐明"为什么"，即缺少理论层面的研究，没能用一套理论工具（或理论范式）去诠释海洋政策。由于缺乏系统的理论思维和现代政策科学理论的基础，海洋政策的制定和实施进程缺乏系统的整体性，难免陷入"头痛医头、脚痛医脚"的被动状态。而从认识论、方法论的角度，首先给海洋政策进行科学定位，并以科学的理论作为支撑，则可以防止政策的盲目性和短视性。因确立海洋政策的理论支点，就意味着海洋政策的制定在起点上就包含着综合性的考量，是理性的和建立在统一的价值基础之上的，有着明确而又统一的目标指向，从而赋予解决一切具体矛盾和处理具体问题的方式方法以系统性的内涵和前瞻性的思维。

（二）海洋战略研究相对滞后

海洋是一个战略领域、战略对象，一方面指导海洋活动的政策必须有战略高度，另一方面要求国家在制定海洋政策时，必须把制定海洋发展战略放在重要位置，给予高度重视。国家海洋战略是国家用于筹划和指导海洋开发、利用、管理、安全、保护、捍卫的全局性政策；是涉及海洋经济、海洋政治、海洋外交、海洋军事、海洋权益、海洋技术诸方面的综合性行动纲领；是正确处理陆地与海洋发展关系、实现海洋可持续发展目标的指导性战略。海洋战略从属于国家战略，是国家统揽海上方向建设与斗争全局的总方针和处理国家海洋事务的总策略。海洋战略的核心是解决未来国家发展与海洋的关系，利用海洋实现国家的振兴和发展。目前，世界海洋事业比较发达的国家都把制定海洋发展战略作为国家海洋政策制定的重中之重。我国尽管已制定《中国海洋21世纪议程》、《全国海洋经济发展规划纲要》等综合政策，但把海洋经济和社会发展提高到战略的高度，制定国家的海洋发展战略，这一工作目前仍在进行之中。党的十八大报告提出"建设海洋强国"，把海洋开发与国家的经济和社会发展联系起来，这是一项具有深远意义的战略部署。因此，加强中国海洋发展战略研究，编制"中国海洋发展战略"具有重要的历史意义和现实意义。

（三）海洋政策的针对性和有效性不足

我国的海洋政策多是陆地政策的自然延伸和引申，缺少针对海洋特点、体现海洋特色的政策体系，这样就使许多政策缺少可操作性。这个问题的存在一方面是由于海洋的特殊性、复杂性，同时也与我国的海洋决策技术手段落后有关。海洋政策的信息收取，尤其是作为整个工作基础的海洋环境数据的采集和处理，需要借助先进的科学技术和装备，而这在政策制定中至今仍是一个被忽视的问题。海洋政策的有效性既要求政策本身是切实可行的，还要求政策落实过程中也应采取有效的措施。有效的海洋政策措施多种多样，包括经济的、法律的、行政的等各方面，但其中的一点尤其应当引起重视，即有关海洋的科学教育。从美国、加拿大、日本、韩国等国制定的海洋发展战略中可以看出，它们都对海洋科学教育给予高度的重视，如美国海洋发展战略提出："为了振兴和提高海洋科学教育，确立统一的国家推进体制。普及海洋科学教材。加强充实教育网络，促进海洋学家与教育者协作。为了扩大海洋和沿岸教育的机会，要加强民间团体与联邦政府之间的合作。"海洋教育，是从根本上做好海洋工作的基础性工作，是涉及海洋事业长久发展的基本保障。通过海洋教育，来提高国家海洋意识和公众的海洋意识，培养各种海洋人才，以此为基础，才能保障海洋政策的有效实施。我国尽管也强调海洋教育，但并没有把它作为做好海洋管理的重要措施，也没有形成一种制度。因此，为了实现我国海洋事业的持续发展，必须把海洋教育提到战略高度，纳入国家海洋政策和管理的框架体系中，采取系统有序的措施来真正落实海洋教育。

（四）海洋政策的制定和管理缺乏统一性

应该承认，我国尚缺乏一套适合我国国情的海洋管理工作的理论体系，没有真正形成一套整体有序、动态权变的工作系统。制定海洋管理政策时，缺乏从整体上对我国的海洋管理工作进行统筹考虑和全面规划；国家统一的海洋环境政策的调研、制定缺乏连续性和衔接性；已制定出来并颁发实施的统一政策，没有确定性的管理部门，经常出现政策执行中的自流现象；各有关海洋部门，在组织海洋的开发和保护活动中，往往不注意对国家海洋总政策的贯彻，只考虑执行本行业的海洋政策；各地在规划和开发海洋时，缺乏对海洋多功能的认识，没有对其进行多功能分析和机会成本分析，结果导致海洋开发没有最大限度地发挥其功能等。与缺乏统一性相关的是海洋政策中枢的综合协调中心地位没有确立。由于涉海部门众多，各部门之间的关系没有理顺，部门间扯皮甚至"依法打架"的现象屡见不鲜，因此，需要加强海洋行政决策中枢机构建设，突出综合协调机构的中心地位。

（五）海洋信息、咨询机构尚不健全

目前我国各级海洋决策系统的信息系统已初步建立，如在国家海洋局建立了综合性大型信息机构国家海洋信息中心，但从总体看，信息系统比较薄弱。专门化的信息机构为数不多，难以形成完整的网络。由于政府公开的程度不够，政府活动特别是领导的决策活动缺乏必要的透明度，信息来源与信息质量受局限，信息处理能力较低等。决策中枢往往利用传统的渠道来获取信息，如依靠统计资料、内部简报、各地区各部门的情况汇报、反映等，这样的决策难免带有一定程度的片面性。同时，咨询机构实际发挥作用有限。改革开放以来，县级以上党政机关都建立了政策研究室，这些政策研究机构的职能定位，主要为决策层提供咨询建议、调查研究及方案论证。许多政策咨询机构发挥了重要作用，但由于国家对咨询研究机构的属性、行为方式、行为保障、工作评估、奖惩等无明确要求，有关保障咨询发展的地方性法规、政策和措施不健全，所以，这些机构能否发挥作用主要取决于领导者的偏好。当前咨询机构的运行机制基本上是"条块分割"，互相封闭，各行其是。对同一个问题的研究，又各取所需，客观公正性不够，重复研究的情况时有发生。加之政策研究机构专业化程度不高，研究咨询人员总体素质还有差距，这些问题的存在一定程度上也导致了有关领导对发挥研究机构咨询作用的不重视。

三、我国海洋政策的优化

要保证海洋政策的质量和功效，需要海洋政策研究者和政策制定者借助科学的政策形成机制，采取科学的方法，来实现海洋政策的科学化、民主化和法制化。

（一）合理设置海洋政策系统中的各子系统

现代化的海洋决策系统是由以决断子系统为核心，以信息、参谋、执行、监控子系统为支持而组成的有机整体。所谓决策模式创新和决策的科学化、民主化，其中一个重要方面是指决策系统的完整性和协调性。在海洋政策运行中，各子系统承担不同的功能，发挥不同的作用，它们既相互独立，又密切配合。如果子系统设置不健全，必然会有一些工作没有相应的机构承担，导致决策功能相互脱节，或多种工作集中到某些机构之中，造成决策质量下降。而系统机构重复设置，又会引起工作上的摩擦、扯皮和责任不清，增加决断子系统协调的工作量，分散决策者精力。因此，决策系统的设置应贯彻精简、统一、效能的原则，合理设置机构，确定各机构人员的资格和能力要求。

目前我国海洋政策系统的运行中存在的一个重要问题是各子系统之间的职责没有划清。导致这一问题产生的重要原因在于海洋政策内容上公域与私域不分。通常认为，个人事务以及由个人组成的社会组织和团体内部的事务属于私人领域，是公共权力不可介入的自由领地，属于私人决策的范围。在市场经济条件下，私域主体是以利益或利润为追逐目标的盈利性组织及个人，它们通过向社会提供私人物品来满足人们需求这一中间环节，最终实现自己的盈利目标。社会共同体所面临的事务是影响社会共同体每个成员的事务，属于公共领域，是公共权威即政府权力应当发挥作用的政治领域，属于公共决策的范围。公域的活动主体是各级各类国家机关，尤其是政府组织。公域中所进行的主要是政治行为，公域主体的主要职能是为社会提供公共物品。我国由于长期受计划经济体制下的政府包揽一切事务的治理模式的影响，使公共决策在内容上存在着公私不分的严重倾向。政府把一切事务泛公共化，社会组织和公民也过分依赖政府来解决问题。公私不分，使政府的作用被推到极大，政府权力渗透到社会生活的各个方面和各个层次，政府事务包罗万象。政府既是裁判员又是运动员，政府部门经常"自己决策、自己执行、自己监督"，政府过多地进入私人领域，干预经济生活。这种现象必然影响私域和公域的正常发展。对海洋政策系统中的各子系统合理设置，实际上是要规范各子系统的行为边界，使各子系统能够各司其职，各尽其用，并相互制约。在合理规范各子系统行为边界问题中，特别要强调的是对政府行为的界定。在海洋政策系统中，政府作为决策者主要是在决断子系统中发挥主导作用，通过研究、制定与海洋相关的政策法规，来实现政令的统一与决策的公平，而对政策的执行、监督则是其他子系统的工作。把决策与执行、监督适当分离，既可以突出政府的优势，又能够充分发挥其他子系统的积极性，从而提高政策的执行绩效。

（二）提高海洋政策参谋咨询机构的地位

海洋行政决策体制通过决策权力、决策主体对决策发生各种影响。在传统的决策过程中，决策者凭借其知识、经验和才智，一般就可以作出有效的决策。但是，随着现代科学技术和经济的迅速发展，决策过程中的随机因素不断增多，对一些复杂的经济、政治、军事、科技、社会问题进行决策的难度愈益增大。在现代对重大问题作出正确决策所需要掌握的知识、信息量、使用的先进手段，是过去无法比拟的。尤其是就海洋决策而言，由于海洋涉及领域的多面性、海洋活动的复杂性和海洋开发的高难性等问题的存在，使海洋决策者所承担的职责与其知识和能力之间的差距越来越大。要使海洋决策科学、正确，仅靠海洋管理人员是难以胜任的，因此，必须开发涉海各领域的专家的智慧，把他们的智慧有效地纳入决策过程之中，并使他们的智慧同决策者的智慧和权力结合起来，充分发挥他们在政府决策过程中的作用。如何把专家的知识和技能有效地纳入决策过程中，并使它们与决策者的权力、思考协调一致地发挥作用，是现代决策体制研究所要解决的一个关键问题。

海洋咨询机构存在的形式各有不同。可以是在政府内部建立由海洋专家构成的幕僚机构，也可以是在行政决策系统之外的海洋科学研究机构。这些海洋咨询机构的存在能够弥补现代海洋决策者的职责同其能力之间的差距。因为它们具有以下功能：

1. 预测功能。预测是对未来事物或不确定的事件所做的预见或推断，是提供有关未来信息的主要手段。在海洋行政决策过程中，需要作出预测的问题具有量大、复杂和多变的特点，要实现准确的预测需要满足下列基本条件：（1）有高深的常识、丰富的经验、敏锐的洞察力和准确的判断力；（2）预测机构的成员构成要体现出学科和专业的交叉性和综合性；（3）情报信息准确、全面，尤其是要体现出整体性和连续性；（4）采用先进的工作手段和现代科学的预测方法。这些条件是决策者及职能部门难以全部具备的，需要有专业技能的专家协助。

2. 分析功能。分析主要是指对政策环境进行研究，在此基础上发现问题，探寻解决问题的基本思路，并最终确定政策目标。正确的分析是正确决策的基础，而要对海洋事务进行科学、全面的分析，则需要海洋政策专家、海洋科学研究人员的共同努力。

3. 设计方案的功能。一般地说，海洋决策面临着各种利益的冲突、决策目标的冲突、主观偏好的差异、对客观条件认识角度不同等各种分歧性因素的影响，这样，从各个不同的角度着眼，就可以设计不同的方案。由于各方案涉及一些海洋事务的具体事宜，因此，需要借助专家的咨询，才能完成。

4. 论证功能。按照科学决策的要求，在决策目标和方案最后确定之前，必须对它们进行系统、严密和反复的论证，以增强目标和方案的科学性和有效性。海洋专家的论证功能包括海洋发展战略思想论证、决策目标论证和决策方案论证。

海洋咨询机构的存在和工作，为海洋决策的科学化提供了保障，是海洋决策中不可缺少的力量，同时是海洋政策工作中必须着力加强的一个环节。为保证参谋咨询人员在决策中的作用发挥，需要注意：（1）保证参谋机构的相对独立性。决策者要允许和欢迎咨询人员唱对台戏，鼓励他们相对独立地进行科学研究，充分挖掘政策问题的各个方面因素，促使研究结论的客观性和多样化。（2）在咨询机构内建设民主气氛，鼓励不同观点的自由讨论。提倡决策者负责和对事业负责的一致性，在重大问题上敢于向决策者表达不同意见。（3）参谋咨询人员要准确定位。他们与决策者的关系是"谋"与"断"的关系，咨询人员是帮助决策者筹划方案，不能越俎代庖、代替决策。

（三）加强海洋信息建设

改革开放以来，我国海洋信息工作取得重大进展，主要有以下几个方面：（1）在海洋空间数据获取、处理、存储和管理的技术体系建设方面取得了重要进展，完成了1：100万和1：50万海洋基础地理信息数据库。（2）初步建立了中小比例尺的海洋基础数据库群和综合性的海洋信息系统，基本实现了对海洋资源、海洋环境、海洋经济、海洋灾害和海洋情报文献等海洋信息的搜集、传输、处理、存储、管理等功能。此信息系统的建立为我国海洋经济综合分析评价和预测、维护海洋权益、海洋信息管理、防灾减灾等奠定决策支持的基础。（3）海洋信息产品制作与服务能力有了较大提高，特别是在海洋信息可视化产品制作、三维海底地形模拟和WEBGIS产品开发等方面取得了突破性进展，形成了一批支撑海洋管理、执法和权益保障等的专题信息产品和信息系统。（4）国家海洋局政府网站和中国海洋信息网已投入业务运行，海洋信息网络服务体系粗具规模。

当前，海洋信息化建设将把海洋信息资源的开发利用放在首位，根据海洋综合管理、海洋公益服务、海洋科学技术和沿海经济发展的需要，加强海洋信息基础建设，进行海洋信息处理技术和海洋经济信息分析预测趋势研究，为海域使用管理、海洋环境保护、海上执法监察和海洋开发利用提供多种海洋信息产品和信息服务。我国海洋主管部门将同有关海洋信息专业机构一起，利用现代高速发展的信息技术，建立各种海洋信息数据库和国内外海洋信息网络系统，通过与有关经济、信息部门和机构联网，及时掌握国内外海洋开发动态、发展趋势和市场需求等信息，实现我国海洋产业信息渠道与国际海洋产业信息渠道的接轨，为我国海洋经济国际合作提供广阔的发展空间。我国将基本建成结构网络化、功能专业化、信息产品化、手段现代化的国家海洋信息系统。该系统以国家海洋信息中心为核心，纵向联结国家海洋管理部门、各海区海洋信息中心及地方海洋机构的信息部门，横向联结国家信息中心和有关部委局，具有对海洋经济、海洋资源与环境、海洋文献、海洋法规等各类海洋信息的收集、存储、处理、传输及综合服务能力的海洋信息网络。

随着建设"海上强国"战略的实施，国家在海洋发展战略、政策与规划、海洋管理、海洋开发、国家安全与权益维护等方面，对海洋信息技术和服务支撑的需求越来越大、要求越来越高，使得我国海洋信息工作目前存在的问题和矛盾日益突出。主要表现在：（1）海洋信息工作为管理、执法和国家完全服务的目标不甚明确，没有充分体现和发挥现有信息资源、信息技术的支撑作用，海洋信息服务业务化程度不高。（2）缺乏健全、统一的海洋信息资源管理体制。国家没有完整、有效的法律和法规管理涉海部门之间、机构之间的各类海洋信息，信息共享程度很低。（3）海洋信息资源现状不清、基础信息源不足、信息更新缓慢，导致海洋信息服务缺乏完整性、系统性和时效性，不能满足海洋工作的需求。同时，海洋信息资源散失现象突出，一些宝贵的调查观测资料、专项研究资料、档案文献资料等甚至面临流失或湮没的危险。（4）缺少健全的海洋信息质量管理保证体系和服务资格认证体系，海洋信息产品开发和服务在数量、质量、深度、广度等方面尚不能满足需求。（5）在海洋信息工作的实施过程中还存在着各自为战，低水平重复，低效率运转的问题。（6）海洋信息资源开发缺乏统一规划，缺乏强有力的组织领导，深度开发得不到支持，信息资源部门所有制与垄断现象比较严重，面向社会、面向经济的海洋信息资源开发受到制约，国外的海洋信息资源获取途径不畅等等。由于上述问题的存在，使得海洋信息公益服务和技术支撑没能有机地融入海洋资源管理、海域使用管理、海洋环境保护、海洋权益维护和海洋科技发展等海洋管理工作中；海洋管理和决策部门难以得到全面、科学的海洋综合信息和信息产品服务。

要解决上述问题，目前需要采取以下措施：（1）明确海洋信息工作的切入点，明确目标和方向，使海洋信息服务和技术支撑深入海洋管理、国防建设、科技发展和海洋开发活动之中。（2）制定、完善海洋信息资源管理的法律和法规，建立、健全海洋信息资源管理体制及海洋信息质量管理保证和服务资格认证体系。（3）明确海洋信息管理部门的职责，发挥国家业务中心的作用，协调指导涉海部门之间、机构之间的各类海洋信息资源的开发利用，努力实现信息共享。（4）加大海洋信息资源开发的投入力度，进一步完善国家海洋信息业务体系和网络建设，加快信息更新步伐，提高海洋信息服务的业务化水平。

与我国海洋事业的发展历史相适应，我国的海洋政策也经历了一个逐渐发展的过程。在这一过程中，各种海洋政策的制定和实施对于促进我国海洋事业发展起到了积极作用。但是，就目前状况来看，我国的海洋政策无论在政策内容，还是在制定及运作过程中都还存在着一系列问题，需要采取相应措施，优化海洋政策的制定和实施机制，以实现海洋政策的科学化、民主化和法制化。

第五章　海洋行政法治

海洋行政法治是海洋行政管理实现价值目标的主要手段，也是我国海洋治理的方略、措施，更是我国社会主义法治国家建设的重要组成部分。只有加强海洋行政法治，才能有效推动和保障我国海洋事业的发展。

第一节　海洋行政法治概述

明确海洋行政法治的内涵、特征等是政府在海洋行政管理过程中依法行政的前提和基础。

一、海洋行政法治概述

（一）海洋行政法治概念

行政法治（Administrational Rule of Law），是近代国家宪法法治原则在行政管理领域的具体体现，适用法律来调整整个行政管理活动。由于法治的"法"反映和体现的是人民的意志和利益，法治的实质是人民高于政府，政府服从人民。因此，在这里法治不等于"用法来治"（Rule by law）。"用法来治"政府是以治者自居，把法单纯作为工具和手段，人民被视为消极的被治者，是政府运用"法"（此种"法"多由政府自己制定，而并非全由人民代表机关制定）这一工具和手段来治理海洋，治理老百姓，其实质是政府高于人民，人民服从政府。

海洋行政法治就是我国涉海的政府部门及其工作人员，通过依法管理国家海洋领域的公共事务和严格维权执法，指导或引导海洋行政相对人一起共同遵守海洋法律法规，维护海洋权益，保全海洋资源，保护海洋环境，实现我国海洋行政法治的良好治理效果。

（二）海洋行政法治的要求

行政法治的根本要求是政府要对人民授予的权力，特别是行政权力合法有效行使，简言之就是依法行政。海洋行政法治要求海洋行政机关及其工作人员在海洋法律法规的范围内活动，依法办事；海洋行政部门和政府工作人员如果违反法律，超越法律，应承担法律责任。因此，依法行政是海洋行政法治的核心与关键。目前，海洋行政法治的主要要求包括：

1. 在海洋行政管理过程中，管理主体必须依法行政

海洋行政管理主体只有依法行政，才能实现海洋法制，进而达到实现海洋行政法治的结果。"有法可依"、"有法必依"是海洋行政法治的前提和基础。如果没有海洋法制的建立健全，海洋行政法治可以说是纸上谈兵，不能真正付诸实施，更谈不上达到法治的效果。法制国家的最基本特征是实现行政法治。只有实行依法行政，实现行政法治，才能使我国真正成为社会主义法制国家。

2. 在处理海洋违法行为中，控制滥用自由裁量权

行政复议、行政听政制度、行政诉讼和司法审查是对自由裁量权的事后控制措施。行政复议和行政听政制度是通过政府机关内部的监控机制，发现和纠正被申请复议机关的违法、不当行使自由裁量权的行为。行政诉讼和司法审查是通过政府外部的监控机制——人民法院，审查被诉政府机关行使自由裁量权行为的合法性和合理性，撤销违法滥用自由裁量权的行为，变更显示公正的具体行政行为（我国目前仅限于行政处罚行为）。

3. 海洋行政管理主体对违法、侵权行为承担法律责任

"执法必严"、"违法必究"是社会主义法治的关键，它是指海洋执法和司法机关及其工作人员，必须严格按照法律的规定执行，坚决维护法律的权威和尊严。法律如何规定的，就要不折不扣地按照法律规定追究违法者、侵权行为者的法律责任，不可法外开恩，不可掺杂个人私情。

4. 海洋行政管理主体必须依法保护涉海组织和个人的用海权益

海洋行政管理的价值目标就是依法通过公平公正的手段，最大限度地满足涉海组织和个人在涉海活动中取得的利益，从而赢得社会公众的支持和信任，提升政府的公信力和影响力。这对于政府来说，既有利于自身工作价值的体现，又实现了行政相对人的利益诉求。

5. 社会组织及公民有权对海洋行政管理主体的具体行政行为依法进行批评、建议、监督和申诉

批评、建议、监督和申诉权既是宪法赋予每个涉海组织和公民的政治权利，也是社会组织和公民在涉海实践活动中对行政机关的具体行政行为进行立法、司法、民主监督。

二、海洋行政法治与海洋法制的关系

海洋行政法治要求海洋行政机关的一切行为和活动必须符合法律规范的要求，在海洋管理中实现海洋法制的目的。比如，海洋行政机关的设立活动是否合法，执法体系是否健全和完善，海洋行政机关工作人员的执法素质的高低，法制观念是否强等。实现海洋行政法治，关键是要发挥法律调控行政权的规范作用：即法对行政权行使的保障作用和法对行政权行使的监督作用。因此，海洋法制与海洋行政法治的关系是相辅相成、互为制约的关系。

第一，海洋法制是海洋行政法治的保障。如果没有海洋法制的建立健全，海洋行政法治可以说是纸上谈兵，不能真正付诸实施，更谈不上达到法治的效果。海洋法制的保障作用体现为：首先，对海洋行政权行使的法律保障是实现海洋行政法治的前提和基础。国家实施海洋管理实质是海洋权力管理。海洋行政活动以海洋行政权力为后盾，是国家海洋行政机关履行职能所必需的。同时，国家存在的目的在于对公共事物的组织和管理，归根到底在于谋求公共利益，维护公共秩序，谋求公共福祉，它是基于行政权力的行使而展开的。行政权力是一种可以支配人的力量，是一种可以强制他人服从的力量。然而，行政权力不是来自某个人的职位大小，不是个人的私权，而是国家通过制定法律赋予政府机关拥有的公共权力。因此，这种公权必须由体现人民意志的国家来制定，才能维护公共利益，否则就会因某人的私欲膨胀而假公济私，损坏公共利益。正如英国理论家 J. 洛克所指出的，是"由于

人性具有贪权的特点，一个人同时具有制定法律和执行法律的权力是很危险的"。其次，对海洋行政权行使的法律监督是海洋依法行政的保证。对海洋行政权力缺乏有效的监督会导致行政权力的失控。权力一旦失去制约和控制，必然会被滥用，必然会导致政府的腐败。现代社会由于社会管理的复杂化，行政权力日益膨胀，在某些海洋行政领域，某些职能部门行政权力被滥用，甚至成为一种见怪不怪的普遍现象。因此，没有对政府行政权力的有效监督机制，就会发生以权谋私和腐败。

第二，海洋行政法治是海洋法制持续健全完善的重要手段和方略。法制国家的最基本特征是实现行政法治。只有实行依法行政，实现行政法治，才能使我国真正成为社会主义法制国家。我国社会主义法制的基本要求是有法可依，有法必依，执法必严，违法必究。其中，"有法可依"是社会主义法制的前提和基础。就是要求海洋行政管理部门行使行政权时，要依照国家完备的海洋法律法规处理海洋各种事务，即国家机关和国家工作人员执法有根据，司法有准绳，公民活动有章可循，行为有法可依。只有这样，公民的权益才有保障。"有法必依"，要求执法部门在依法办事过程中，必须遵循法律的规定照章行事，不能贪赃枉法，徇私舞弊。"执法必严"，是社会主义法制的关键。它是指执法和司法机关及其工作人员，必须严格按照法律的规定实施法律，坚决维护法律的权威和尊严。法律如何规定的，就必须不折不扣地按照法律规定的条件和程序去办，不可法外开恩，不可掺杂个人私情。这里的"严"是严肃、严明和严格的意思，决不是"严刑峻法"和"处罚从严"的意思。至于是否从严，必须按照法律的规定。"违法必究"，表明执法部门在处理海洋违法案件中主持正义的决心，对违法者严惩不贷，绝不手软。总之，法治国家在海洋行政管理中的一个特点就是行政行为应该体现海洋立法的尊严。

三、海洋行政法治建设的意义

海洋行政法治是我国法治的重要组成部分，实现海洋行政法治对建立我国社会主义法治国家有着积极的推动作用。

1. 海洋行政法治是推进我国海洋行政制度建设的重要内容

海洋行政法治的首要任务就是健全海洋行政制度，实现依法治国的方略。即政府必须依法办事，维护公众利益。我国是一个海洋大国，海洋行政管理部门在管理纷繁复杂的海洋事务活动中，只有且必须依法用海、依法治海，才能维护国家、社会组织及公众各项海洋权益，在社会中树立政府的威望，让社会、公众满意，切实推动我国海洋行政制度建设。

2. 海洋行政法治是全面建设我国海洋强国的前提和基础

党的十八大报告明确提出全面开发海洋，建设海洋强国。这充分表明党和政府对海洋事业的关注和重视。海洋开发及开发带来的一切海洋管理活动要取得成效，必须在合法有序的法律框架下运行。

3. 海洋行政法治是推动我国海洋经济建设有序发展的重要保证

我国多年来的经济建设实践告诉我们，稳定的政治环境和社会秩序是经济建设与发展的重要保证和基础。没有这个基础，大谈经济建设与发展实质是空谈。我国海洋经济建设的实践活动纷繁复杂，海洋经济有秩序发展必须依赖稳定的政治环境和社会环境，需要海洋行政法治保驾护航。

第二节　海洋行政立法

实现海洋行政法治的前提是做好海洋立法工作，加强我国海洋法制建设的首要任务是海洋立法。

一、海洋立法概述

（一）海洋立法的概念

立法在一般的意义上，可以理解为法的制定工作，但在广义上还应该包括法的修改和废止等。西方国家把立法定义为："立法通常指有权的个人或由法律确认的机关有意识地制定或改变法律的过程，是一种意志的表达。"[①]我国把立法一般定义为："国家创制法律规范的活动，即通常意义上所说的立法，称为法的制定。从广义上讲，对现行法的修改、废止，也包括在这一概念中。"[②] 海洋立法，是国家一般立法在海洋领域的实现，是国家立法机

---

① 《牛津法律指南》，转引自周旺生《立法学》，法律出版社2004年版，第128页。
② 孙国华等：《法学基础理论》，江苏人民出版社1989年版，第239页。

关根据法定权限和程序制定、修改、废止海洋法律法规的活动。按照这一概念，其内涵包括如下内容：

1. 海洋立法是国家政权的活动

海洋立法是具备法定立法权的国家机关才能在其权限范围之内进行海洋法律法规的创制、修改、补充和废止等活动。具有海洋立法权的国家机关并非所有的国家机关，而是拥有立法权的特定的政权机关。在我国是指那些由"宪法"和有关法律授权的国家各级机关，海洋法律的立法权全部集中在全国人民代表大会及其常务委员会，国家海洋行政管理法规的立法权在国务院及其有关职能部门。国务院海洋行政管理部门和有关海洋部门，有制定海洋规章的权限。

2. 海洋立法是依一定程序进行的立法活动

立法工作必须依照一定的程序、步骤进行，有通例做法，也有规定做法。无论是一般立法还是海洋立法，都是拥有立法权的政权组织的专门活动。从现代各国的立法实践来看，都是遵循一定的程序和步骤来进行的。我国在实践上一般主张按四个步骤：一是提出立法议案；二是审议讨论法律法规草案；三是审议通过法律法规；四是颁布实施阶段。尽管各国的立法步骤会因国情和法本身的特点而有所不同，但总体上还是有其规范程序或通例的。

3. 海洋立法的成果是产生具有普遍约束力的规范性文件

海洋立法所产生的规范性文件，不仅能够准确地告诉人们必须怎样行为和不能怎样行为，而且能够也必须是执法机关办案的法律依据。执法机关只能依据海洋法律法规和有关其他立法文件，才能判断海上活动和行为是否合法、是否违法和是否犯罪。同时，立法文件一旦颁布实施，在规定的范围内具有普遍的法律效力。这些特性是其他任何一种社会规范，如道德规范、宗教规范等所无法比拟的。

（二）海洋立法的基本原则

海洋立法首先必须坚持国家立法的通用原则。这些原则主要是：以"四项基本原则"为指导，以党和国家的政策为根据，实事求是，坚持群众路线和从国情出发，坚持民主与集中相结合，依靠群众，尊重群众，以及坚持原则性和灵活性相结合等。这些通用的原则，在海洋立法中均应得到贯彻。除此之外，海洋立法还要注意下述直接原则的执行与体现。

1. 海洋资源国家所有的原则

《宪法》规定，我国管辖区域内的自然资源都属于国家所有，即全民所有制。国家保障自然资源的合理利用，禁止任何个人或组织用任何手段侵占或者破坏自然资源。我国内海、领海和管辖海域及其存在的一切自然资源，只有我国才享有占有权、处置权。其他非所有人未经我国国家主管机关的批准，乱占乱围海域，甚至转让出租以及破坏资源等现象，都是违背法律规定的。我国海域及其资源的所有关系都是受到《宪法》保护的。不仅如此，《联合国海洋法公约》和其他有关国际法制度也完全承认、尊重沿海国对这些区域及其资源的权力。

2. 经济社会发展与生态环境保护相协调的原则

海洋对社会的综合价值决定了海洋开发和利用的多行业性以及关系的复杂性。在海洋开发利用的内容不断增加和迅速发展的形式下，海洋管理的主体必然也是越来越多的。不仅形成多行业多管齐下的局面，而且造成依附国家行政管理的海洋管理体制的多层次性。同时，在海洋管理的形态上势必产生全国的海洋综合管理与行业管理的分工、国家管理与地方管理的分工。但是，海洋本身又是统一的、多种多类自然资源的复合体。因此，为了实现开发与保护的同步发展、建立良好的海上秩序，提高海域的综合生产能力，客观需要的海洋管理不能是单一制，也不能是分散制，只能是统一管理与分部门分级管理相结合的体制类型。为切实保证这一原则的贯彻执行，在我国海洋立法中，需要科学地安排与主管部门（或机构）配合的监督管理部门和管理层次的分级职责。

3. 经济社会发展与生态环境保护相协调的原则

衡量海洋开发利用功效的标准，应该是经济效益、社会效益、资源效益和环境效益的统一。综合效益的提高，是海洋立法的最终目标之一。海域及其自然资源是社会经济发展的物质基础，是人类生产、生活资料的基本来源。人类一定要很好地珍惜和保护自然资源，保持生态平衡，保证社会可持续发展。

4. 正确处理国家、集体和个人三者之间关系的原则

海洋的开发利用，既有国家和地方的全民所有单位，也有地方的集体和

个人。我国的海岸带、海域资源虽然属于国家所有，但在开发利用和保护上，参与的力量却是多方面、多种成分的，这是繁荣、发展海洋事业的需要，也是我国经济、社会发展的方针政策的具体体现。

5. 维护国家海洋权益原则

国家的主权、国家的利益是至高无上的。在捍卫或维护国家海洋权益中，国家利益、民族利益是完全一致的，不能妥协。由于法律特殊的社会功能，其成为国家主张的有力表达方式已是必然。国家海洋立法所产生的国内法和国际法一样在维护国家海洋权益方面和处理国家间海洋纠纷中的作用都是极其重要和不可忽视的。

6. 与相关法相协调原则

海洋立法中存在两种范围的协调：一是同国内法的协调。现行法律法规中，存在一部分法律之间、法律与法规之间、行政法规之间的某些规定的不一致，包括对同一调整对象和适用范围的调整目标、原则与具体法律规定的矛盾，以及制裁方式、处罚形式、制裁和处罚幅度上的抵触等。这些问题不仅造成法律体系内部的矛盾，而且给实施中的执法、守法带来困难和混乱。海洋立法的协调，首先是保证与《宪法》的一致性，要按照《宪法》的原则和规定制定海洋法律法规。其次要同海洋基本法律相协调，对于海洋行政法规之间的协调也不能忽视。二是同国际海洋法的协调。国际海洋法，特别是《联合国海洋法公约》的基本原则已被大多数国家所接受，并已成为解决海洋国际争端的基本法律依据，我国是通过的签字国和批准的加入国，按照国际惯例负有履行守约的义务。因此，我国的海洋立法应该注意与这些国际海洋法的协调，这也是国际法对国内法的一般规则。

二、海洋立法程序

立法程序的含义，有广义和狭义之分。广义的含义是指所有的有权的政权机关（包括政权的、政治的、中央的与地方的）在制定、认可、修改、补充和废止宪法、法律与行政法规及决定政策的立法活动中所必须遵循的法定步骤和方法。狭义的含义是指中央的有权立法机关制定修改、废止法律的步骤安排。我国立法程序虽无严格遵守的规定，但也不失为立法的程序性。立法的程序，因各国的具体国情和传统习惯的不同，其实际立法过程所执行的程序也不一样。基于我国的海洋立法实践经验，海洋立法的程序有如下四个步骤。

1. 立法调研与方案的提出

我国海洋立法是一项高难度的工作。主要是它涉及的面广，内容方面多，每一项法律法规无不关联着许许多多的部门和单位，其中的焦点问题是法的监督管理规定，还有不少需与国际协调的问题，特别是与现行法的协调还需进一步理顺。因此，做好立法的调研、预测、规划是非常必要的。

2. 法的起草

立法提案一旦被立法权力机构采纳，立法提案便转化为立法计划项目。立法计划中每一项目都有立法任务，起草的负责单位和参加单位，工作进度，以及其他要求等。法的起草负责单位的具体组织方式一般是两种：一是由负责单位会同参加单位组织专门起草小组，进行法的草案编写。起草小组的组成人员根据海洋法律法规的内容特点，应包括三部分人员。其一是海洋法律专家，要求是既有国内法的专家，也有国际法的专家。其中国际海洋法的专家是主要的。其二是海洋资源与环境方面的专家。其三是海洋管理的专家或人员。海洋立法的最终目的是加强海洋管理，发展海洋经济。二是委托起草，由法的起草部门委托给有关专业单位，可以是研究单位，也可以是高等学校，但必须是有拟定海洋法律法规的立法技术水平和经验。

3. 立法权力机关审议

立法的起草审查通过后，由法律法规起草负责部门按行政系统报法制专门机构，提请立法权力机关审议、批准。我国国家海洋法律和行政法规按现行体制统一报送国务院法制局，由法制局审查并协调后提交国务院，如为海洋行政法规，经国务会议讨论批准；如为海洋法律，则由国务院提请全国人民代表大会或其常务委员会审议、批准。我国的海洋法律草案的审议机关是全国人大及其常务委员会，海洋行政法规草案的审议机关是国务院。至于部门海洋行政管理规章，则由国务院各职能机构审议批准。

4. 公布法律法规

海洋法律法规草案经立法机关审议、表决获得批准通过之后，即成为可以实施的法律制度。但还要予以公布，才能广为人知，才能发挥它在调整海洋活动中有关社会关系的作用。公布法律是立法程序不可缺少的后一步工作。公布法律的权力，因国家而异，有的国家统归国家元首行使；有的国家属于国家权力机关行使。我国法律的公布，以国家主席令的形式予以颁布。

三、海洋行政立法的主体

我国海洋行政立法的主体是按照其立法的权限层次来划分和区分的。全国人民代表大会是我国的最高立法权限机关，是制定和修改海洋基本法律的机关。到目前为止，全国人大制定的海洋基本法律有：《中华人民共和国海域使用法》、《中华人民共和国渔业法》、《中华人民共和国海上交通安全法》、《中华人民共和国领海及毗连区法》、《中华人民共和国测绘法》。全国人大常委会是仅次于全国人大立法权的国家权力机关，主要制定除由全国人大制定的基本法律以外的其他法律。我国现行的海洋法律都是全国人大常委会制定的。如：《中华人民共和国海洋环境保护法》、《中华人民共和国矿产资源法》、《全国人民代表大会常务委员会关于批准〈联合国海洋法公约〉的决定》等。

国务院及其授权的机关是我国海洋行政法规的制定机关。国家海洋行政执法的主要法律依据是大量的国家海洋行政法规。如：《中华人民共和国对外国籍船舶管理规则》、《中华人民共和国对外合作开采海洋石油资源条例》、《中华人民共和国海洋倾废管理条例》、《国家海域使用管理暂行规定》等。

地方各级人大是地方国家权力机关，有权制定海洋地方性法规。如：《辽宁省渔港管理条例》、《厦门市环境保护条例》、《江苏省渔港管理条例》等。地方各级人民政府是地方各级人民代表大会的执行机关，有权制定地方性的各种规章制度。如：《广东省渔业许可证发放办法》、《青岛市近岸海域环境保护决定》、《江苏省水上治安管理办法》等。

四、海洋行政立法的内容

要理解和把握海洋行政管理的法律体系，就必须对海洋行政法的内容进行解构。我们可以从两种角度入手：一种是按照行政管理的领域划分，即海洋行政管理的领域；一种是按照法律层次划分，即相关法律法规在法律上的效力和意义。

（一）按照行政管理的领域划分

行政管理是国家行政机关及其工作人员依法对国家和社会公共事务的管理活动，其涉及的范围包括经济建设、文化教育、市政建设、社会秩序、公共卫生、环境保护等方面。根据行政管理的领域划分，海洋行政管理的法律体系主要包括：海洋权益、海洋资源、海洋环境、海洋科技与教育、海洋公益服务等。

1. 海洋权益维护

维护国家海洋权益，保卫国家领土主权完整、安全是我国海洋行政管理工作的重要任务。国家海洋权益是国家海洋权利和海洋利益的总称。1958年9月4日，中国政府发布《中华人民共和国政府关于领海的声明》，宣布了中国领海宽度为12海里，明确规定外国飞机和军用船舶未经许可不得进入中国领海和领海上空，为中国领海制度的建立奠定了基础。1992年2月25日和1998年6月26日，全国人民代表大会常务委员会先后通过了《中华人民共和国领海及毗连海区法》和《中华人民共和国专属经济区和大陆架法》，建立了我国的领海制度、毗连区制度、专属经济区制度和大陆架制度。这些法律宣布了我国在海洋上的主权和主权权利，是我国海洋法律制度的基石。

2. 海洋资源利用

我国管辖海域蕴藏着丰富的自然资源，包括海域空间资源、生物资源、矿产油气资源、海水、海流和潮汐等海洋能源。开发利用海洋资源，发展海洋经济是国家海洋事业发展的重要方面。目前，我国在海洋资源管理方面也出台了许多法律法规，如《中华人民共和国海岛保护法》、《中华人民共和国海域使用管理法》、《中华人民共和国渔业法》、《中华人民共和国野生动物保护法》、《中华人民共和国矿产资源法》、《中华人民共和国可再生能源法》等。

3. 海洋环境保护

为了保护和改善海洋环境，规范我国管辖海域及沿海地区海洋环境保护活动和行为，1982年，全国人民代表大会常务委员会颁布了《中华人民共和国海洋环境保护法》。该法主要指出了污染环境的五个方面，明确了海洋环境保护的职责分工、海洋环境保护的适用范围以及海洋环境监视工作。为了贯彻实施该法，我国又先后颁布实施了《中华人民共和国防止船舶污染海域管理条例》、《中华人民共和国海洋石油勘探开发环境保护管理条例》、《中华人民共和国海洋倾废管理条例》、《中华人民共和国防止拆船污染环境管理条例》、《中华人民共和国防治海岸工程建设项目污染损害海洋环境管理条例》等配套法规，基本确立了我国海洋环境保护法律框架体系，为我国的海洋环境保护工作提供了法律保障。

4. 海洋科技与教育

海洋科技与教育是培养海洋人才、提高全民海洋意识的重要途径。制定和颁布海洋科教领域相关的法律法规，使其发展走上法制化轨道，做到有法可依，是促进我国海洋事业持续健康发展的重要保证。《中华人民共和国领海及毗连区法》和《中华人民共和国专属经济区和大陆架法》确立了国际组织、外国组织或个人，在我国领海、专属经济区和大陆架进行科学研究活动，须经我国主管机关批准，并遵守中华人民共和国的法律、法规这一基本准则。1996 年 6 月 18 日，国务院发布了《中华人民共和国涉外海洋科学研究管理规定》，对有关海洋科学研究活动的申请和审批程序、监督管理及从事海洋科学研究活动者应履行的义务等作出了具体规定。

5. 海洋应急管理

我国正处于工业化、城镇化加速发展时期，各种海洋自然灾害和海洋人为活动带来的海洋环境风险不断加剧，海洋突发环境事件的诱因更加多样、复杂，海洋突发环境事件仍呈高发态势，跨界污染、重金属及有毒有害物质污染事件频发，社会危害和影响明显加大。在此条件下，建设具有中国特色海洋环境应急管理体系，有效预防和妥善应对海洋突发环境事件就更显迫切。目前，我国海洋应急管理的法律法规主要有：《中华人民共和国突发事件应对法》、《中华人民共和国水污染防治法》、《中华人民共和国固体废物污染防治法》、《中华人民共和国大气污染防治法》、《防治船舶污染海洋环境管理条例》、《破坏性地震应急条例》、《海洋石油勘探开发环境保护管理条例》等。

6. 海洋公益服务

提供公益服务是国家和地方政府的重要职责。完善海洋公益服务体系，扩大海洋公益服务范围，提高海洋公益服务的质量和水平，是我国海洋行政管理的重要任务。海洋公益服务包括海洋调查与测绘、海洋观测监测、海洋信息化、海洋预报、海上交通安全保证、海洋防灾减灾和海洋标准计量 7 个方面。与此相关的法律法规有：《中华人民共和国测绘法》、《中华人民共和国环境影响评价法》、《海洋赤潮信息管理暂行规定》、《中华人民共和国海上交通安全法》、《中华人民共和国海上交通事故调查处理条例》等。这些法律法规的颁布和实施，为海洋行政管理主体更好地服务社会提供了法律依据，是我国海洋行政法治的重要组成部分。

（二）按法律层次划分

我国目前的法律制度主要包括宪法、法律、行政法规、地方性法规、自治条例和单行条例、行政规章、行政规范性文件、国际条约和协定。其效力层级和法律意义是依次递减的。据此，我国海洋行政管理的法律体系可以划分为以下几个层次：海洋基本法、海洋普通法律、国家海洋行政法规、地方性海洋行政法规、海洋行政规章以及海洋法规性文件。

1. 海洋基本法

全国人民代表大会是我国的最高国家权力机关，是有权制定和修改海洋基本法律的机关。我国由全国人民代表大会制定的海洋基本法律包括《中华人民共和国领海及毗连海区法》、《中华人民共和国专属经济区和大陆架法》、《中华人民共和国渔业法》等。

2. 海洋普通法律

这类法律都是由全国人民代表大会常务委员会制定和修改的，是规定某一重要的关于海洋事务的法律。如《中华人民共和国海岛保护法》、《中华人民共和国海洋环境保护法》、《中华人民共和国环境影响评价法》、《中华人民共和国海域使用管理法》等。

3. 海洋行政法规

这些行政法规由国务院及其授权机关制定，在中央一级的立法中数量最多，范围最广，几乎涉及海洋事务所有领域，如海洋环境、海洋资源（生物资源和非生物资源）、海洋交通通讯、海洋科技、水下文物及沉船沉物的打捞等。如：国务院批准农牧渔业部发布的《中华人民共和国渔业法实施细则》、农业部发布的《中华人民共和国水生野生动物保护实施条例》、《中华人民共和国对外合作开采海洋石油资源条例》、《中华人民共和国涉外海洋科学研究管理规定》等。

4. 地方性海洋法规

地方各级人民代表大会是地方权力机关，有权制定和修改地方性海洋法规。如：《山东省海域使用管理办法》、《山东省海洋环境保护条例》、《辽宁省海域使用管理办法》、《辽宁省海洋环境保护办法》、《河北省海域使用管理条例》、《天津市海域使用管理条例》、《上海市海域使用管理办法》、《江苏省海域使用管理条例》等。

5. 海洋行政规章

行政规章包括部门规章和地方政府规章两部分。部门规章是由国务院各部、委和具有行政管理职能的直属机构制定的。包括：《中华人民共和国海洋石油勘探开发环境保护管理条例实施办法》、《中华人民共和国海洋倾废管理条例实施办法》、《海底电缆管道保护规定》等。地方政府规章是由地方各级人民政府制定的。主要有：《广东渔业许可证发放办法》、《青岛市近岸海域环境保护决定》、《江苏省水上治安管理办法》等。

6. 国务院法规性文件

行政规范性文件通常是为贯彻执行现有的法律、法规和规章而制定和发布的，是对现有法律、法规和规章的执行性的规定。国务院法规性文件是为贯彻执行具体的海洋行政法律规范，由各级行政机关制定，报请国务院批准同意的规范性文件。主要包括：《国务院办公厅关于同意广西壮族自治区县际间海域行政区域界限的通知》、《国务院关于辽宁省和河北省间海域行政区域界限的批复》、《国务院关于国家海洋事业发展规划纲要的批复》、国务院关于国土资源部《报国务院批准的项目用海审批办法》的批复等。

第三节　海洋行政执法

海洋行政执法是海洋行政法治的核心内容，是海洋行政法治价值的集中体现，是海洋行政管理部门的主要职责。

一、海洋行政执法的含义与特点

（一）海洋行政执法的含义

行政执法包括两个方面的含义。从广义上说，行政执法是指行政机关的一切行政行为，即指行政机关对国家事务进行组织和管理的全部活动。包括行政组织管理活动，贯彻执行国家法律，根据宪法和法律制定行政法规和规章，制定和执行经济、社会发展规划，设置和调整行政机构，确定所属部门的职权等。从狭义上来说，行政执法仅指行政机关执行法律的行为，即把法律、法规和规章的规定，适用于具体对象或者案件的活动。广义的行政执法，执法主体面广，执法范围宽泛。它既包括行政机关，又包括司法机关；既包括抽象行政行为，又包括具体行政行为。狭义的行政执法则仅指行政机关及其工作人员的具体行政行为。目前学术界更多的是认同狭义上的行政行为，即行政执法是指行政执法主体运用行政权依法作出的直接影响具体行政相对人权利义务的行为，或者对个人、组织的权利义务的行使和履行情况进行监督检查的行为。

海洋行政执法是海洋行政管理最主要的表现形式，是国家赋予海洋行政机关及其海监机构的神圣职责。既然它是政府海洋行政管理部门的海洋行政行为，是政府基本社会功能的一种表达，那其主体应该包括所有由法定的或经国家授权的海洋行政执法机构及其执法人员。因此，我们认为海洋行政执法是指国家海洋行政机关包括政府及其涉海职能部门，依照法定职权和程序，对海洋环境、海洋资源、海域使用和海洋权益等海洋事务实施法律的专门活动。海洋行政执法的作用是只有经过国家海洋行政管理机关和有关机关执法功能的正当行使和发挥，海洋法律、法规所确定的法律关系主体的抽象权利与义务才能变成海洋活动中法律关系主体的具体权利与义务，达到维护海洋权益、保护海洋资源、防止海洋生态环境恶化、保证海上安全等社会目的。

（二）海洋行政执法的特点

海洋行政执法的特点是由现阶段海洋开发利用活动的规模和性质、海洋科技发展水平、我国现行的海洋法律制度，以及海洋行政管理体制等因素决定的。

1. 海洋行政执法具有联动性

从执法的对象来看，由于海水的流动性和海洋的一体性，各个海域之间具有紧密的联系，海洋行政执法的对象会超越地域的界限；从执法的主体来看，由于海洋事务涉及多个部门，所以往往海洋行政执法不是由一个部门单独进行，而是由多个部门联合执法；从执法的结果来看，一个海域的执法结果会对几个甚至全部的海域产生同样的影响。

2. 海洋行政执法具有国际性

由于海洋具有地域上的广袤性和流动性，作为全球共同的资源，海洋与每一个国家尤其是沿海国家息息相关。加上各国在海洋上尤其是公海上和有争议的海上竞争越来越激烈，跨海执法和跨国执法也越来越普遍，因此，海洋行政执法的国际性特点也越来越突出。为保证跨国海洋行政执法的有力实施，国际海洋公约已为沿海国家在管辖海域和管辖海域不同地理范围内行使主权制定了共同的规范，并为国家管辖海域的执法和司法规定了一般活动原则、争端解决的法律适用、拘束力、裁判的强制程序、滥用权力的限制、调节程序、国际海洋法庭规约、仲裁和特别仲裁的程序与实施办法等制度。

3. 海洋行政执法具有广泛性

无论从形式还是内容上来看，海洋行政执法都具有广泛性的特点。从执法管理的范围来看，包括我国的内水、领海、毗连区、专属经济区和大陆架等一切管辖海域。从执法内容来看，涉及海洋环境保护、海洋资源管理、海域使用、海上交通安全、海洋权益等一切海洋事务；涉及的行业也是方方面面，以陆地开发、保护发展起来的经济和社会事业部门，都可能延伸到海洋领域中去。比如海洋渔业的管理有农业部，海洋航运资源开发、交通安全执法有交通部。从行使行政执法权的部门来看，既有国务院和国务院有关部门，又有地方各级人民政府和地方各级人民政府的有关部门，以及多部门统一执法的特点。

4. 海洋行政执法更具有科学性

一方面，海洋行政执法依据——海洋法律法规的内容具有较强的科学性。海洋法律法规无论是海洋权益的维护，海洋资源与环境的保护还是海洋空间的利用，都包含着大量的海洋科学规律和概念问题，例如《海洋环境保护法》中有关污染控制的有关内容，不仅仅是建立在对这些污染源可能危害海洋环境与资源的发生、发展与后果的规律研究的基础上，而且有的条款直接是科学概念的表达。海洋法律法规是协调人与海洋关系中的标准的尺度要求，它的内容要有具体把握或控制的技术标准。这也成为海洋法律责任判定的依据。如《中华人民共和国防治陆源污染物污染损害海洋环境管理条例》中很多内容都是执行技术标准的规定，包括废水含放射性物质的控制标准、含油量标准、含重金属标准等。另一方面，海洋行政执法是一项对专业技术要求比较高的工作，是对有关法律和科学技术的实际运用。它既要求海洋执法人员具有较丰富的海洋法律知识；同时还要有丰富的海洋科学技术知识，包括海洋生物学、海洋物理学、海洋化学等熟悉掌握海上作业的相关技术设备、技术手段和技术方法，否则不掌握这些技术，海洋行政执法根本无法进行。

二、海洋行政执法的构成要素

（一）海洋行政执法的主体

在 2013 年 3 月国家海洋局重组之前，我国海洋行政执法主体包括管理海洋事务的专业性行政执法机关和涉海事务的职能性管理的行政机关。前者包括作为中国海洋行政主管部门的国家海洋局、渔政渔港监督管理局、海事局，后者包括公安部门的海上武警、海关、矿产部门等。2013 年 3 月 10 日根据第十二届全国人民代表大会第一次会议审议的《国务院机构改革和转变方案》的议案，对国家海洋局进行了重组，将中国海监、中国渔政、中国海上公安边防巡逻队伍和中国海关缉私队伍整合成立中国海警局，负责海上执法维权，行使主要海洋行政执法职能。中国海事局下属的行政执法队伍仍然保留其原来的海事行政执法职能。（详见第三章第二节第（四）部分：海洋行政执法体制）

（二）海洋行政执法的客体

海洋行政执法的客体，即海洋行政管理的相对人，是指在具体的海洋行政执法活动中处于被管理地位的当事人，与海洋行政执法主体相对应的一方主体或当事人，即海洋行政主体行政执法影响其权益的个人、组织。我国境内的一切组织和个人都可能成为海洋行政执法的相对人，包括国家机关、企事业单位、社会团体及其他社会组织、中国公民、外国组织或个人等。具体包括：

1. 中国公民

中国公民是指取得我国国籍，并根据我国法律规定享有权利、承担义务的自然人。

2. 法人组织

法人是指依法成立，并独立享有权利和承担义务的组织，包括企业法人、事业单位法人、社团法人和机关法人。企业法人是指以赢利为目的的直接从事生产、运输、服务等活动，并实行独立核算的经济组织；事业单位法人是指为创造和改善生产条件、促进社会福利、满足人民文化卫生等需要而设置的组织，如科研单位、学校、医院、公共事业单位等；社团法人是指社会成员本着自愿的原则，依照团体章程依法成立的集合体，比如工会、侨联、红十字会、文联等；机关法人即国家机关，包括国家权力机关、审判机关、检查机关、军事机关以及国家行政机关。在一定的条件下，机关法人也能成为行政相对人。当它们处于和行政主体相对的地位时，即具有行政相对人的身份。

3. 其他组织

其他组织指不具有法人资格的社会经济组织，比如合伙组织、企业法人的分支机构等。

4. 外国人、外国组织

外国人包括外国公民和无国籍人。外国人、外国组织在中国境内活动时，也是我国行政管理的相对人，也受中国法律管辖。

（三）海洋行政执法的内容

1. 海洋维权执法

为维护国家海洋权益，依据《中华人民共和国领海及毗连区法》、《中华人民共和国专属经济区和大陆架法》、《中华人民共和国涉外海洋科学研究管理规定》、《铺设海底电缆管道管理规定》等法律法规，中国海监对在我国内海、领海、毗连区、专属经济区和大陆架及其他管辖海域的权益、资源、环境等实施海上维权监管，行使我国享有的主权、管制权、主权权利和管辖权。依法开展现场执法，查处各类违法行为，及时发现并制止在我管辖海域内非法的海洋科研调查、军事测量、勘探开发等活动。对海底光缆铺设和维护、海洋科学研究调查、水下探测等行为依法进行监视监管。对污染海洋环境、破坏海洋资源、违规作业等行为进行查处。

2. 海域使用执法

中国海监机构依据《中华人民共和国海域使用管理法》及相关法律法规，海、陆、空相结合，采取日常巡查、专项执法、突击检查等方式，不断加大执法检查力度，重点对围填海、渔业用海、涉海国家级自然保护区用海及海砂开采等活动开展检查，不断加强对已批用海项目的监管，打击各种违法用海行为，维护海域使用秩序。海域使用具体执法范围：未经批准或者骗取批准，非法占用海域的；未经批准或者骗取批准，进行围海、填海活动的；海域使用权期满，未办理有关手续仍继续使用海域的；擅自改变海域用途的；海域使用权终止，原海域使用权人不按规定拆除用海设施和构筑物的；拒不接受海域使用监督检查、不如实反映有关情况或者不提供有关资料的。

3. 海洋倾废执法

中国海监机构依据《中华人民共和国海洋环境保护法》、《中华人民共和国海洋倾废管理条例》《海洋行政执法调查取证工作规则》及相关法律法规，海、陆、空相结合，采取日常巡查、专项执法、突击检查等方式，海洋倾废具体执法范围：未经批准向海洋倾倒废弃物的；不按照批准的条件或区域进行倾倒的；不按照规定记录倾倒情况，或者不按照规定向主管部门报告的。

4. 海洋生态保护执法

海洋生态保护执法的范围具体包括：在海洋自然保护区内的活动不符合核心区、缓冲区、试验区的规定，造成珊瑚礁、红树林等海洋生态系统及海洋水产资源、海洋保护区破坏、污染、损失的；擅自移动、搬迁或破坏海洋自然保护区界碑、标志物及保护设施的；在海洋自然保护区内不遵守绝对保护期和相对保护期规定采集海洋生物，或非法进行砍伐、放牧、狩猎、捕捞、开垦、烧荒、开矿、采石、挖沙等活动的。

5. 海洋工程建设项目污染执法

根据《防治海洋工程建设项目污染损害海洋环境管理条例》等法律法规的规定，组织开展"海洋工程建设项目专项执法行动"，进行监督管理，完善海洋工程用海档案，逐步建立海洋工程建设项目全程监管制度，通过查处污染损害海洋环境的违法行为，海洋工程建设项目的环境保护工作得到有效规范。

三、海洋行政执法的形式

海洋行政执法的形式是执法权力行使的客观外在形态。海洋行政执法的形式是由海洋行政执法的内容决定的，并为内容服务。各种海洋行政执法的基本形式共同构成我国海洋行政执法形式的核心体系。我国海洋行政执法形式主要有：海洋行政规划、海洋行政许可、海洋行政监察、海洋行政命令、海洋行政处罚、海洋行政强制等，其基本的形式主要有海洋行政许可、海洋行政监察和海洋行政处罚。

（一）海洋行政许可

海洋行政许可是一般行政执法的组成部分。海洋行政许可是指享有海洋行政许可权的行政主体根据公民、法人或者其他组织的申请，经依法审查，准予其从事特定海洋活动，采取某种有关海洋行为的许可形式。海洋行政许可是海洋执法机关实现管理职能的主要管理手段和关键程序。海洋行政许可项目的主要类型有：海域使用许可；海域使用权续期和变更许可；废弃物海洋倾倒许可；海岸工程建设项目环境影响报告书的审核、海洋工程建设项目海洋环境影响报告书的核准；海洋工程建设项目环境保护设施验收；铺设海底电缆管道许可等。

（二）海洋行政监察

海洋行政监察的主要对象是海洋行政管理相对人及其从事的相关活动。海洋行政监察的重点内容是对从事上述法律、法规调整的各类海上活动的单位和个人及其相关活动依法实施监督检查，如检查用海单位和个人是否持有有效的海域使用证；是否按规定缴纳海域使用金；是否在从事海洋活动时对海洋环境造成破坏；检查海洋倾倒作业单位是否取得有效的海洋倾倒许可证，是否按许可证的规定实施倾倒作业；检查外籍船舶在我国管辖海域从事海洋科研、调查活动是否经过我国政府的批准等。

海洋行政监察的目的在于，一方面通过海上和空中不定期的巡航监视和到作业现场检查，及时发现作业人的非正常履行法定义务的违法、违规行为，并准确提取其违法的确凿证据，了解和掌握其违法、违规行为的时空背景、事故原因、损害程度，特别是要强行制止正在进行中的违规行为。另一方面海洋行政执法机关对作业人的现场、设施装备、规定的操作程序、证明资料等实行定期的行政检查，及时纠正和防止违法行为的发生。这是一种防微杜渐式的先导式的海洋执法行为。

（三）海洋行政处罚

海洋行政处罚，是指对违反国家海洋法律、法规的规定，情节轻微，尚未构成犯罪，不够刑事处罚的行为，按照《中华人民共和国行政处罚法》的规定，由海洋行政主管部门，依法对违法当事人给予行政制裁。海洋行政处罚是海洋行政执法中的一种具体行政行为，是海洋行政管理活动中十分广泛和十分重要的一种制裁手段。

海洋行政处罚的基本条件：1. 必须有具体的海洋行政违法事实和行为。2. 必须是海洋法律、法规、规章规定的应当给予海洋行政处罚的行为。3. 被处罚行为必须属于国家海洋局和其他海洋主管机关管辖的范围。

我国现行的海洋法律、法规和规章设定的海洋行政处罚种类主要包括：1. 警告，是行政机关对违法行为人发出警戒，申明其有违法行为，通过对其名誉、荣誉、信誉等施加影响，引起精神上的警惕，使其不再违法的处罚形式。2. 罚款，指海洋行政主管部门对违反海洋行政法律规范的违法行为人，在一定期限内向国家缴纳一定数额金钱的行政处罚。3. 没收违法所得和非法财物，是指海洋行政主管部门依法将违法行为人的违法所得或非法财物收归国家所有的一种海洋行政处罚。4. 责令停产停业，指海洋行政主管部门依法强令行政相对人在一定时期内或者永久性的不准违法从事海洋工程建设、海洋开发、生产经营活动的一种海洋行政处罚。5. 暂扣或吊销许可证，是针对持有某种海洋行政许可证的单位或者个人进行违法行为时，海洋行政主管部门所给予的行政处罚。6. 法律、法规规定的其他行政处罚。

第四节　海洋行政司法

海洋行政司法是海洋行政法治的重要组成部分，是海洋行政通过非诉途径解决海洋行政纠纷的主要手段。

一、海洋行政司法的概念和特点

（一）海洋行政司法的概念

海洋行政司法是一种特殊的具体行政行为，它是指海洋行政机关根据法律的授权，按照准司法程序审理和裁处有关海事争议或纠纷，以确定当事人之间的权利、义务关系，具有相应法律效力的行为。在我国海洋行政司法主要是指海洋行政复议、海洋行政调解、海洋行政裁定与海洋行政仲裁。

（二）海洋行政司法的特点

海洋行政司法是享有准司法权的行政行为，即以依法裁处纠纷为宗旨的行政司法行为；海洋行政司法的主体是法律规定的具有行政司法职权的行政机关。在我国，主要是指行政复议机关、行政裁决机关及行政调解机关；海洋行政司法的对象是与海洋行政管理有关的海洋行政纠纷案件，以及涉海的民事、经济纠纷案件，这些一般都由法律给予特别规定；海洋行政司法是海洋行政主体依法行政的活动，即行政机关依法裁处纠纷的行为；海洋行政司法不同程度地具有确定力、约束力、执行力（行政调解的执行问题有特殊性）。但它对纠纷的解决一般都不具有终局性，所以原则上也具有可诉性，当事人不服行政司法裁决的还可以向法院起诉。

二、海洋行政司法的种类

（一）海洋行政复议

公民、法人或者其他组织认为海洋行政主管部门作出的具体行政行为侵犯其合法权益，依法向作出具体行政行为的海洋行政主管部门的上级主管部门申请行政复议，上级海洋行政主管部门受理海洋行政复议申请，依法对引发海洋行政争议的具体行政行为的合法性、合理性进行全面审查，并作出决定，这一司法过程叫海洋行政复议。海洋行政复议的目的是为防止和纠正海洋行政主管部门作出的不当的具体行政行为，保护公民、法人和其他组织的合法权益，保障和监督海洋行政机关依法履行职责，根据《中华人民共和国行政复议法》（以下简称《行政复议法》）及有关海洋法律法规的规定而进行的行政司法行为。

海洋行政复议具有以下特征：1. 海洋行政复议旨在解决海洋行政争议，

即海洋行政主体在行使海洋行政职权过程中与海洋行政相对人之间发生的争议。2. 海洋行政复议通过审查海洋行政行为的合法性与合理性来解决行政争议。3. 海洋行政复议中，海洋行政机关是解决争议的主体。4. 海洋行政复议是依申请的行政行为，因海洋行政相对人的申请而启动程序。

（二）海洋行政调解

海洋行政调解是在国家行政机关的主持下，指以当事人双方自愿为基础，由行政机关主持，以国家法律、法规及政策为依据，以自愿为原则，通过对争议双方的说服与劝导，促使双方当事人互让互谅、平等协商、达成协议，以解决有关争议而达成和解协议的活动。《中共中央关于构建社会主义和谐社会若干重大问题的决定》中指出要"完善矛盾纠纷排查调处工作制度，建立党和政府主导的维护群众权益机制，实现人民调解、行政调解、司法调解有机结合……把矛盾化解在基层、解决在萌芽状态"。海洋行政调解协议虽然不具有强制执行的法律效力，但它具有契约的性质，应当按照法律对契约的规定来处理相关问题，并按照法律对契约的有关规定对消费者进行进一步的保护。

海洋行政调解与法院调解相比，属于诉讼外调解，所达成的协议均不具有法律上的强制执行的效力，但对当事人均具有约束力。这是因为，行政调解和人民调解一样，均是在自愿的基础上所进行的调解活动，按照现有法律规定，当事人对所达成的协议，都应当自觉履行。因此，可以说行政调解所达成的协议，仍应与人民调解所达成的协议一样，对当事人具有约束力。

（三）海洋行政裁决

海洋行政裁决是指海洋行政机关依据海洋法律法规的授权，对涉海民事合同纠纷中的双方当事人的权利与义务通过审查作出裁决的行为。同样是处理纠纷，但海洋行政裁决与海洋行政复议行为有明显的区别。尽管海洋行政复议中复议机关也是以公正的第三人身份实施裁决，但其裁决针对的是海洋行政争议案件，即针对的是海洋行政主体和海洋行政相对人之间的争议；而海洋行政裁决所针对的则是平等主体之间的民事争议（纠纷），并且，这类民事纠纷和争议与裁决主体的管辖事务、职权具有密切关联。

海洋行政主体享有的行政裁决权都是法律、法规明确具体授权的，这种授权既表现为裁决权的授予，也表现为被裁决民事争议范围的确定。从目前我国海洋法律、法规的规定来看，海洋行政主体居间裁决的案件主要有海域使用权、海底矿藏资源开采权等确权裁决。如，《中华人民共和国海域使用法》规定的海域所有权和使用权争议裁决。

我国目前基本上不存在专司行政裁决职能的行政主体。一般的民事争议裁决都由各级人民政府及其主管部门负责，而其中政府主管部门是绝大多数行政裁决的直接主持人，各级政府有时也兼有行政裁决义务，但实践中多半由政府委托相应主管部门以政府的名义具体履行行政裁决职能。

第五节　海洋行政法治建设途径

海洋行政法治建设是海洋行政法治所要面临的现实问题，要解决这一现实问题，就应探讨通过何种途径来实现海洋行政法治。

一、海洋行政法治建设存在的问题及其原因

我国海洋行政法治建设相对发达国家来说起步较晚，在过去相当长的一段历史时期内，由于受到某些传统思想的禁锢，海洋行政法治建设进程缓慢。党的十一届三中全会后，随着民主与法治建设思想的提出，我国的法治建设进入了一个全新的历史阶段，海洋行政法治建设得到空前的发展。在取得成就的同时，还存在一些问题，具体如下：

1. 海洋行政法律体系不健全

海洋法律体系是关于各种海域的法律地位以及调整各国在各类不同海域中从事航行、资源开发和科学研究并对海洋进行保护等方面的原则、规则和规章及制度的总和。海洋法律作为我国法律体系的重要组成部分，随着我国法治建设的发展而发展。目前，我国已经颁布了一系列涉海的法律法规，这些法律法规的制定和实施，促进了我国海洋事业的发展，但是我国的海洋法律体系还远不够完善，主要体现在以下三方面：第一，海洋立法严重滞后。我国海洋立法与发达国家相比起步较晚，并存在较大差距，在很多方面严重滞后。例如，我国关于海域渔业资源管理与保护的法律法规的出台就比美国晚了近半个世纪，并且海洋立法还存在一些空白，相关的立法规划和计划尚未提上议事日程，出台的日子遥遥无期。第二，立法程序有待完善。目前，

我国尚未有一部专门的法律法规来规范立法的程序，1999 年颁布的《中华人民共和国立法法》虽然首次从法律的角度作出了规定，但仅仅是针对个别条款和程序，并由于规定的内容过于抽象，缺乏可操作性和实际应用价值。可以说我国目前海洋立法程序的法治化仍然处于萌芽阶段，有关立法程序的法律法规亟待完善，立法标准和专门立法程序有待创制。第三，海洋法律法规缺乏可操作性，难以适应复杂的现实需求。一方面，很多涉海法律的内容本身模糊不清，相关部门之间的职责和义务规定不明确；另一方面，涉海法律在海洋行政执法方面没有规定明确的执法主体，多头执法的现象严重，各部门之间的职责虽有分工，但从总体来看职能交叉、责任不清，而且海洋主管部门综合管理的权威与机制又未形成，各涉海部门各行其是现象严重。

2. 海洋行政执法主体资格不明确

虽然我国目前将四支海上执法力量（前已述及）整合统一，成立中国海警局，归国家海洋局统一领导，结束了以前的分散执法格局，但除中国海监队伍的执法主体资格十分明确外，其他三支力量，即中国渔政、原中国海警和海关缉私队伍目前还分散在农业部、公安部和海关总署，编制问题还没有解决。他们接受双重领导，到底服从谁？主体资格是什么？还不十分明确，在现实执法中还是没有理顺关系，因此，从形式上看执法队伍统一了，但实质上还存在因主体资格不明确而带来的职责不清问题。

3. 海洋行政人员依法行政意识薄弱

海洋执法人员是国家行政权力的行使者之一，基本上所有的海洋法律法规都要经由执法人员来落实到海洋管理的各个领域，因此海洋执法人员法治意识的高低直接影响着海洋行政法治建设的水平和质量。我国在改革开放之后，海洋执法人员的素质有了大幅提高，但与现实要求相比，体现出的法治意识仍显得十分薄弱。第一，依法行政意识淡薄。我国经历了两千多年的封建专制社会，封建思想在短时间内难以根除，"官本位"、"特权"、"人治"等思想糟粕在不同程度上影响着海洋执法人员；相反，依法行政、为民服务等观念则相对欠缺。这在很大程度上造成了行政权的失控和不法行政现象的出现，极大地阻碍了海洋执法的顺利进行。第二，海洋执法人员整体素质不高。一方面，一些海洋执法人员的政治思想素质较低，在平时的工作中，不重视政治学习和自我修养，忽视了执法为民的宗旨，把执法权当作谋取部门或个人私利的工具，甚至出现贪污腐败、以权谋私的现象。另一方面，不少海洋执法人员缺乏足够的专业知识素养，法律业务素质较低，对相关法律法规不熟悉，不能胜任其工作岗位的要求。

4. 海洋行政监督机制尚不完善

监督不仅有利于改善行政管理的绩效，提高行政效能和促进廉政建设，而且还有利于规范行政权力运行，防治腐败现象的发生。监督是严格公正执法的保障，行政执法权同其他权力一样，缺少监督制约就可能会被滥用，甚至导致腐败。我国现行的海洋行政监督的建设存在的主要问题是：第一，监督的法治化建设落后。行政监督是一种法治监督，这意味着行政监督是对行政机关依法行政情况的监督，也意味着行政监督应依法进行。但是目前我国的相关法律规定缺乏实践性和可操作性，并且在法律上存在空白地带，致使许多监督活动无章可循，无法纳入法治化轨道。第二，监督效能低下。我国的行政监督体系是多元的，监督的主体、方式和渠道都很多，这本该是一个优势，但在实践过程中，各种监督主体之间的关系还没有理顺，主体之间缺乏沟通与合作，工作中往往各自为战，造成了监督的力量分散和效率低下。第三，监督意识欠缺。树立监督者和行政机关良好的监督意识是行政法治化建设中的一个重要内容，意识作为一种心理认同，能够激发行为主体的监督积极性。监督意识的欠缺体现在两方面：一是监督主体没有意识到监督既是责任也是义务，认为监督可有可无，行动积极性不高。二是行政机关作为被监督者，为了维护部门或个人的私利，将监督视为来自外界的威胁，以致信息的公开和透明化程度较低，阻碍监督的顺利进行，甚至出现打压和报复监督者的现象。

二、实现海洋行政法治建设的途径

1. 完善海洋法律体系建设

尽管我国海洋法律体系框架建设已经基本形成，并取得了一定成效，但是我国的涉海法律都是针对某一领域或某一行业的专项立法，不仅法律之间存在着内容交叉和冲突，而且在综合管理方面呈现出立法空白。我国目前面临着复杂的国际海洋形势，充满了机遇与挑战，如果没有统领全局和体现本国海洋战略利益的完善海洋法律体系，就会在处理国际海洋争端和参与国际海洋事务的行动上因缺乏法律根据和战略指导而处于被动。因此，应进一步完善能够涵盖海洋主权、海上安全维护、海洋资源保护、海洋环境保护等不同领域的海洋法律体系，使我国海洋管理走上有法可依、责权明确的法治化轨道，这对于进一步推动我国海洋行政法治建设工作和提升海洋管理水平具有重要意义。当前我国的海洋法律体系应着重从以下几方面进行完善。第一，明确海洋在宪法中的地位，建议在宪法第九条中增加海洋为自然资源的组成部分，加强对海洋的重视和保护。第二，制定海洋开发基本法，使各主体在海洋开发利用中的行为规范化。其中应包含海洋资源的可持续发展与利用，海洋环境管理与保护，海洋全面综合管理，海洋国际与区域及双边合作等内容。第三，制定《专属经济区和大陆架法》的详细配套法规，该法律自 1998 年公布实施以来至今还没有制定相应的配套法规和细则。可以出台以下配套法规和细则：大陆架油气资源开发规则、人工岛屿、设施和结构的建造、使用及管理办法；应对国外企业、船舶侵害我国大陆架和专属经济开发区资源的措施；应对外国船舶测量我国管辖海域的措施等等。制定完善的配套法规和细则能够明细上述法律的基本原则和规则，使之更具有可操作性。第四，为切实维护我国的海洋权益，应进一步宣布我国的领海界限，明确我国管辖海域的范围。

2. 进一步完善统一的海洋执法体制

进一步完善海洋统一执法体制必须做到：第一，成立一支承担综合执法任务的海上执法队伍——中国海警局，目前我国第十二届人大第一次会议已完成这一整合使命。重新组建新的统一执法队伍，即中国海警局。但还必须明确海洋统一执法队伍的主体资格。新成立的海洋统一执法队伍，不仅取代之前四支队伍，同时全面负责海洋行政执法事务。国家必须通过制定法律性文件和通过法律解释加以规范和统一，以法律形式确认海洋统一执法队伍的执法主体资格。而对于统一执法队伍的地位，也应当进一步提升，海洋统一执法队伍应当成为政府的重要职能部门，而不应仅作为某个职能部门的内设机构，除非这个职能部门是高度综合的。第二，建立海洋综合协调机制。在国家层面上，应设立国家海洋委员会，行使国家海洋事务综合协调职能，协调中央与地方之间、各地方政府之间、各涉海行业之间在海洋管理中的矛盾。目前这一任务也已完成，第十二届人大第一次会议已作出决定，国家层面设立的海洋委员会的职能委托国家海洋局执行，统筹国家和地方海洋发展战略、海洋发展规划和有关政策，保证海洋事务综合协调运行。第三，建立海洋信息共享制度。海洋管理所涉及的部门往往具有较强的技术和专业性，各部门都有各自的知识优势，并容易在实践中形成一定的知识保护，不同的部门间很难完全沟通和了解。因此，应该建立海洋信息共享制度，规定各涉海部门和行业所应公开的信息，增强信息沟通，实现目标的统一。

3. 提升海洋执法人员依法行政的意识

社会主义法治建设要求执法机关和执法人员必须严格执行法律，坚决维护法律的权威和尊严，决不允许有任何背离法律的行为。要实现这一目标最重要的是要提高执法人员的相关素质。第一，要严把入口关。在招聘纳新方面要建立科学的人员来源渠道，严格按照标准进人，做到宁缺毋滥，禁止非专业人员直接上岗参加海洋执法活动。第二，要加强海洋执法人员的业务培训。海洋执法是一项政策性、专业性和技术性很强的工作，执法人员必须具备较高的业务和技术素质。为此，在工作中要开展各种形式的、内容丰富的学习，定期对执法人员进行培训，以提升执法理论的素养和实践工作中的能力。第三，要完善海洋执法人员的绩效考评机制。重点是要制定一整套科学的操作性强的绩效评估标准和方法，定期评定海洋执法人员的工作任务完成情况、工作职责履行程度和发展情况，并将上述评定结果反馈给执法人员。对绩效良好的人员予以鼓励和奖赏，对没有达到绩效标准的员工施以合理的处罚和教育，激励执法人员不断地改进工作态度与方式，实现组织目标的最大化。

4. 加大海洋行政监督力度

加强海洋行政监督体制的力度，应采取如下对策：第一，将监督纳入法治化的轨道。监督纳入法治轨道，是实现监督规范化、民主化和科学化的关键环节，这意味着监督权的分配、依据、标准、运行等方面都应该得到法律的确定和保障。同时，监督活动本身有严格的法律程序，监督者不能积极行使或滥用监督权时，都要承担相关法律责任。第二，积极树立监督双向自律关系的理念。监督既是约束又是促进，约束被监督者的不越权和滥用权，同时又促进被监督者积极地履行法定职责；从监督者与被监督者关系上看，监督不是由上到下的单向监督，而应该是由上到下和由下到上的双向监督，即监督者要接受来自被监督者的监督。监督的双向自律关系理念的树立，能加强监督效能的发挥，实现监督的民主化。第三，切实提高监督的效能。任何一项行政活动都具有效率的要求，并且在多数情况下都与社会和管理相对人发生联系，这些都要求监督体系具有较高的效能，如果监督体制不能及时防止和处理失职渎职、贪污腐败等各种违法乱纪的现象，那么这种监督体制就是不科学的。除此之外，还应该理顺各监督主体之间的关系，明确不同主体之间的职责范围，加强各主体之间的沟通和协调，改变各自为政的分散状态，使之形成合力，最大程度地提升监督的力度和效率。

第六章　海洋信息管理

21世纪是海洋世纪更是信息世纪，随着信息技术的迅猛发展，信息化浪潮席卷全球，大多数国家尤其是发达国家普遍以信息化带动工业化，进而带动一国的经济发展。海洋信息化是国家信息的重要组成部分，也是我国海洋事业发展的重要推动力，在海洋事业发展中起着战略性、支撑性的重要作用。随着党的十六大"实施海洋开发"和党的十七大"发展海洋产业"、党的十八大"建设海洋强国"等战略部署的提出，以及《山东半岛蓝色经济区发展规划》等国家级战略规划的相继出台，我国海洋事业面临着前所未有的发展机遇。作为海洋事业可持续发展的有力保障和重要支撑，海洋信息化建设也得到了政府的高度重视和支持。《全国科技兴海规划纲要（2008—2015）》明确指出，"加快海洋信息开发，提供海洋经济保障服务能力"，构建包括信息服务平台在内的科技兴海平台，强化科技兴海能力。《国家"十一五"海洋科学和技术发展规划纲要》中进一步强调了"数字海洋"建设的重要意义。随着我国海洋事业的快速发展，海洋信息的基础性作用日益凸显，对海洋信息的合理共享和高效利用变得十分迫切。

第一节　海洋信息管理概述

我国是一个发展中的海洋大国，无论是政府部门在海洋规划、管理和决策时，还是海洋产业部门、涉海机构提供规范化信息产品时，都需要对海洋的各种信息进行有效的管理。如今信息管理已经成为人们了解海洋的重要技术途径，并已在海域管理、海洋环境管理、海洋产业管理、国家安全等方面发挥了重大的作用。

一、海洋信息的概念及特点

（一）海洋信息的概念

要想理解海洋信息，必须准确地把握信息的概念。到目前为止，围绕信息的定义，学者们提出的说法已不下百种。但是系统科学界并没有对这些信息的定义加以评述和整合，也没有给信息一个统一的界定，常常把消息中有意义的内容称为信息。对人类而言，人的五官生来就是为了感知信息、收集信息。然而，大量的信息是我们人类的五官不能直接感受的，人类正通过各种手段，发明各种仪器来感知它们，发现它们。广义地说，信息就是消息，一切物体的存在方式和运动状态都是信息。1948 年，美国数学家、信息论的创始人香农在《通讯的数学理论》一文中指出："信息是用来消除随机不定性的东西。" 1948 年，美国著名数学家、控制论的创始人维纳在《控制论》一书中指出："信息就是信息，既非物质，也非能量。"但是显然，我们无法通过这样的定义准确地把握信息的含义。

物质的世界是客观存在着的，物质表现为具有一定质量、体积、形状、颜色、温度、强度等性能。这些物质的属性都是以信息的形式表达的，这些属性、表现被我们感知、认知，由客观的表现进入人类的主观意识，人们通过进入大脑的这些东西认识物质、认识能量、认识系统、认识周围世界。物质的属性、客观存在、形式特征形成的数据流动才是信息，因此信息具有流动性或传播性。同时，这样的数据进入人们的大脑，在一定的时间内是具有价值的，超过了某一时间，被人们的大脑遗忘、过滤，就不再是信息，而是数据。当然还有一部分的信息经过大脑的吸收、提炼，变成了人们的知识。信息高于数据而低于知识。因此本文认同信息是具有时效性的、有一定意义的、对人们有价值的数据流。简而言之，信息＝数据流＋时间＋价值。

当我们了解了信息的概念后，很容易理解海洋信息的概念。我国《海洋信息化标准体系》中给出了广被接受的海洋数据的定义，即"海洋环境、海洋资源、海洋开发或其他与海洋有关的科学数据、资料、图件、文字等的总称"。在海洋数据的基础上很容易理解海洋信息，那就是海洋数据流+时间+价值。

（二）海洋信息的特点

海洋信息与其他领域的信息相比有许多不同之处，除了具有信息的一般特点外，还具有特殊性。海洋中信息的特点主要受到海水具有流动性的特点，海洋中建筑物和人工物比较少、自然力的影响，如海水的侵蚀，海底的地壳的变化而致。概括说来，海洋信息的主要特点有：

1. 海洋信息的价值性

我们处于一个不对称信息的社会中，一个人知道的事情永远不可能和另外一个人知道的事情一样多，这种对某种事物或是事件相关知识的认知差别我们称之为信息不对称。正是因为信息的不对称才使得缺乏信息的一方有想知道信息的激励。因为有需求，使得信息产生稀缺性；因为稀缺性，信息才产生了价值。如市场的供给者想知道需求者的类型和偏好，决策者常常收集信息以减少事件的不确定，也通过信息的汇总、整合、分析反映事件的发展趋势，加深对事物的认识和理解，从而作出正确的决策。海洋信息的价值性也不例外。在海洋的开发和利用过程中，人们迫切想知道海洋的各个属性的信息，如海水、海浪、潮汐、矿藏等信息，以便人们更好地利用与开发海洋。正是人们对海洋信息的巨大需求，催生了海洋信息的价值性。

2. 海洋信息的动态性

海洋信息的重要内容来自海水，海水受到季风、温度、潮汐等自然因素的影响而具有流动性，这就决定了海洋信息动态性的特点。由于地球表面受热不均、地球自转等因素可能导致海水密度的变化，进而形成风海流、密度流，这些早先形成的海流还可能受到海水深度和海洋地形的影响形成更加复杂的海洋气象。而这些海洋信息随时变化，并对海洋环境、海洋工程、海洋养殖业产生重要的影响。基于此，国家海洋信息中心每天发布海洋环境基础场数据、海洋环境遥感产品等海洋信息产品。

3. 海洋信息获取的高成本性

海洋幅员辽阔，人类又不能深居其中，单凭人类的五官无法感知海洋信息。海洋生物研究、海洋环境监测、海洋地形测量需要借助海上交通工具、潜水设备和其他海洋科学技术手段才能实现。另外，在人类还不能征服海洋的情况下，在海洋信息收集的过程中，随时面临变化的恶劣天气，如暴风、风浪、海啸与不可预知的风险，因此获取海洋信息的难度较大、成本较高。

4. 海洋信息的公益性

信息作为重要的稀缺性资源，它的开发与利用与它产生的价值直接相关。海洋信息开发和利用可以说取得了巨大的成功，之所以取得成功，是因为采集后的信息，开发和创造的信息属于某个人，信息的拥有者在传播交换的过程中使之收益最大化。但对于海洋信息来说，由于海洋具有流动性的特点，海洋信息获取难度较大；海洋边界的模糊性，海洋资源产权的难以界定性，海洋信息的收益性较低，私人采集、探知海洋信息的积极性不高，需要政府来收集、获取和提供海洋信息。政府获取的海洋信息在使用的过程中，被广泛地用于预测海洋风暴潮、海洋赤潮、海洋地质灾害等社会公共利益，因此具有广泛的公益性。

（三）海洋信息的种类

海洋信息不同于其他领域的信息，处理的流程也不同于其他领域的信息。通常情况下海洋信息的处理过程是：涉海部门对海洋环境、大气各方面进行日常测量，测量数据结果分发到相关部门，并被这些部门进行解读，从而进一步获得海洋相关信息。这部分的信息传输到计算机中心，计算机中心通过各种模型对数据进行处理，处理后特殊信息转给政府部门、执法部门或企业部门。海洋信息的有效处理和利用是建立在海洋信息分类基础之上的。

海洋信息根据信息的内容分为：海洋装备制造行业信息、海洋油气信息、船舶制造信息、海洋渔业信息、海洋运输信息、海洋生物医药信息、海水综合利用信息、海洋化工信息、滨海旅游信息等海洋信息。

根据海洋信息的格式可以分为：海洋信息元数据、海洋基础数据、海洋信息产品，并且每一个海洋信息大类里面有多个子类。

1. 海洋信息元数据

元数据是数据的数据，主要用来描述和界定信息的创建者、日期、信息的结构、物理格式、主要内容等。由于涉海部门很多，海洋数据种类丰富，管理分散。需要元数据从基础层次上对信息进行解释和说明。海洋信息元数据的设立和海洋元数据库的建立既有利于海洋信息管理部门有效地管理和维护海洋数据，又有利于用户了解海洋数据，使用户对海洋数据分类、海洋数据内容、海洋数据存储作出正确的判断，便于用户查询、处理数据。

2. 海洋基础数据

海洋基础数据提供了海洋地理、水文、环境等一些基本的数据。其中包括海洋水文数据：南森站数据、CTD 数据、BT 数据、表层海洋数据。海洋生物数据：包括叶绿素数据、浮游植物数据、浮游动物数据。Near-Goos 气象数据：包括气象数据、水位数据等。海洋环境监测站数据：包括温盐、气象各月统计数据、浪、气象各向各级风速频率数据。还有：海面气象数据、海洋化学数据、地球物理数据、ARGO 浮标数据、GTSPP 数据等。

3. 海洋信息产品

在海洋基础数据的基础上，海洋信息中心利用各种数据模型对基础数据进行了加工，形成了符合政府、企事业单位能够明了清楚的信息产品。主要包括：海洋环境基本场产品、海洋环境统计分析产品、海洋要素同化产品、海洋遥感产品、ARGO 资料产品、海洋气象观测信息产品等等。

除此之外，还可以根据专业数据库分，主要有海洋资源信息数据库、海洋生态信息数据库、海洋环境信息数据库、海洋灾害信息数据库。根据区域分类可以分成：东海分中心海洋信息、南海分中心海洋信息、北海分中心海洋信息和青岛分中心海洋信息。

随着信息化时代的到来，公众对海洋信息的需求日益迫切，如何使得海量的海洋数据和信息资源在全社会共享、如何规范海洋信息管理、最大限度地发挥海洋信息资源的战略作用，已经成为海洋信息主管部门所面临的必须解决的问题。

二、海洋信息管理含义及其意义

（一）海洋信息管理的定义

海洋信息管理是海洋管理的重要内容。海洋信息管理就是利用海洋信息采集技术、管理技术、处理分析技术等，建立以海洋信息应用为驱动的海洋信息管理系统，使海洋信息的采集、处理和应用经济、有效、可靠。海洋信息管理包括：海域环境信息管理、海洋资源信息管理、海洋经济信息管理、海洋科技信息管理、海洋行政信息管理和海洋政策信息管理等几方面。海洋信息管理的基本目标是实现海洋信息积累和共享，构建海洋若干基本的海洋信息系统，从而为海洋管理决策和与之相关的生产生活服务。海洋信息化是在国家信息化统一规划和组织下，逐步建立起由海洋信息源、信息传输与网络、信息技术、信息标准与政策、信息管理机制、信息人才等构成的国家海洋信息化体系。主要由三部分组成，一是基本数据库；二是信息管理系统；三是实现信息共享平台。通过计算机网络、数据库和信息系统等现代信息技术，最大限度地开发和利用共享信息资源，从而提高管理效率和经济效益。

（二）海洋信息管理的意义

海洋资源的开发和利用已经成为沿海国家解决陆地资源日渐枯竭的主要出路之一。人类要向海洋索取资源求生存，就必须对海洋进行全面的了解，必须对有关海洋的信息实行科学的管理和研究。由于海洋管理涉及面广，信息种类繁多，海洋信息管理是对海洋信息有序、有效利用的必然选择。

首先，提高海洋资源开发、利用水平需要海洋信息的基础支撑。海洋中蕴藏着十分丰富的生物资源、石油和天然气资源、金属矿产资源、旅游娱乐资源、化学资源、水资源和海洋可再生能源等。开发海洋资源是人类自古以来的梦想。20世纪60年代以来，在陆地资源被大规模开发利用的同时，各沿海国家均把目光转向海洋，一些国家把开发海洋列为基本国策。我国拥有300多万平方公里的海域，蕴含大量的资源，这些资源的合理开发利用，需要借助各类海洋监测调查数据以及信息来了解环境和资源状况。国家海洋管理需要大量的海洋环境信息与资源信息以实现可持续的开发。

其次，海洋产业的发展，海洋灾害活动的应对需要海洋信息管理的支持。海洋产业部门、涉海经济机构、海洋工程建设单位需要海洋信息以及海洋信息管理部门提供的信息产品，使得海洋产业能够作出准确的成本—收益分析，保障海洋产业健康发展。在全球环境变暖之际，海洋灾害频繁发生，对沿海经济的影响日益明显，提高海洋灾害预测与预报能力也需要海洋信息的支持。

最后，海洋权益的维护需要翔实的海洋信息和有效的信息处理能力。国家的海洋权益属于国家主权范畴，是国家的领土向海洋延伸形成的权力，而这种权力的争取与维护常常伴随着战争与军事行动。以全方位、高分辨率空间遥感资料为主要内容的海洋信息作为新一代的"海图"和"望远镜"，在军事上具有明显的应用价值，从海湾战争的"沙漠风暴"到对亚丁湾海上护航，都可以看到海洋数字化的影子。自新中国成立以来，为了维护国家的海洋权益，我国作了不懈的努力，然而目前仍存在着与周边国家的海上划界和岛屿归属以及资源分享等问题。实行海洋信息管理不仅能对海上非法入侵、违规开发活动等事件实施动态监测，而且可以为海洋国土划界和海上争端提供历史资料和背景信息，为海上军事活动提供综合海洋环境信息。维护国家主权和经济利益，必须有翔实的海洋信息和海洋信息管理系统。针对海洋突发事件，必须有及时可靠的信息获取与传输机制，缺乏海洋信息管理系统很难实现应急的响应和各个海洋管理部门的联动。随着我国对外贸易增多，国家安全、军事设施、海上航行和海洋气象等方面急需大量的海洋历史观测资料、现场观测资料和信息产品，包括天气，海流、潮汐、波浪、密度场、声场、地形及地球物理等基础数据和产品。

三、海洋信息管理的发展历程

信息化建设呈现明显的阶段性特征，美国学者诺兰（R. Nolan）和吉布森（C. Gibson）在考察了信息技术在美国一些大的公司中的应用实践之后，认为信息技术进步及应用表现为学习再学习的过程，他们首先提出了反映信息化发展进程的四阶段模型，即初创、传播、控制、成熟四个阶段。[①] 1979年诺兰与列尔斯（R D. Galliers）将四阶段模型加以修正，增加了集成与数据管理两个阶段，并设计了判断企业信息技术发展成熟程度的指标体系，创新了信息化的六阶段增长模型。[②] 20 世纪 90 年代初米歇尔（Mische）研究指出，企业综合信息技术应用应该有阶段性，他提出了四阶段模型：起步阶段、增长阶段、成熟阶段和更新阶段。埃德沃斯（C. Edward, 1996）对企业的信息化发展过程进行了研究，他认为企业信息化阶段包括内部效率阶段、内部有效性阶段、内部综合阶段、外部效率阶段、外部有效性阶段、外部综合阶段。[③] 我国学者同样对信息化的阶段性特征进行了研究，提出了比

[①] Richard. L. Nolan.: "Managing the Computer Resource, A Stage Hypothesis", *Communications of the ACM*, 1973 (7).

[②] Richard. L. Nolan.: "Managing the Crisis in Data Processing", *Harvard Business Review*, 1979, (3-4).

[③] 埃德沃斯:《信息系统》，忻展红译，中信出版社 1997 年版，第 25 页。

较有影响的模型如长城计算机所提出的 6 阶段模型，刘英姿提出的 4 阶段模型等。① 同样对于海洋信息化工作而言，根据其内容特征，把我国的海洋信息化管理分成了 4 个阶段。

第一阶段是起步阶段，时间是 20 世纪 80 年代至 90 年代初。在这个阶段，主要对海洋历史数据的调查、收集，进行海洋数据的抢救性保存，存录了宝贵的第一批海洋资料。随着磁带、磁盘等存储介质的广泛使用，完成了纸质资料向磁介质的转换，实现了文档资料电子化管理。② 这些工作虽然不完全是今天意义上的数字化、信息化，但其意义十分重大。

第二阶段是基础应用阶段，时间是 1991 年至 2000 年。这一阶段的重点工作是在整理数据文档的基础上，建设了一批专题数据库。如海洋基础地理数据库、海洋资源数据库、海域管理数据库、水深数据库等一批专题数据库，较好地解决了海量海洋数据的检索和共享使用问题。这个阶段的主要特征是信息组织结构不健全，未能发挥信息部门的能动性，员工的信息能力较差，没有处于决策层次的信息主管；没有整体规划，缺乏集成观念，各个系统之间相对独立，短时间内能够适合本部门业务的管理需求，但由于数据独立存储，操作系统和数据库彼此异构，各个部门信息流通不畅，存在着较为严重的"信息孤岛"现象；网络未能发挥数据传输作用，软硬件投入较大，但信息技术投入回报率较低。但在此阶段软硬件建设的过程中，培养了一批海洋信息人才，使海洋信息工作在基础设施建设能力、信息系统开发经验等方面上了一个台阶。

第三阶段是系统集成阶段，时间是 2000 年至 2008 年。信息系统经过前 10 年建设，已经建成基本满足本部门需求的信息系统，在海洋划界、海洋功能区划、海洋经济统计、海域使用管理、海洋环境监测、海洋预报等业务领域发挥着重要的作用。同时制定了一系列信息化标准规范，为下一个阶段信息化的实施奠定了坚实的基础。但是各部门信息系统之间并没有相互的融合，各个异构的系统平台之间难以实现系统之间的信息共享和协同操作。面对海洋综合管理与区域海洋管理中形成的业务流程重组，信息流和资金流的

①　王印红：《信息化阶段模型研究》，《管理现代化》2007 年第 3 期。
②　何广顺：《海洋信息化现状与主要任务》，《海洋信息》2008 年第 3 期。

整合，各系统各自为战，无法形成有效的管理。在这个阶段根据海洋综合管理需要，进行了海洋业务重组和管理流程再造，依照"海洋需求"和"流程管理"的思想对海洋的管理思想、管理模式、管理方法、管理机制、业务流程、组织结构和规章制度进行改造，消除信息系统之间的孤岛，从而提高海洋资源配置效率和海洋的可持续开发。

第四阶段是社会系统集成阶段，时间是 2008 年至今。经过上一个阶段的建设，海洋信息系统之间，初步形成数据集成与信息共享的基本格局。但要真正发挥海洋信息在我国社会发展和经济建设中的作用，还有较大的差距。在第四个阶段的主要任务是，探索海洋信息与其他行业信息整合的渠道，逐渐形成以海洋电子政务为先导的海洋信息收集、存储、开发和利用的信息管理模式，它以信息价值链形式，将各协作者（海洋局、银行、税务部门、环保部门、海关等）紧密结合在一起，形成一个实时互动、灵活敏捷、虚拟与现实相结合的体系。将海洋管理流程中所涉及的有关各方面结合，实现了与社会其他部门系统的无缝对接以及信息流的通畅流动。

随着世界各国对海洋资源的重视，我国作为一个海洋大国，也充分认识到发展海洋信息产业、将先进的信息化管理方式运用到海洋资源开发与利用中，对发展海洋经济及实现海洋可持续的开发利用的重要性。在国家信息化工作的统一规划和指导下，国家海洋局和一些主要沿海省市在海洋信息化方面做了大量基础性工作，取得了显著成就。

第一，成立了国家海洋信息中心。

在国家海洋资料中心和海洋档案馆的基础上成立了国家海洋信息中心，国家海洋信息中心是国家海洋局直属的公益性事业单位，负责归口管理国家海洋信息资源，为国家海洋经济建设、海域使用管理和海洋环境保护提供信息、信息产品与技术支撑服务，并对全国海洋信息工作实施业务指导和协调。中心建有数据处理、计算机网络、海洋基础地理与遥感、潮汐分析预报、海洋经济与规划、海域与资源、海洋战略与权益、海洋档案和海洋文献等专业业务室。国家海洋信息中心的成立意味着从国家的高度统一协调、开发利用海洋资源，也彰显了国家对海洋信息资源的高度重视。

第二，制定并初步实施了国家海洋管理信息化中长远规划。

为实现我国的"海洋强国"战略，加强对我国海洋管理信息化工作的领导，根据国家信息化的统一部署，2008 年修订了《国家海洋信息化规划》，制订了国家海洋信息化的中长期目标。中长期目标是：通过建立健全海洋信息化管理机制、海洋信息交换网络系统，从而建成面向海洋管理的信息平台，形成结构完整、功能齐全、技术先进并适应海洋事业发展要求的海洋信息化应用服务体系，以此提升海洋管理决策和公共服务的能力，满足国家海洋权益维护、海洋资源开发利用、海洋环境保护的需求，全面实现海洋信息化，促进我国海洋事业的快速发展。海洋信息化的发展完善是将信息化方式应用于海洋管理的基础，适当合理的海洋信息化规划也从基础层面推动着海洋管理信息化的发展。2011 年 9 月国家海洋局发布了《国家"十二五"海洋科学和技术发展规划纲要》。《纲要》中提出："加强海洋数据的统一管理，有序推进海洋信息共享，保障国家海洋信息安全。健全海洋信息化标准体系，加快海洋数据、档案、文献等信息化建设，统一规划和建设海洋监测、管理与服务数据安全传输与通信网络。以真实性检验为基础，深度开发环境仿真、科学计算、虚拟现实等海洋适用技术，促进海洋信息资源的有效利用，健全信息发布制度，提高对海洋的认知能力。在国家安全、海洋管理、科学研究和公益服务等领域，开发海洋信息产品和业务化应用系统，重点建设海洋管理基础信息系统、重点海区环境保障基础信息系统、海洋科学研究和公众服务基础信息系统。加快沿海地区各级政府会议电子政务建设，统一构建国家电子政务信息平台。"①

　　第三，海洋信息获取、处理能力明显提高。

　　随着对海洋管理信息化建设的逐步推进，我国海洋信息获取能力有了大幅度的提高。从传统的单一信息获取方式，发展到通过由海洋卫星、飞机、调查船、浮标等组成的海洋立体监测系统获取方式。海洋动力环境观测和监测技术、海洋生态环境要素监测技术等一批新型的高技术现代化海洋数据获取技术，运用到海洋信息的收集中，提高了海洋信息收集质量和水平。② 海洋环境监测体系建设全面完成，形成了国家与地方相结合的海洋监测网络，开通了全国海洋环境监测网，实现了海洋环境监测数据的实时传输。

---

　　① 国家"十二五"海洋科学和技术发展规划纲要 [EB/OL]，2011 年 9 月 13 日，见 http：//www. soa. gov. cn/soa/management/science/technologymanage/webinfo/2011/09/1316319129615563. html.

　　② 何广顺：《海洋信息化现状与主要任务》，《海洋信息》2008 年第 3 期。

第四，基础性海洋信息工作已经夯实。

在国家重点科技攻关计划、国家重大基础性研究计划、国家自然科学基金及海洋"863"国家高技术研究发展计划、海洋勘测专项计划及科技兴海等一批重大的研究和开发项目的推动下，海洋信息管理与服务、海洋信息系统网络建设与管理、海洋情报服务、海洋文献服务以及海洋档案管理等传统的信息服务领域均取得了突破性和跨越式的发展，初步建立了海洋空间数据协调、管理与分发体系，并开展建设了海洋信息元数据网络服务工程。

第二节 海洋管理信息系统

海洋管理信息系统是从计算机系统概念的基础上发展起来的一个人—机对话系统。计算机系统 20 世纪 70 年代逐渐成熟，从科学实验室走入各个行业领域，并日益显示出它在信息管理中的重要作用。海洋管理信息系统提出稍晚，它是在卫星技术、WEB 技术和 GIS 技术陆续成熟之后出现的。不过，在短短的 20 年间，海洋管理信息系统的广泛应用，给海洋管理带来了革命性的影响，它已经彻底地改变着海洋管理的理念、架构和运作规则，在海洋权益维护、海洋环境管理、海洋资源管理等方面发挥着越来越重要的作用。

一、海洋管理信息系统界定及分类

作为海洋大国，我国拥有辽阔的海域面积和丰富的海洋资源，但由于我国海洋信息化战略定位不清，我国海洋信息化起步较晚，加之海洋信息要素变化迅速、收集困难等原因，以至于我国海洋管理信息化应用水平相对落后，应用范围尚未全面覆盖海洋管理的各方面，不少地区仍采用较原始的管理方法进行信息管理。但我国在海洋基本要素和海洋资源情况方面积累了大量的资料，包括海洋水文、气象、生物、生态和海底地形、地貌等环境资料。在海洋科研方面也取得了不少成果，获取了许多宝贵的资料，为海洋信息系统的建设奠定了坚实的基础。

（一）海洋管理信息系统的定义

1985 年管理信息系统的创始人、明尼苏达大学卡尔森管理学院的著名教授 Gordon B. Davis 给出管理信息系统的一个广为认可、比较完整的定义：

管理信息系统是一个集成计算机硬件、软件和计划、控制、决策模型以及数据库的用户—机器系统，它能提供信息、支持组织的运行、管理和决策。①这个定义说明了管理信息系统的基本功能是对信息进行采集、处理、存储、管理、检索和传输等，并达到为人们共享信息的目的，为管理者准确、及时地提供所需的各种预定的信息报告，有效地支持结构化决策（即那些目标明确、具有确定的规则、程序及信息需求的管理问题）。

　　基于以上对管理信息系统的认识，本书认为，海洋管理信息系统就是一个集成计算机硬件、软件和计划、控制、决策模型以及数据库的、能提供海洋信息、支持组织的运行、管理和决策的用户—机器系统。出于对海洋管理信息系统的重视，1997 年国家海洋局建立了国家海洋信息系统（NMIS），包括"海洋环境与灾害子系统"、"海岸带环境信息系统"和"大洋矿产资源研究开发信息系统"、"海域管理信息系统"、"海洋功能区划管理信息系统"等。

（二）海洋管理信息系统分类

　　从地方政府层次上，沿海省、市、县为了更好地利用和开发海洋，也陆续开发了相应的海洋信息系统。如海南省海洋信息系统、青岛海域管理信息系统、海南岛海洋资源与环境管理信息系统、温州海洋功能区划信息系统、辽宁省海岸带综合管理地理信息示范系统、舟山市海洋管理信息系统、江苏海岛资源信息系统、福建省海洋环境监测信息系统、海洋渔业信息管理系统、海域使用综合管理信息系统、厦门市海洋功能区划信息系统、以浙江省舟山市岱山县为试点开发的"海岛海开发保护管理信息系统"等。

　　经过十多年的信息系统建设，海洋信息管理系统建设取得了长足的进展：首先，在海洋资源、海洋环境、海域使用和海洋渔业管理等方面都建设了专门的管理信息系统，为今后的数据集成和数据挖掘奠定了基础。其次，建成一批基础数据库，初步掌握了海洋自然状况和社会施加作用下的海洋历史变化过程。再次，信息系统运行使得现代化管理意识不断提高，新型的管理手段在提高海洋管理效率等方面逐渐发挥作用。本书按照海洋信息系统提供的主要职能把以上的管理信息系统分成三类：

　　第一类：基础数据型管理信息系统。

---

① 薛华城：《管理信息系统》，清华大学出版社 2007 年第 5 版，第 4 页。

此类系统是指收集、存储、交换、检索及更新相关的海洋数据和信息，主要包括海洋资源、环境、空间数据，相关的法律法规及部分经济信息，并对这些数据和信息进行基本的加工和处理，提供统计产品，为满足信息共享而建设的系统。此类型的信息系统有：国家海洋信息中心开发的"海岸带环境信息系统"、"大洋矿产资源研究开发信息系统"、国家"九五"攻关项目"辽宁省海岸带综合管理地理信息示范系统"、以浙江省舟山市岱山县为试点开发的"海岛县海岛开发保护管理信息系统"、"舟山市海洋管理信息系统"、"江苏海岛资源信息系统"、"海南省海洋信息系统"及"海南岛海洋资源与环境管理信息系统"等基本都属于这种类型。此类系统中收集并存储了大量的基础数据信息，但此类系统主要还停留在基本数据库阶段，数据分析处理能力较弱，缺乏直接为管理服务的数据处理功能，对辅助决策的支持不灵活；同时还存在信息共享程度弱的问题，大部分信息系统基本分别属于不同地区和部门，共享受各种因素限制，共享困难又进一步阻碍了海洋管理信息系统数据源的更新。

第二类：办公事务型管理信息系统。

办公事务型信息系统通过数据的收集、存储、传递、管理和处理等手段，为办公人员提供信息服务，以提高办公效率和办公质量的信息系统。办公信息系统的服务对象主要是一般管理人员、业务人员、秘书、操作员等，也叫业务处理系统，是面向基层管理人员的信息系统。如海洋局海洋信息中心建设的"海域管理信息系统"，此信息系统的功能主要包括海洋功能区划、海域使用登记、审批、海域使用证颁发及海域使用金征收等，多数的工作都是海域管理中的日常业务。除此之外，"海洋功能区划管理信息系统"和"厦门市海洋功能区划管理信息系统"等都属于这种类型。

第三类：决策支持型海洋信息系统。

决策支持型信息系统的应用对象主要是组织中的决策层。利用信息系统完成高质量、低成本而又正确的决策一直是决策者希望达到的目标，但是由于决策者面临的决策环境的复杂性，各个参与人的情绪、态度、思想与行为的多样性，当前决策过程中主观因素依然占据重要地位，计算机的灵活程度没有达到艺术决策的水平。正是这些问题，决策支持型信息系统的研究和发展一度处于低水平状态。但随着数据挖掘技术的提高和计算机运算能力的提高，计算机能及时搜集和提供与决策相关的数据及各项活动的反馈信息，并采用合适的方法生成与决策问题有关的模型、方法等，以合适的方法存储这些模型，并对模型、方法、知识等根据决策的变化而进行方便的增加、删除和修改，决策支持系统现已广泛应用在各种场合来辅助组织中的高层进行决策。

在海洋领域，决策支持型海洋管理信息系统发展比较缓慢，实践中的运用也比较少。目前初步实践表明，决策支持型海洋管理信息系统是数据、模型和友好交互界面的结合体，能满足决策者对数据和分析能力的需求，可根据一系列标准、模型，对备选方案进行多准则分析，可代替诸如"成本—收益分析法"等传统的经济评价法；通过加强对自然和经济—社会变量之间相互关系的认识提高决策水平，解决海洋行政管理中多重决策者、多重问题及多学科交叉等问题。其最终目标就是能为多个目标方案的比较和选择、没有固定规则或程序可循、所需信息不全或比较模糊的半结构化决策问题提供比较深入和精确的信息，从而提高决策的效果。

在海洋领域管理信息系统数量很多，功能繁杂，鉴于本书的篇幅所限，仅从海洋管理的主要功能或特色功能介绍如下的三个重要管理信息系统。

二、海洋功能区划管理信息系统

海洋功能区划管理信息系统是在地理信息系统的支持下，以海洋功能区划数据、基础地理数据和遥感数据为地理实体对象，集信息收集、分析、决策和知识服务为一体的系统。该系统从应用角度为空间数据管理和信息共享提供了一种可行的解决方案。本节以典型海洋功能区划管理信息系统的建设为例，对系统的总体结构、功能、数据库和系统集成等方面略作展示。

（一）海洋功能区划管理信息系统功能框架

海洋功能区划管理信息系统是面向海域行政管理部门开发建设的具有操作方便、界面友好以及图文并茂的特点，集成多源空间数据管理、应用模型，实现海洋功能区划管理与辅助决策功能的信息系统。此系统基于WEBGIS 服务器软件的空间数据的 WEB 发布系统，提供海洋功能区划空间数据和属性数据的网上浏览、查询和检索等功能，实现海洋功能区划信息资源共享和信息服务。因此，在系统的结构和功能框架设计中，根据规范化、可扩充性和实用性的原则，结合实际的应用规模和用户特点，充分考虑现有

GIS 软件水平和网络技术的现状，规划由空间数据管理信息系统和地理信息共享系统两部分组成。其中空间数据管理系统是基于 Client/Server 方式，实现海洋功能区划数据的组织管理、空间分析和辅助决策等功能；信息共享系统是基于 Browse/Server 方式，实现海洋功能区划数据的发布、浏览和查询等功能，实现信息的共建共享。其功能结构框架如图 6-1 所示。

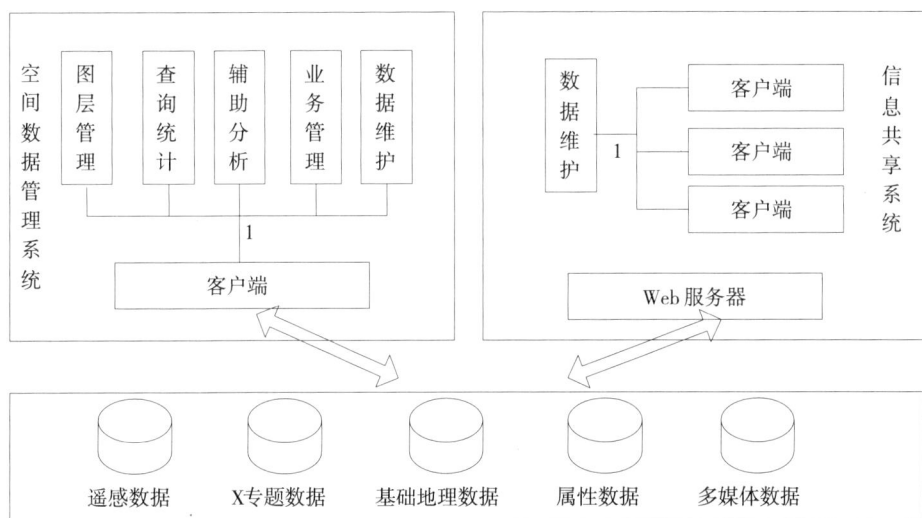

图 6-1　海洋功能区划管理信息系统结构以及功能框架

（二）海洋功能区划数据的组织

在考虑系统的性能和 GIS 技术软件先进性的基础上，海洋功能区划管理信息系统空间数据库采用空间数据和属性数据分别存储的方式，空间实体位置与其属性通过标识码建立联系。数据采用 Arcview 的 .shp 文件格式分层存储，保证数据的兼容性和共享性。这样，海洋功能区划管理信息系统中每一层数据以 5 类文件存储，其中几何文件（.shp）存贮区划空间数据（几何坐标）、索引文件（.shx）存贮区划空间数据的索引、属性数据文件（.dbf）存贮区划的属性数据，以上是 3 个最基本的文件，另外在进行空间操作时还可创立两个索引文件（.sbn 和 .sbx）。这两种文件存储区划的空间索引信息，它们仅在执行了图层与图层的选择或进行层的空间链接后才存在。数据的组织机构图见表 6-1。

表 6-1　海洋功能区划管理信息系统数据库结构

基础地理信息	行政区划、海岸线、交通、岛屿、居民地、高程、标记等
海洋保护	海洋景观、红树林保护区、汇流区、珊瑚礁、湿地沼泽、珍稀动物、自然历史等
开发利用	金属矿、非金属矿、风能、港口区、工厂化养殖、工业与城镇区、海底管线、海上工程、航道区、林业区、农业区、旅游区、锚地区、浅海养殖、滩涂养殖、围垦、盐田区
整治利用	地下水禁采区、防风暴区、防护林带、防侵蚀区、海沙禁采区、污染防治区、增殖区
特殊功能	科研实验、排污区、倾废区、泄洪区等
保留区	功能待定区、保留区
影像数据	海岸带遥感影像数据
媒体数据	多媒体数据、图片和文本数据

　　海洋功能区划数据库的数据量大，数据类型多样。如果将所有数据存放在同一个目录下，会造成管理的不便。为了便于数据的组织和管理，海洋功能区划数据按照不同专题不同存放目录的格式，采用分级目录结构进行管理（图6-2），利于系统的集成和共享。

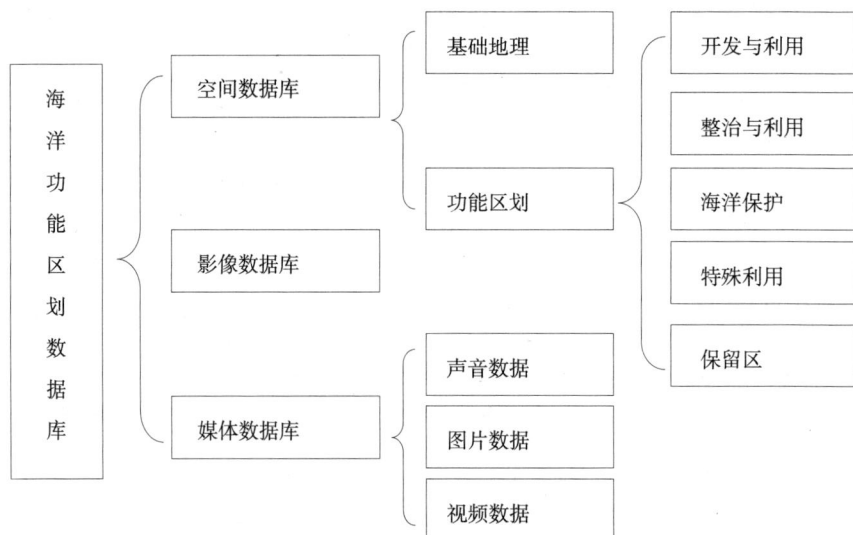

图 6-2　海洋功能区划数据的目录组织结构

（三）海洋功能区划管理信息系统的功能

海洋功能区划管理信息系统实现的功能是：依据海洋功能区指标体系进行海洋功能区主导功能的确定和范围划定；对外管理，即对海域使用项目的海洋功能区划相符性进行分析和判定。利用人工智能等现代信息技术，在海洋功能区划管理信息系统中增加海洋功能区的自动判定功能，即通过输入某一海域的各类自然属性数据和社会属性数据，海洋功能区划管理信息系统就能自动划定海洋功能区并确定其主导功能，或者自动修改原有海洋功能区的范围和主导功能；通过输入某一海域使用项目的使用类型和项目界址等要素，海洋功能区划管理信息系统就能自动判定该海域使用项目与海洋功能区划是否相符，从而尽量剔除海洋功能区划管理中不稳定的人为因素，提高海洋功能区划管理的科学性和公正。

三、海域管理信息系统

20 世纪 90 年代以来，随着计算机技术、航天技术、传感技术和信息处理技术的快速发展，人们可以通过卫星遥感（RS）技术来观测地球，通过全球卫星定位系统（GPS）定位地球表面的几乎所有目标，通过地理信息系统（GIS）管理对象的空间属性信息，通过已经成熟的管理信息系统技术（MIS）实现事务管理流程，地球上几乎所有的领域，包括社会、经济、文化、环境、资源等，均可以通过采用计算机进行有效管理，极大地提高了管理的科学性、公正性、有效性和实时性。在海洋的信息化建设上，出现了一批以 GIS、GPS、RS、MIS 综合应用为特征、以管理需求为导向、以提高管理效率为目标，具有空间属性信息管理能力的海洋管理信息系统。2002 年 1 月《海域使用管理法》颁布实施，为保证执法的科学公正，各级海洋行政管理部门迫切要求对海域使用进行快速、准确、实时性的管理，各沿海省市加大了海域管理信息系统的建设力度，目的就是在综合利用 MIS、GIS、GPS、RS 等技术实现海域使用的自动化、规范化管理，同时提供海域使用管理相关信息的集成和辅助决策。本书以"海南海域使用管理系统"为例，简单介绍典型海域管理信息系统的架构以及实现的功能。

（一）海域管理信息系统的体系结构

海南省虽然陆域狭小，却是我国拥有海洋面积最辽阔的省份：其海岸线长度约占全国海岸线总长 1/10，法定所辖海域约占全国海域总面积的 2/3，是海南省陆域面积的数十倍；并拥有数目众多的海洋岛屿和极为丰富的海洋资源，尤其是海洋油气、滨海砂矿、海水化学、海洋能源和旅游资源。但是，辽阔的海疆不仅利用程度低，开发密度小，而且不合理利用海洋资源的现象屡屡发生；盲目开采滨海砂矿，掠夺破坏珊瑚礁资源，局部污染时有发生；特别是在南海，中国与周边许多国家在管辖海域的划界上分歧严重，斗争趋于激烈。在这种情况下，迫切需要对海域有全面的、清晰的了解与规划。同时海洋生态系统动力学的理论发展为研究海洋生态系统结构、功能和动态变化规律，正确评价海洋环境的污染承受能力和生物资源的补充量，为生物资源的可持续利用奠定了重要基础。另外，海南省信息技术开发与利用一直都受到政府的高度重视而得到了快速发展。尤其早在1995—1998 年，澳大利亚与国家测绘局合作，在海南测绘局海南省基础地理信息中心建立了大型的 GIS 项目——海南省国土资源基础信息系统，它的建设推动了 GIS 技术在海南的飞速发展，为海南海域信息系统开发奠定了坚实的基础。

　　海域管理信息系统的结构框架划分成以下三个层次：（1）基础信息层：即数据库层，它用来存储和管理海洋基础地理信息和海域有关的专题信息等；（2）信息综合层：这一层实现基础和专题信息的分析和综合，为海域管理工作提供辅助决策工具；（3）应用服务层：提供海域管理辅助分析和海域有关的海洋管理决策辅助分析。见图 6-3。

　　（二）海域管理信息系统的主要功能

　　海域管理信息系统是融入 GIS 技术，Visual Basic+MapObject 计算机软件开发系统平台等多种技术手段为一体的应用系统，其功能兼有数据库系统操作功能与地理信息数据处理的能力，是一个功能相对齐全的综合系统。它主要包括：海南省海域使用管理信息系统、海南省功能区划信息系统、海南省渔港管理信息系统、海南省渔场管理信息系统、海南省交通港口岸线信息系统等。

　　该系统的主要功能有（图 6-4）：

　　1. 海域使用的申请审批：系统提供申请审批的功能，并依据测量录入坐标，自动生成图形打印输出海域范围图和界址坐标；

信息体系层

| 海域使用管理 | 海籍管理 | 海洋功能区划管理 | 海域开发规划管理 | 渔港管理 | 渔场管理 | 交通口岸管理 | 海洋行政执法规管理 | 图件制作管理 | 统计查询服务 | … |

信息综合层

| 数据录入 | 数据编辑 | 信息显示 | 数据查询 | 面积程度量算 | 数据统计分析 | 数据录入 | 遥感资料处理 | 空间分析 | 产品制作分析 | … |

信息体系层

| 海南海洋基础信息数据库 | 海域使用管理专题信息数据库 | 功能区划专题信息数据库 | 渔港管理专题数据库 | 渔场管理专题数据库 | 交通港口岸线专题信息数据库 |

图 6-3　海南省海域管理信息系统框架体系图

2. 海域使用确权登记：包括使用权人的变更登记，对已审批项目进行登记统计管理；

3. 证书打印：系统提供特定格式的海域使用权证书打印；

4. 存储与更新：系统可以对数据库进行有效管理，存储海南省海域基础信息和岸线资源与各类专题信息，具有数据录入、图形生成、适时更新空间信息与属性信息的能力；

5. 查询与检索：系统通过查询与检索所需的图形信息和文档资料，了解省内海域所需的有关情况，为科学决策提供帮助；

6. 模型分析：系统提供多种分析功能，可以提取海域有关的指标信息，进行叠加等综合信息分析，为海域管理的决策提供服务。

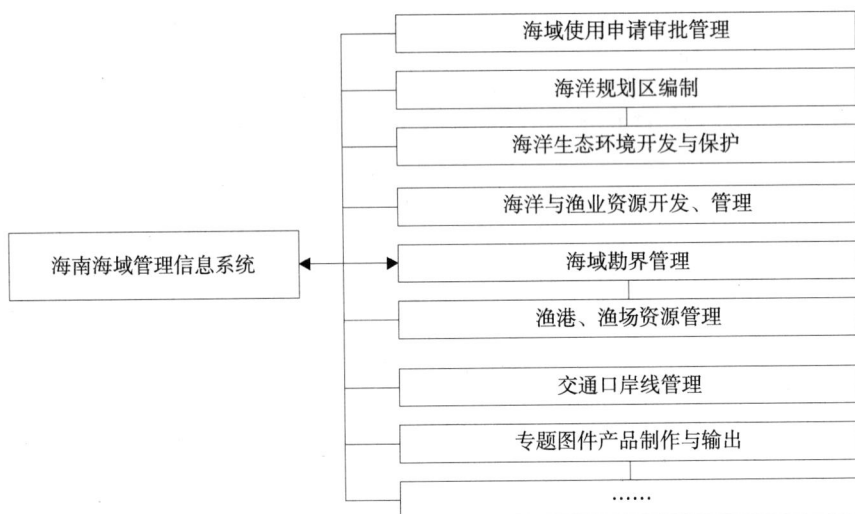

图 6-4　海南省海域信息管理实现的功能

四、海洋灾害应急信息管理系统

海洋灾害种类繁多，给海洋经济发展以及海洋与渔业常常造成巨大损失，危害较重的灾害有如下几种：与气象有关的有风暴潮、台风、巨浪、海雾等；与海洋生态环境污染有关的有赤潮等。多种灾害可能会形成灾害链，具有更大的危害性，历史上在我国沿海海域都发生过这些灾害。曾经给城市海岸建（构）筑物、生命线系统和海洋渔业的生产设施造成巨大破坏，给人民生产和生活造成重大影响。海洋灾害的发生多具有较大的随机性，很难准确地预报这些灾害发生的时间、地点和影响程度。建设海洋灾害应急管理信息系统是减轻灾害十分有效的手段。在国内外，该类信息系统的研究和发展是沿着两种思路展开的。一种思路是把灾害的成因、观测、分析预测和应急对策集成在一个信息系统中，这样的系统较为庞大；另一种思路是把灾害的观测和分析预测结果作为已知信息输入，系统仅集中精力研制应急对策，这样的系统相对简单，而且研究的问题较集中。但是，这样的系统运行的必要条件是必须与监测预报部门联网才能使用。本书以青岛市海洋灾害应急管理信息系统为例，介绍此系统的架构以及功能。

（一）灾害应急管理信息系统的架构

该系统依托网络系统和开发软件支持，主要由数据库和三个模块构成，其系统结构如图6-5所示。其中风暴潮预报信息、灾害性海浪预报信息、赤潮预报信息以及其他灾害信息来自相关部门，本系统将其作为输入信息。灾害信息处理中心作为各模块的协调控制和数据传输的枢纽，它也是与有关部门沟通、数据传递和信息分发的中心。该系统在接收到灾害预报信息之后，立即启动相应的灾害应急对策，并提供给政府有关部门，有些信息通过媒体向公众发布，以便多方面采取合理对策，减轻灾害。

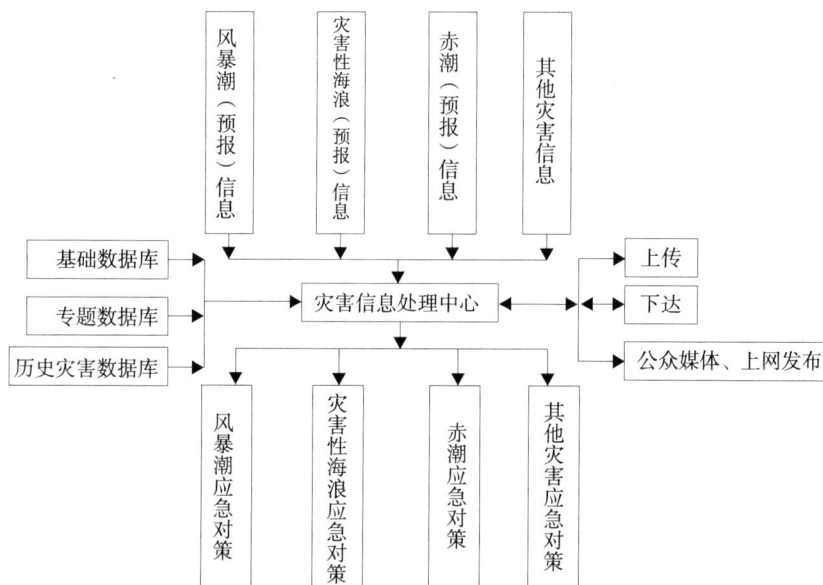

图6-5　青岛市海洋灾害应急管理信息系统架构

（二）海洋灾害应急管理信息系统的功能

灾害应急管理信息系统建立在基础数据库和专题数据库之上，它的主要功能是风暴潮预报、赤潮预报、灾害性海浪预报，并为这些灾害提供应急对策。

1. 风暴潮应急对策模块

本模块可以提供三个基本的功能：一是管理决策部门通过本系统能了解青岛市历史上风暴潮灾害的基本情况，为城市规划提供依据；二是在风暴潮来临时，及时掌握实时水位及风暴潮实时发展情况，并针对具体的数据采用GIS技术，快速提出相应的应急对策；三是灾后及时掌握灾情，为农田、盐场、渔业生产、城市建筑、各重点要害部门提供减灾对策。

2. 灾害性海浪应急对策模块

灾害性海浪是海洋灾害中相对出现概率较高的一种，可以使海上船只遇险，港内船只发生碰撞，岸边建（构）筑物受损等。该模块提供的主要功能有：将青岛历史上的灾害性海浪的资料存入数据库，并进行灾害的损失和评估模拟，以供日常查询，并在网上发布起到宣传教育作用，同时也为进一步减灾防灾提供宝贵的资料。根据相关部门的灾害性海浪的信息，给出灾害应急对策。

3. 胶州湾赤潮应急对策模块

赤潮在胶州湾海域时有发生，是危及海域的生态健康的灾害源之一，及时了解赤潮发生发展情况，对于防灾减灾至关重要。此模块的主要功能有：显示历史上赤潮发生情况；确定赤潮发生的区域、种类和等级；分析赤潮发展趋势，制定相应的防灾、减灾和救灾对策。

第三节　数字海洋

数字海洋是基于海洋管理的综合性大型海洋管理信息系统，其借助于"3G"技术按照地理坐标，收集海洋中的每一点信息，建构而成一个全球信息模型，它是数字地球的重要内容。随着"数字地球"战略的提出，"数字海洋"作为"数字地球"的重要组成部分，逐渐得到各级政府和学界重视，并成为人们关注的热点问题。

一、"数字海洋"的界定与特点

（一）数字海洋的定义

对"数字海洋"的观点还没有达成统一的认识，发达国家如美国、日本等从信息技术应用的角度出发，提出了海洋综合观测系统的概念，即数字海洋就是立体化、网络化、持续性地全面观测海洋，并海量获取数据的观测系统。美国国家海洋大气局资助的"Sea Grant"项目对数字海洋的描述是：

数字海洋计划通过海量的数字信息与模型，将海洋装进"芯片"，从而能够将海洋化学、海洋生物、海洋物理等要素数据转变成人类利用海洋、保护海洋的最有效工具。我国许多专家、学者、有关部门在呼吁数字海洋建设的同时，也对数字海洋进行了各自的界定，比较集中的表达是：数字海洋是随着数字地球战略的提出应运而生的，是一项庞大复杂的系统工程，是由海量、多分辨率、多时相、多类型空间对海洋观测数据和海洋监测数据及其分析算法和模型构建而成的虚拟海洋世界。

数字海洋是空间地理技术、信息技术、网格技术及信息化环境发展到一定阶段的产物，是一个国家经济、科技等综合实力的体现。从信息化的角度上解释，数字海洋涵盖了三个层次：数据立体实时和持续采集、信息网格集成、知识综合应用。

数据立体实时和持续采集是应用高科技手段全面、深入地观测和了解海洋的变化过程，是在一定的时空内对海洋进行立体观测（海面之上、海面、海底）。空间观测是利用各类遥感新技术，如高分辨率高光谱卫星图像技术、雷达卫星技术、小卫星技术、植被卫星技术、水色卫星技术等，对海面及海面下一定深度范围内的海洋特性进行全面的观测。海面观测是由岸基海洋观测站、高频地波雷达、各型浮标等组成的海面观测网，对海洋动力、大气、环境、突发事件等实行全天候观测。海底观测是由海底工作平台、海底数据和动力特殊光缆、水下滑翔器、海底机器人等智能终端组成的海底观测网，对海洋深处动力、生物、化学、地球物理要素数据进行精确而持续的采集。现代网络技术和能源技术使得以上立体观测的三个内容能够长时间持续地进行，具备了对海洋地球物理、化学、生物、动力变化过程不间断的观测能力，为人类最终驾驭海洋奠定了基础。

信息网格集成是把浩瀚大海中的各种要素，包括历史的、动态的数据集中存储、分析和研究，是处理海洋经济发展、环境保护、灾害预防等活动中的各类问题的有效工具。数字海洋将分布式的立体观测终端、分布式的数据库体系、分布式的各级终端计算，通过网格技术协同数据采集、集成信息处理、统一运行计算，使网络上的所有资源合力工作，从而完成传统方式无法完成的海洋活动中的各种复杂计算，建立功能强大的各种应用与决策模型，实现对海洋的深入精确认识。数字海洋实现这一目标的核心是日益成熟的网格计算、数据同化与融合、分布式数据库等技术。

数字海洋的突出作用在于它可以产生先进、丰富、实用的海洋知识。因此，完整的数字海洋体系必须在海量信息集成平台上，搭建公共性强、综合性广、功能齐全的基础海洋信息服务平台与产品开发和综合应用平台，并按照资源合理开发利用的原则，实现一次采集、一次集成、统一开发、各家共享的目标。这个信息服务平台既是用户根据各自的业务所需，获取相关海洋信息与知识的窗口，又是用户进行信息交换、共享、开展知识二次开发的平台。

（二）数字海洋的特点

从数字海洋的定义可知，数字海洋是由数据、操作平台、应用模型构建的庞大而复杂的系统，具有如下的特点：

1. 具有数字性、空间性和整体性。数字海洋将海洋上每一点的信息都按照空间三维坐标的方式，存放在大型的数据库中，这些信息不是孤立的，而是相互联系的，这些联系的信息共同构成数字地球。数字性表明信息的格式不是模拟的，而是 0—1 格式的数字信息，这些数字信息在保密性、防衰减性、可复制性上更有优势。

2. 可视化。数字海洋以多源、多比例尺、多分辨率的矢量格式和珊格格式数据为基础，以可视化等多种形式提供图形、图表、海图、语音等格式的服务。在数字海洋运行的平台上，可以随意地像看电子地图一样地浏览海洋信息和图像，因此具有高度的可视化。

3. 集成化。数字海洋采用模块技术、构件技术、空间分析技术将海洋信息进行不同程度的集成，以提供海洋资源信息、海洋开发、利用、监测、预报等各种海洋综合服务。

二、"数字海洋"提出的重要价值

"数字海洋"是关系国家经济、科技与国防事业发展的战略性信息工程，它的提出具有重要的理论价值和实践意义。

1. "数字海洋"的提出是维护和保障国家海洋权益的需要

未来战争是高新技术的较量，也是信息技术的对抗。军事国防建设、海上防御、训练及武器实验等各个环节都离不开海洋信息系统的支持。海洋权益维护的斗争实际上也是海洋信息拥有量和海洋信息技术的较量。海量的信息、领先的海洋信息技术、丰富的专家系统与方法库可以快速、准确、有效地自动生成各种海域划界谈判方案、海洋争端处理方案，以保证在维护国家海洋权益斗争中始终处于有利地位。

2. "数字海洋"是推动海洋科学技术发展的动力

从 20 世纪末至本世纪初，各国围绕着全球变化及海洋生态环境竞相发射海洋水色卫星和海洋动力卫星。众多卫星对地观测获得的海量数据必然推动空间技术、信息技术和地球科学等研究的进展，"数字海洋"战略的实施正是多学科研究的综合体，依赖于海洋各分支学科及其相关学科的理论方法技术，诸如各类海洋应用模型、海洋空间信息的获取、科学计算、海量数据的存储和压缩、计算机网络、图形浏览、网络地理信息、系统（WebGIS）、知识智能和虚拟现实技术等的研究，这正是海洋科学技术快速发展的动力。"数字海洋"的研究必将极大地推动我国海洋科学技术研究的进步。[①]

3. "数字海洋"是海洋综合管理和宏观决策的依据

在海洋监察方面，要对海洋各类违法、违规事件进行快速取证和及时查处，对资源的非法开采、溢油事件的监测、损失评估和依法索赔等，都要依靠海洋空间信息形成"定性、定位、定量"的科学辅助决策信息；在海洋功能区划、海域使用管理、海域勘界、沿海工程审批与管理等方面都需要大量而统一的海洋空间信息；深入应用海洋空间信息能较好地表现海洋环境质量状况、海洋污染物的漂移扩散、海洋环境整治与保护规划等；在海洋空间信息的支撑下，能较好地反映海洋渔业资源的分布，反映主要经济鱼类的洄游路径、产卵场、渔场及水色、叶绿素等环境背景信息等。"数字海洋"正是整合海洋空间信息的综合平台，它的建设必将为海洋综合管理和宏观政策的制定提供科学依据。

4. "数字海洋"有效地解决了海洋信息化前期遇到的各种问题

经过若干年信息化工程的推进，我国已经积累了大量的海洋历史资料，相继建立了各类大中型海洋数据库以及多种比例尺的数字化海洋基础地理图库、专题图库等。但在目前，相当一部分海洋数据的所有权不明确，信息格

---

① 侯文峰：《中国"数字海洋"发展的基本构想》，《海洋通报》1999 年第 12 期。

式标准不一致，兼容性、可比性差，利用率低，造成了海洋信息资源的极大浪费，"数字海洋"所进行的数据库整合和集成可以通过顶层设计与规划有效地解决上述问题。

三、"数字海洋"建设的主要内容

鉴于"数字海洋"战略的重要性，2003 年国务院批准实施的我国近海资源调查专项（908 专项）中，确立了建设"中国近海'数字海洋'信息基础框架"，这一重大决策也拉开了我国实施数字海洋战略的序幕。国家海洋局与上海市政府从海洋信息化建设的全局出发，决定在上海共同建设"数字海洋"上海示范区，为我国全面建设数字海洋铺下了第一块基石。建设"数字海洋、生态海洋、安全海洋、和谐海洋"是我国海洋强国战略的具体目标。在这四个目标中，数字海洋是基础，是国家安全建设、海洋经济开发、海洋现代化管理的必要条件。在"数字海洋"工程建设中，充分发挥了我国信息产业、海洋装备制造业等高科技产业的创新能力和生产能力，使数字海洋工程成为我国海洋先进装备制造能力、海洋科技创新能力、海洋高科技产品的研发能力的强大驱动引擎。

构建"数字海洋"信息基础框架项目，现已成为新中国成立以来规模最大的国家海洋计划之一。其主要内容包括：

（一）"数字海洋"相关的政策法规以及标准化建设

"数字海洋"是国家的重要战略决策之一，也是一个由政府、产业部门、高科技共建共享的全球性海洋信息系统工程。在推进数字海洋建设中，要充分考虑我国海洋管理与开发的现状，以跨部门应用、整合资源、集成建设为重点，成立职权责明确的综合领导机构，在明确的法律法规的指导下，统筹国家数字海洋建设，确保工程效益的最大化、资源利用的最优化，以及应用性能的最佳化。因此，首先应制定"数字海洋"相关的政策与法规。"数字海洋"有两个核心思想：一是用数字化手段来统一性地处理、表示海洋的各个方面，以便直观地了解和理解海洋；二是最大限度地利用海洋信息资源，主要是实现海洋信息共享。但目前我国的信息共享还存在着诸如信息保密层级过多、信息系统孤岛、缺乏共享机制等问题。要从根本上解决以上问题，除了各级建设部门提高数据管理和信息共享的认识之外，还需要从国家层面上制定一系列的"数字海洋"建设标准，使之在建设过程中，有标准可用，有法可依，通过信息标准和信息管理制度来支持数据共享。涉及"数字海洋"的相关政策与法规内容包括：我国海洋信息共享的政策和法规、海洋数据的保密与解密办法与范围、海洋信息共享的原则和办法（包括海洋数据的分类、分级管理办法、海洋信息无偿、有偿共享原则与范围等）以及研究制定国家层面的海洋基础信息管理规定等。

（二）"数字海洋"空间数据基础数据库

"数字海洋"的建设以信息高速公路为基础，以海洋空间数据基础数据库为依托，即"数字海洋"首先应是基于高速宽带网络，其次为了在网络上准确地表达、描述、查询与地理要素相关的全部海洋空间信息，需要建立统一的"数字海洋"空间数据框架，开展"数字海洋"空间数据基础设施的建设。"数字海洋"空间数据基础数据库是国家信息基础设施的一个重要组成部分，是连接信息高速公路和"数字海洋"的桥梁。"数字海洋"空间数据基础设施主要包括"数字海洋"空间数据框架，"数字海洋"空间数据交换中心（Clearing house），"数字海洋"空间数据交换标准以及"数字海洋"空间数据协调、管理、分发体系和机构。

（三）海洋基本信息场

海洋基本信息场是指反映海洋的海底地形、海面气温、气压、海面风场、海水温度、盐度、密度、海流、海浪、溶解氧等海洋要素的背景场信息。它不仅能为海洋科学家进行数值模拟和预报模型计算提供必需的强迫场、初始场和边界条件，而且可以最大限度地利用多源海洋信息来满足各类海洋科学研究的需求。如美国国家海洋资料中心分别于 1982 年、1994 年、1998 年设计制作的世界海洋资料图集 WOA82、WOA94 和 WOA98，被国内外海洋科学家广泛用于海洋数值计算和海洋科学研究，但其涉及中国海区的资料在站次数和分辨率方面均不能满足国内实际应用的需要。因此，利用海洋数据同化特别是四维同化技术和海洋资料质量控制方法，对不同时间、空间和采用不同观测手段获取的各类海洋数据进行分析处理，研究、设计、制作中国海区多分辨率的海洋环境基本场信息产品，在目前海洋资料共享还相当困难的情况下，具有特殊的意义。

（四）现有海洋数据库的改造

作为"数字海洋"的核心基础，海洋空间数据库必须具有相当的完整性、系统性和权威性。我国通过科技研发，已经建设了一批中小型数据库，如海洋水文数据库、海洋环境数据库、海洋生物数据库、海浪数据库、海洋基础地理信息库等。但相对海洋开发管理的实际需要和"数字海洋"的战略要求，还亟须建立一系列国家层面的中、大型海洋基础信息库。建设中大型数据库，不能反复建设，不能重新建设，须以现有数据库为基础进行改造和集成。改造和集成的内容包括：一是标准化改造。根据国家级统一的海洋信息标准与规范，改造现有的海洋数据库。对海洋信息进行预处理、冗余数据处理、数据质量控制等工作。二是空间化改造。完成数据库标准化改造后，需分析数据情况：对数据的地理特征字段，如果要以图形方式表达空间位置、空间分布、空间关系等，就需要建立属性数据和空间数据的关联，进行空间定位。对于统计数据，就需把统计单元按照定位标准进行划分。三是网络化改造。网络化改造是为数据共享服务的。包括元数据库的建设、重新建立索引、提供网上共享分类查询和条件查询功能等。

"数字海洋"的建设将为海洋综合管理与公益服务带来革命性变化。通过整合气象、海洋、海事、渔政、水务等部门信息系统，"数字海洋"将为海洋维权、经济建设、环境保护、救助打捞等提供强大技术支撑。如建立船籍数据库和"油指纹"系统后，不仅可在千里之外进行船型识别和导航，对溢油事故责任人的认定也能言之凿凿，有力地服务于海洋环境与资源保护。

"数字海洋"可以在防御包括地震、海啸在内的海洋灾害上大显身手，其灾害预警时间和预报准确性将比现在大大提高。人们将能在视频上看到直观的虚拟图像——台风在海面上形成、移动、登陆……这都由"数字海洋"的超级计算机"导演"，它一旦接收到前方传感系统的异常海洋数据，就能对台风行进路线、风速浪速、影响区域、损失估算等进行海量计算，建立全三维可视模型，为防灾减灾提供精确预判。此外，暗礁、海雾、洋流，以及石油泄漏、咸潮赤潮等都能提前一览无余。

在"数字海洋"模拟屏前，只要触摸大片海洋的某一点，就能很快得知那里的即时水温、流速等数据信息。与以往的海洋数据库来源于历次海洋专项调查不同，"数字海洋"是建立在太空、空中、海面、海底、陆上等多维立体信息采集系统上，是对大海进行的"现场直播"。除现有的卫星、飞机、船舶、特殊浮标、海岸雷达等设备外，国产的智能化传感网络将在海底铺开。这一网络将由兼具供电和通信功能的海底光缆构成，光缆在一定区域形成一个"网格"，分区分片、守土有责。它们长出的"触角"——传感器，可上浮或沉底，分分秒秒记录、回传大海的一举一动，还带有照明和照相功能，可像海洋生物那样工作数十年之久，通过海底机器人进行维护。

第七章　海域使用管理

　　我国海域资源丰富，有着 18000 多公里的海岸线，内海、领海面积辽阔，拥有 300 万平方公里的管辖海域。在陆地资源枯竭之际，海域开发和利用已成为我国经济发展的重要组成部分。但是，随着开发密度、强度的加大，在海域使用过程中出现了"无序、无度、无偿"等问题，如何从根本上解决海域使用活动中的诸多问题，保证海洋开发走上健康发展的道路，海域使用管理制度的提出从理论上为我们提供了一种新的思路。

第一节　海域使用管理概述

　　海域使用管理是海洋行政管理内容中最具特色的重要内容，它相当于陆地上的土地使用管理。海域是海洋中人为划定的一个区域，具有局部性、特定性、相对稳定性和可控性的特点，这使得人们在法律、产权制度上可以对海域予以有效的管理提供了可能。

一、海域使用管理的含义

（一）海域的概念

　　海域可以成为行政管理的客体，可以根据海域的特性以及社会的需要，规定海域使用人对于某特定的海域的权利和义务，以实现有效使用与管理。海域一词，是海洋资源开发利用过程中经常使用的一个术语，是指特定范围内的局部海洋，是海洋中人为划定的一定区域，包括区域内的海表层水体和海床及其底土的立体空间。"海域"这一概念最早产生于国际法律领域，《联合国海洋法公约》将地球上的海洋分为国家管辖的海域和公海，同时，该公约将沿海国家管辖的海域区分为法律地位各不相同的区域，包括内海、领海、毗连区、专属经济区和大陆架。

在《中华人民共和国海域使用管理法》的第二条中把"海域"规定为：中华人民共和国内水、领海的水面、水体、海床和底土，其中的"内水"是指中华人民共和国领海基线向陆地一侧至海岸线的海域，即内海水。在中华人民共和国内水、领海持续使用特定海域三个月以上的排他性用海活动，适用本法。① 这显然是从国内法的角度上进行海域的解释。从海域使用管理法的解释可以看出有两个特点：首先，从平面维度上看是从海岸线到领海的外界限，有 38 万平方公里的海洋国土，是各种海洋资源的载体。从垂直维度上看包括水面、水体、海床和底土。其次，从时间范围进行了界定，即在持续的排他性的使用某一特定范围内的海域 3 个月以上，对于不足 3 个月的排他性用海，属特殊用海项目的，如其可能对国防安全、海上交通安全和其他用海活动造成重大影响的，参照海域使用管理法的有关规定办理临时海域使用证。

从国际法的角度上，《联合国海洋法公约》将地球海洋分为国家管辖海域和公海，同时，又对国家管辖的海域区分为法律地位各不相同的区域，即内海、领海、毗连区、大陆架和专属经济区。毗连区、大陆架、专属经济区是国家领土的延伸，国家对其享有不完全主权，仅享有某些使用权。本书所指的海域范围应理解为国家管辖海域，并且这里的海域不包含沿海的滩涂和海岛。

（二）海域的价值

"价值"是指事物所具有的对主体有意义的、可以满足主体需要的功能和属性。海域是有价值的，因为海域在很大程度上满足了人类的生产生活需要。海域的价值是同人类的需要密切联系在一起的，依照人类需求的多样

---

① 第九届全国人大常委会：《中华人民共和国海域使用管理法》，大连海事大学出版社 2002 年版，第 1 页。

性，海域的价值可以分解为政治价值、军事价值、经济价值、生态价值、科学价值、文化价值等多个方面。按照同海域使用管理的关联性而言，国内相关研究成果将海域的价值涵盖为以下三个方面①：

首先是海域的国土价值。海域与土地连在一起，构成一国的"蓝色国土"。1982 年通过的《联合国海洋法公约》首次以国际法的形式对沿海国在领海、毗连区、专属经济区和大陆架的权利作了具体规定。该公约规定：在 12 海里以内的内水和领海，国家拥有完全的主权；24 海里以内的毗连区以及 200 海里以内的专属经济区和大陆架，国家拥有海域管辖权和资源主权权利。由此可见，领海、毗连区、专属经济区和大陆架都可以算作一国广泛意义上的海洋国土。作为国际关系史上的第一部"海洋宪章"，《联合国海洋法公约》彰显了海域的国土价值，其规定表明了沿海国家的国土向海域拓展，沿海国家的主权和利益在海洋延伸。海域对于每个国家来说都是具有稀缺性的资源。当然，临海国家由于区位的优势，可以将与本国陆地相连的海域变成国家版图的一部分，并且以这片"蓝色国土"作为生存与发展的新空间。对于海域的归属，有关国家间也会基于各自国家的利益进行反复争论或磋商，并坚决不会在海域主权问题上作出轻易的让步。

其次是海域的生态价值。1997 年，Robert、Costanza 等人在《自然》杂志上发表了他们对海洋在一年内对人类的生态服务价值的评估结果。价值类别包括气体调节、干扰调节、营养循环、废物处理、生物控制、食物产量、原材料、娱乐和文化形态等。研究表明：每平方公里的海域每年为人类提供的生态服务价值约为 57700 美元。② 当今世界各国对于海洋开发利用的实践表明，人类的海洋活动极易打破海洋自然生态平衡系统，造成较严重的海域污染和海洋自然灾害。频发的海洋生态危机使人们开始反思自身用海的方式，摒弃只注重经济利益忽视生态保护的传统思维，承认并重视海洋（含海域）的生态价值，将海洋的开发利用与海洋生态环境的保护有机结合。

再次是海域的经济价值。随着工业革命及科学技术的发展，不仅加快了人类开发利用海洋的脚步，也加深了人们对于海洋的认识。20 世纪 50 年代

---

① 梅宏：《论海域的价值》，《海洋开发与管理》2008 年第 5 期。
② 王琪：《关于海洋价值的理性思考》，《中国海洋大学学报》（社会科学版）2004 年第 5 期。

以后，许多国家积极开发海洋开发与利用技术，发展海洋产业。目前，世界海洋产业已经超过 20 个，成为新兴的经济领域。如海洋气象服务、海岸旅游、渔业捕捞、水产品加工、海水养殖、渔业设备加工、海洋通信及电子制造、港口物流等。进入 21 世纪，各国更深刻地认识到海洋中蕴含着丰富的资源，是人类生存和发展的新空间。鉴于此，人们将 21 世纪称为海洋世纪，将海洋经济视为世界经济的新的增长点。人类从来没有像今天这样依赖海洋，海洋的价值也从来没有像今天这样受到重视。

（三）海域使用管理的定义

海域使用系指人类为从海洋获取其生存与发展所需的各种利益，根据海域的区位、资源、环境条件，进行开发利用活动所必须占据利用某一海域的过程。[①] 海域使用具有如下的特点：

（1）海域使用的多宜性。海域的自然属性决定了自身的多功能性及多价值性，形成同一海域多种功能的重叠，相应表现出海域使用的多宜性。

（2）海域使用的关联性与综合性。海域使用关联到方方面面，如在海域空间环境和资源上，涉及海洋物理要素的改变、海洋地质和海洋地貌形态的变化以及海洋生物多样性的演变；在社会环境上，涉及区域经济、社会环境、城市发展等诸多方面。同时海域使用还受到国家总体战略的控制和自然环境的约束等。因此，海域使用应协调好各个方面的关系，兼顾经济效益、社会效益和环境效益。

为确保海域使用活动与海域主导功能协调一致，保证海域各种资源能够合理、有效利用，需要对海域进行有效的管理。

海域使用管理是指国家海洋行政主管部门和法律法规授权的组织依照国家有关法律法规并运用国家法定权力，为维护国家海域所有权和海域使用权人的合法权益，促进海域的合理开发和可持续利用，对在中华人民共和国内水、领海从事生产经营活动或开展公益事业使用海域行为实施的行政管理的活动。海域使用管理属于行政管理范畴，是海洋综合管理最重要的管理职能

---

① 吕彩霞：《论我国海域使用管理及其法律制度》，博士学位论文，中国海洋大学环境科学专业，2003 年，第 27 页。

之一。①

从海域使用管理的概念中可以看出，海域使用管理的主体包括两类：一是海域使用管理的立法主体。全国人民代表大会及其常务委员会是最高立法机关，负责制定具有系统性、全局性的海域使用管理法律，如《中华人民共和国海域使用管理法》。沿海省级人民代表大会及其常务委员会，负责制定海域使用管理的地方性法规。二是海域使用管理的执行主体。国务院是海域使用管理的最高行政机构，负责制定海域使用管理的行政法规和重大政策，并负责海洋功能区划和项目用海审批工作。地方各级政府负责制定海域使用管理的地方法规和政策，并负责海域功能区划及项目用海审批工作。各级海洋行政主管部门及其所授权组织、受委托组织，是海域使用管理的具体执行主体，负责制定海域使用管理的规章制度，全面具体履行监督管理海域使用的职责。

海域使用管理的客体即是海域开发与利用活动的主体，主要分为三类：首先是个人。主要是指个体的人，为了生存及发展需要，依照生产劳动和合法手续进行海洋开发活动；其次是企业，企业是海洋经济的主体，其海洋开发和生产活动会对海洋环境及生态系统产生不利影响，约束企业的行为，唤醒企业海洋环保责任意识，是海域使用管理的重要环节；第三类客体是政府。政府作为社会行为的主体，向公众提供公共产品及服务过程中，会对海洋开发进行政府干预，产生或好或坏的影响，也是海域使用管理的行为对象。

二、海域使用管理的原则

海洋资源是国家的重要资源，作为一种资源，由于天然的稀缺性和多用途性，需要解决资源的有效利用和合理配置问题，在使用管理的过程中，要注意如下的原则：

第一，海域属于国家所有的原则。② 海洋资源是国家的重要资源，其资源与空间的所有权、使用权和处分权都属于国家所有。《中华人民共和国海

---

① 陈艳：《海域使用管理的理论与实践研究——一种经济学的视角》，博士学位论文，中国海洋大学渔业资源专业，2006年，第12页。

② 韩立民、陈艳：《海域使用管理的理论与实践》，中国海洋大学出版社2006年版，第22—23页。

域使用管理法》第三条规定："海域属于国家所有，国务院代表国家行使海域所有权。任何单位或者个人不得侵占、买卖或者以其他形式非法转让海域。单位和个人使用海域，必须依法取得海域使用权。"海域使用管理的国有原则，就是要保证国家权益在海域使用管理中得以实现。

第二，资源综合利用原则。由于海域资源的多宜性，容易形成同一海域多种功能的重叠。因此在海域开发管理中，需特别注重一种资源与另一种资源以及与整体资源之间的内在关系，注重资源利用与保护自然环境的关系，使海域的使用达到综合利用的目标。

第三，统筹规划、综合管理的原则。为了实现海域使用管理的目标，取得海域资源开发的良好效益，必须根据资源的海区分布和所处的自然社会条件，因地制宜指导海域资源的开发活动，根据具体海域资源的分布特点，合理安排各种资源利用活动。

第四，海域有偿使用原则。《中华人民共和国海域使用管理法》第三十三条规定："国家实行海域有偿使用制度。单位和个人使用海域，应当按照国务院的规定缴纳海域使用金。海域使用金应当按照国务院的规定上缴财政。"海域属于国家所有，所以国家应当享有海域收益权，作为一种重要的资源，为了保证资源的有效利用使用者需要向国家支付一定的海域使用金，作为使用海域资源的成本。

三、海域使用管理的主要内容

为确保海域使用管理工作的合理有序、有法可依，海域使用管理法制建设是海域使用管理的重要基础前提。目前，根据我国海域使用的分类体系，相应的海域使用管理主要内容包含海域使用权管理、海籍管理、海洋功能区划管理、海域有偿使用管理等内容。

1. 海域使用法制建设

由于海域空间资源、环境容量、矿产资源、渔业资源的有限性，海域使用管理是一项十分复杂的工作。为逐步实现海域有序、有度、有偿使用，解决好海域使用管理问题，应该在协调现有立法的基础上，加强一些海域综合管理的法律制度供给，从而促进我国海域使用管理的健康发展。海域使用法制建设主要包括：①起草和制定海域使用管理中的重大方针、政策；②起草海域使用管理法律、法规草案，制定配套规章制度；③协调相关法律法规与海域使用管理法律法规的关系；④开展海域使用行政复议工作等。

2. 海域使用权管理

海域使用权，是指民事主体基于县级以上人民政府海洋行政主管部门的批准和颁发的海域使用权证书，依法在一定期限内使用一定海域的权利。也就是说，国家将特定海域的使用收益权转让给公民、法人，从而产生了海域使用权。由于海域使用权是在国家海域所有权基础上产生的，所以，它属于民事权利的范畴。① 对海域使用权的管理包括海域使用权的获得、海域使用权登记、海域使用权证书颁发、海域使用权的变更或终止、海域使用权争议的调解处理等。

3. 海籍管理

海籍管理是指为实行海域使用权管理制度、海域有偿管理制度和海域使用统计制度而开展的一项海域管理的基础工作。其工作内容包含：海域使用现状调查、海籍调查、海域使用统计、海域使用动态检测等。

4. 海洋功能区划管理

海洋功能区划是根据海域的地理位置、自然资源状况、自然环境条件和社会需求等因素而划分的不同的海洋功能类型区，用来指导、约束海洋开发利用实践活动，保证海上开发的经济、环境和社会效益。其工作内容包括海域功能区划四级编制管理、海洋功能区划两级审批管理等内容。

5. 海域有偿使用管理

海域使用管理法依据宪法明确规定，海域属于国家所有，并对作为国家重要资源的海洋资源的合理开发和可持续利用确立了基本规则。在这个基础上海域使用管理法规定，国家实行海域有偿使用制度，这项制度确定了海域有偿使用制度的法律地位。海域有偿使用管理工作主要包括：海域价值评估、分等定级与征收标准的确定，海域使用金的征缴管理，海域使用金的减缴、免缴管理，海域使用金的预算管理，海域使用金的使用管理等内容。

6. 海域使用监督检查

海域使用行政监督针对各级海洋行政主管部门及其工作人员，监督其是

---

① 尹田：《物权法中海域物权的立法安排》，法律出版社 2005 年版，第 87 页。

否依法行使职权。执法检查对象是用海单位和个人，依法制裁其违法行为并引导其遵守海域使用法律法规。海域使用监督检查包含海域使用行政监督和执法检查。

四、海域使用管理手段

海域使用管理的主要手段包含法律手段、行政手段、经济手段和技术手段。这四种手段从不同层面运用不同的工具以及方法，在海域使用管理之中发挥着不同的作用。它们之间的关系是相互协调，相辅相成。

1. 法律手段

在海域使用管理中的法律手段，就是指国家机关运用法律管理海洋事务、依法行政。国家通过立法，规定海洋资源开发利用活动的基本准则，调整海洋开发利用活动之间的关系对于开发秩序维护和海洋资源可持续利用有重要作用。海域使用法律手段主要表现在海域使用管理法规体系的建立以及海洋执法管理的配合上。

为了加强海域使用管理，维护国家海域所有权和海域使用权人的合法权益，促进海域的合理开发和可持续利用，2002年1月颁布实施《中华人民共和国海域使用管理法》，从根本上改变了1993年颁行的《国家海域使用管理暂行规定》出台后十年间由于法律约束力低所形成的一系列的问题和矛盾，建立了海域使用管理中的重要法律制度以及明确了相关人员的法律责任。但《海域使用管理法》毕竟只是规定了海域使用管理大体框架和基本法律手段，其后，为了确保海域使用管理的规范化与科学化，促进海域的合理开发利用和可持续利用，国家又制定了一系列条例和办法及配套法规作为其必要的补充和完善，如制定《海域使用申请审批管理办法》（1998）、《海域使用可行性论证管理办法》（1998）。除此之外，沿海各地政府陆续制定了《海域使用金征收管理办法》和一些地方性海域使用规章、海洋资源开发利用的区域性管理规章，从而保证在统一、协调的管理下安排海洋资源开发利用。

法律手段具有权威性、规范性、强制性和稳定性，能够规范海域使用各方的行为，保证依法管理的实施，建立共同遵守的不容违反的海域使用管理秩序。此外，在加强海洋执法力度上，一方面要加强执法管理队伍建设，依法行政，纠正和制裁违法、违章行为；另一方面，还要通过行政司法解决行政争议，处理海域资源开发利用活动中的民事纠纷，打击破坏海域资源开发利用秩序和海洋资源与环境的违法犯罪活动。

2. 行政手段

行政手段是国家海洋行政管理机关依据法律赋予的行政权力和权威，通过发布行政命令和采取行政措施的方法，直接指挥和命令海域资源开发利用活动的一种管理手段。

海域行政许可是其重要内容，它是海域行政部门依海域使用申请单位和个人提供的申请，通过颁发海域使用许可证等形式，根据相关的法律法规赋予其从事海域开发、利用的法律权利的行政行为。通常情况下，海域行政主管部门既可以审批海域使用者的申请，也可以通过招标或拍卖方式赋予海域使用者海域使用权，即有审批和招标（或拍卖）两种许可方式。

审批的许可方式是指海域行政主管部门对海域使用申请单位和个人提供的申请材料进行审核、核对，对其中符合法律法规规定的海域使用申请单位和个人给予海域使用权。招标的方式获得海域使用权，要有两个先决条件：其一，属于经营性用海；其二，两个以上单位或个人对同一海域以同一用海方式同时提出申请，海洋行政主管部门在审核此宗用海申请中，对海域使用权人难以作出决断。招标方案一般由当地海洋行政主管部门制订，并报有审批权的人民政府批准后组织实施。通过招标方式出让海域使用权，海域使用金的标的不应低于政府批准的该类用海最低标准，实际缴纳应按中标额核征。招标活动结束后，应与海域使用者签订海域有偿使用合同。海域使用者按照规定足额缴纳海域使用金后，方可领取《国家海域使用证》，取得海域使用权。当然，招标投标活动应当遵循公开、公平、公正和诚实信用的原则，这样才能发挥其有效作用；而海域使用权拍卖程序与招标程序大体相同。

从理论上讲，市场经济体制下海域使用权的获得，招标或拍卖的方式要比审批方式更加适宜。这是因为，对于海域使用申请人来说，通过招标或拍卖取得海域使用权比通过审批取得更加公开、公平、公正；对于海域所有者来说，更能实现出让海域的经济价值。从实践上讲，在目前海域使用管理的起步阶段，申请审批仍然是单位和个人在一般情况下取得海域使用权的基本方式，对于非经营性用海尤其如此；而招标或拍卖是在两个以上单位或个人对某一海域以同一用海方式同时提出用海申请的情况下，通过竞争取得海域使用权的一种行之有效的方式。

3. 经济手段

经济手段是指国家海洋行政管理机关运用税收、财政援助、收取费用、奖励、罚款等经济手段实施海域使用管理的方法。运用经济手段管理海域使用的实质是贯彻物质利益原则，通过经济手段，实现社会经济利益的重新分配，从而调节海洋经济活动中的各种经济关系，使得海洋活动中的各种经济组织的活动方向、活动规模和发展速度朝着有利于保护海洋环境、资源可持续利用方向发展和变化，达到海域合理开发的目的。海域使用管理中常用的经济手段主要有以下三种：

（1）海域使用金。海域使用金是国家凭借其海域所有权，对海域使用权人收取的海域使用的部分收益。海域使用管理通过征收海域使用金这种经济手段，调整国家和海域使用者之间的关系，保证了国家的海域使用权在经济利益上得到实现，将资源无偿使用变为有偿使用，避免国家资源性资产流失或浪费。

（2）奖励。《中华人民共和国海域使用管理法》第九条规定："在保护和合理利用海域以及进行有关的科学研究等方面成绩显著的单位和个人，由人民政府给予奖励。"通过法律规定了对于有利于海域开发管理的行为予以奖励，将使得海域开发和利用活动更加有序化和可持续化。

（3）罚款。国家施行奖励措施鼓励海域开发使用的正确行为的同时，也对违反《海域使用管理法》及其相关法律、法规的海域开发利用活动进行经济处罚，限制海域使用者的不法行为，以达到保护海域资源和海域环境的目的。

4. 技术手段

技术手段是在海域使用管理工作中，提供具有可操作性的技术标准，通过一系列的技术措施以及信息系统的运用，促进海域使用管理工作的专业化和科学化。主要的技术手段有：

（1）海域功能区划技术。海域功能区划是指海域使用管理部门根据海域区位、自然资源、环境条件和开发利用的要求，按照海洋功能标准，将海

域划分为不同类型的功能区。① 目的是为海域使用管理和海洋环境保护工作
提供科学依据，为国民经济和社会发展提供用海保障。国家对海域功能区划
历来就非常重视，多次出台法律法规和颁发文件要求做好海域功能规划工
作。作为我国海域使用管理的基础法律，《海域使用管理法》第一、二、
三、四、七共五个章节十一条内容对海洋功能规划作了规定。海域功能区划
的主要内容是客观分析海域及依托陆域的资源状况、开发利用和保护现状及
存在问题之后，按港口航行区、渔业资源利用与养护区、旅游区、海水资源
利用区等10种主要海洋功能类型分区，确定各重点海区的主要功能，提出
每种海洋功能区的开发保护重点和管理要求。

（2）海域使用论证技术。海域使用论证是指通过科学的调查、计算、
分析、预测对拟开发海域进行用海可行性分析，并给出相应的书面材料证明
已达到科学用海、规范管理和可持续用海的目的。② 科学合理的海域使用论
证，对于确保国家对海域使用的宏观控制是十分必要的，也是保证用海项目
顺利实施的先决条件。海域使用论证不仅要评价与预测环境影响，而且对于
项目选址的依据、与其他用海项目的相互影响、产业结构和布局、对毗邻海
域资源环境的损益分析等进行深度分析。海域使用论证是海域使用审批的主
要依据，是国家科学、规范用海的集中体现。其工作程序主要有论证准备阶
段、调查阶段和报告编制阶段三个步骤。

（3）海域使用管理信息系统。《海域使用管理法》第五条规定："国家
建立海域使用管理信息系统，对海域使用状况实施监视、监测。"国家海洋
局本着统一标准、统一规划、统一设计、统一推广的原则，组织国家海洋信
息中心、国家海洋环境监测中心等单位的专家设计开发了海域管理信息系
统。该系统采用版本升级方式，逐步扩展和完善，以满足海域使用管理发展
需要。系统的主要功能包括地图操作、数据库操作以及系统管理、网络管
理、文档管理等。海域使用管理信息系统是服务于国家、地方各级海洋管理
部门海域管理工作的综合性信息系统，主要应用于海域使用申请审批、海域
使用确权登记、海域使用权证书发放和海洋功能企划等海域管理工作，该系

---

① 苗丰民：《海域使用管理技术概论》，海洋出版社2004年版，第6页。
② 苗丰民：《海域使用管理技术概论》，第70页。

统的推广与应用加速了海域管理和决策的法制化、科学化、规范化，提高了各级海洋管理部门管理能力和办公自动化水平。[①]

除以上的技术手段之外，海域使用分类定级与基准价评估技术、海域勘界技术、海域使用动态监测与测量、海域使用统计等技术也在海域使用管理具体工作中投入使用。

第二节　海域使用管理制度

为了加强海域使用管理，维护国家海域所有权和海域使用权人的合法权益，促进海域的合理开发和可持续利用，我国于2002年1月1日起颁布并施行《中华人民共和国海域使用管理法》（以下简称《海域法》），该法的颁布与施行，正式奠定了我国海域使用管理中的三个核心制度，即权属制度、区划制度以及有偿使用制度。

一、海域使用权属制度

海域使用权属管理制度是国家或者代表国家行使管理权的国家海洋行政机关对海域权属进行管理的制度。海域使用权属管理制度承载着确认、保护海域物权与保障海洋行政部门依法行政的双重功能。建构海域权属制度，对于完善海域市场准入、流转等市场规则、协调部门管理冲突，拓展海域权属管理的适用范围，强化用海人权益等等都有极其重要的意义。

（一）海域使用权属制度的建立

人类对海洋资源的需求极大地增加，海洋利用技术进步，海洋开发能力增强，使海洋（尤其是近岸海域）成为国家之间、用海主体之间争夺的对象。如果海域的权属关系不明确，势必引发因争占海域而发生的纠纷。我国《海域法》颁行之前，因法律上缺乏海域使用权取得条件的明确规定，导致海域开发秩序十分混乱，养殖与港口航道、滨海旅游、油气开采等用海的矛盾，以及擅自开发海域影响国防安全的问题都很突出。构建海域产权制度，必须首先明确海域的所有权归属。海域的所有权关系明晰，是海域得以利用

---

① 苗丰民：《海域使用管理技术概论》，第188页。

和增值的前提。

　　正如经济学家所注意到的，特定物的稀缺性是在该物上设定所有权的客观基础。"若是一种东西预期会非常富裕，人人可以取得，不必请求任何人或者政府同意，它就不会成为任何人的财产。若是供给有限，它就会成为私有的或公有的财产。"① 在古代社会之所以没有产生海域所有权，也没有出现今天所讨论的海域国家所有权，不是因为海域没有使用价值，也不是因为人们没有学会利用海洋，当然更不是因为那时海洋里可利用的资源比今天少，而是因为在人类低下的生产力水平条件下，在人类还无力给海洋以较明显的开发性影响的情况下，海洋对于人类仍然是一个可以供人们尽情享用而绝不会枯竭，不会发生短缺的对象。近代工业文明不仅带来了陆地上的经济繁荣，同时也引发了人类开发利用海洋的高潮。海洋对资源的保有或赋存，海洋对航运的承载能力，海洋的某些特殊区位作为港口码头的特殊用途，海洋的其他空间价值等等，都吸引人们投身开发利用之中。随着陆地开发强度的增大而引起的资源不足、现代的海洋农牧化等等，更把人们寻找商机、开发资源的注意力吸引到海洋、主要是近岸海域上来。这一切，彻底改变了海洋原有的"取之不尽，用之不竭"的地位。海域逐渐成了人们争夺的对象，成了多种利用形式之间，多个利用主体之间矛盾的焦点。海域所有权，同时也就是海域国家所有权就是在这个时候产生的，是为解决海域利用中的矛盾而由国家创设的。

　　从国外的立法实践上看，1857 年的《智利民法典》明确规定了国家对领海及水体的所有权，该法典第 589 条规定，国有财产是指所有权属于整个国家的财产。其中，近海及其海滩的使用属于全体国民，为公用国有财产或公共财产。该法还在第 593 条、594 条对近海、海滩作出界定。② 在英国，国家管辖海域作为一类特殊的国家"地产"，1949 年经议会授权，全部由皇室地产委员会统一管理。③ 1961 年英国公布的《皇家地产法》规定潮间带和

---

　　① ［美］康芒斯：《制度经济学》（上册），于树生译，商务印书馆 1962 年版，第 298 页。
　　② 周珂、吴国刚：《海域物权立法的若干理论与实践问题》，载尹田主编《中国海域物权的理论与实践》，中国法制出版社 2004 年版，第 62 页。
　　③ 国家海洋局、财政部赴英考察组：《考察英国海域使用制度报告》，载尹田主编《中国海域物权的理论与实践》，中国法制出版社 2004 年版，第 336—338 页。

12 海里宽的海域（领海）为王室地产，由王室地产委员会进行管理。这一规定中的皇室看起来似乎是私人主体，但"实际上也是按照海域国家所有的原则来立法的"①。在美国，1894 年的舍费利诉鲍尔比案中，美国最高法院阐述了公共信托原则的基本原理：水下土地不能用高潮线以上土地的开发方式进行开发。这些土地对公众从事贸易、航行和捕捞具有很高的价值。在被批准的前提下由个人进行的开发是零星的并且应当服从公众的使用和权利的需要，因此这些土地的所有权和控制应当赋予代表全体人民的君主。②1953 年，美国公布了《水下土地法》和《外大陆架土地法》，明确了沿海各州拥有领海水下土地及资源的所有权，联邦政府对领海以外的大陆架土地和资源拥有所有权。这里的所有权不管是归联邦还是归各州，其性质都是国家所有权。韩国《公有水面管理法》规定，海域、河流、湖泊、沼泽、滩涂等是公有的，由海洋水产部和地方政府行使所有权。③ 1963 年法国发布的《关于海洋国有地产的法律》（第 63 — 1178 号）规定，领海的海床及其底土、未来的冲击地、淤积地以及在海浪冲击作用下人为地减少的土地，都属于海洋国有地产（公产）。④ 所有权的代表人主要是中央政府、省政府、自治港当局和自治团体。

我国颁布实施的《海域法》同样以法律的形式宣示国家对海域的所有权。⑤

（二）海域使用权属制度的主要内容

1. 海域所有权

海域产权制度安排的目标是保障海域可持续地满足一国经济和社会的可持续发展，在产权制度的安排中，所有权制度的安排是基础。

首先，我国是政府配置自然资源的国家，从国家主权支配与自然资源归全体人民所有的政治观念出发，我国现行宪法规定重要的自然资源属于国家

---

① 刘保玉等：《海域使用权研究》，载尹田主编《中国海域物权的理论与实践》，中国法制出版社 2004 年版，第 129 页。

② 黄南燕：《天津市海岸线确定研究》，中国海洋大学出版社 2006 年版，第 5 页。

③ 国家海洋局海域管理司：《国外海洋管理法规选编》，海洋出版社 2001 年版，第 1 页。

④ 王名扬：《法国行政法》，中国政法大学出版社 1988 年版，第 309—310 页。

⑤ 《中华人民共和国海域使用管理法》第三条第 1 款规定："海域属于国家所有，国务院代表国家行使海域所有权。任何单位或者个人不得侵占、买卖或者以其他形式非法转让海域。"

所有。在私法尚未对具有财产性的自然资源（如土地、水资源、海域等）的所有权作出明确规定之前，《土地管理法》、《水法》、《海域法》等自然资源行政管理法在规范自然资源行政管理活动的同时，确定或者创设了土地物权、水权、海域物权等自然资源权属制度。海域与土地的所有制不同，土地分为国家所有和集体所有，而海域则全部属于国家所有，海域所有权只能由国家统一行使，具有唯一性和统一性，国家以外的任何社会团体和个人都不得作为海域的所有权人。所有权的权能包括占有、使用、处分和收益等支配权能，对于我国海域，国务院代表国家行使海域所有权。为了及时澄清社会公众在海域所有权问题上模糊不清的认识，纠正沿海居民误认为海域属于本县、本乡或本村的错误观念，《海域法》宣示国家享有海域的单一所有权，并以海域所有权为基础权利，通过海域使用过程中的权利分配实现相关主体的利益平衡。

其次，海域的社会属性要求海域所有权必须为一个强大的、同时又能为社会全体服务的主体所享有。国家既是海域主权的享有者、海域开发利用的管理者，又是国有财产的所有者，有强大的宏观调控能力和社会控制力；国家的各种行政机关的设立和权力的行使也在组织上保证了海域所有权的实现，因此，国家是海域所有权的当然主体。

国家是主权所及海域及其资源资产产权或物权的唯一主体。立法上对海域国家所有权制度作出规定，不仅能正本清源，澄清过去在海域权属上"谁占领，谁所有"的错误观念，而且有助于从根本上理顺国家、用海主体之间海域所有权与使用权的权属关系，从而维护国家的所有权权益。明确国家对海域的所有权，将侵占、买卖海域或者以其他方式转让海域的行为明确列为违法行为加以禁止，有助于树立海域国家所有的意识和有偿使用海域的观念，使国家的所有权权益在经济上得到实现。

2. 海域使用权

海域使用权是由海域所有权派生的一项权利，就是对特定海域的使用价值进行开发、利用，并依法取得收益的权利。海域使用权的确立明晰了海域所有人和海域使用人之间以及海域使用人之间的权利义务关系，可以有效地保护海域使用人的合法权益。以海域使用权流转为中心的海域使用权制度，不仅是海域产权制度的核心，也是海域有偿使用制度得以建立的支柱性制度。海域所有权和其他的所有权一样，是一个权利集合，内容包括对海域的占有、使用、收益和处分四项权能。其中，海域所有权的使用权和收益权具有相对独立性，可以由所有权人之外的其他主体行使，而不会影响国家对海域所有权的控制。

海域使用权的主体是海域所有权人（国家）之外的单位或个人；海域使用权的客体是国家所有的特定海域；海域使用权的取得须经过法定的申请、审批和登记程序；海域使用权是在一定期限内对特定海域的排他使用权；海域使用权是对特定海域使用、收益的物权性权利。

海域使用权的主体是自然人、法人、合伙人和其他非法人团体，其中农村集体经济组织或者村民委员会一定条件下可以成为海域使用权人。我国《海域使用管理法》第十六条第 1 款和第二十二条规定：单位和个人可以向县级以上人民政府海洋行政主管部门申请使用海域。海域使用管理法施行前，已经由农村集体经济组织或者村民委员会经营、管理的养殖用海，符合海洋功能区划的，经当地县级人民政府核准，可以将海域使用权确定给该农村集体经济组织或者村民委员会，由本集体经济组织的成员承包，用于养殖生产。海域使用权的客体是国家所有的特定海域。

海域使用权的内容表现为民事主体所享有的权利和承担的义务。根据我国《海域使用管理法》的规定和海域使用权的"用益物权"①的性质，海域使用权人的权利主要包括：（1）占有权，即对国家所有的海域直接控制并支配的权利。（2）使用权，即对国家所有的海域按照其属性、约定用途等进行目的性使用的权利。（3）收益权，即获取海域上所产生的利益的权利。（4）转让权，即通过买卖等方式将海域使用权转让给他人的权利。（5）抵押权，即在其拥有的海域使用权之上设定抵押权的权利。（6）取回权和补偿权，即海域使用权人有权取回其所有的海域附着物。

海域使用权人的义务主要包括：（1）支付海域使用金等费用的义务。（2）按照海域功能区划和约定使用海域的义务。（3）容忍义务，即海域使用权人对不妨碍其依法使用海域的非排他性用海活动，不得阻挠。（4）及

---

①　用益物权，是物权的一种，是指非所有人对他人之物所享有的占有、使用、收益的排他性的权利。比如土地承包经营权、建设用地使用权、宅基地使用权、地役权、自然资源使用权（海域使用权、探矿权、采矿权、取水权和使用水域、滩涂从事养殖、捕捞的权利）。

时通知义务，即海域使用权人发现所使用的海域的自然条件发生重大变化，应当及时报告海洋行政主管部门。（5）其他义务。如海域使用权人未经批准不得从事海洋基础测绘；海域使用权终止后，应拆除可能造成海洋环境污染或影响其他用海项目的设施和构筑物。①

二、海洋功能区划制度

海洋功能区是海洋功能区划制度中的重要概念。从海洋管理工作的角度上，将海洋功能区定义为"根据海洋不同区域的自然资源条件、环境状况和地理区位，并考虑海洋开发利用现状和社会经济发展需求等所划定的具有特定主导功能，有利于资源合理开发利用，能够发挥海洋最佳综合效益的区域"②。从这个定义上看，至少包含四层含义：（1）海洋特定区域的自然属性条件是划定海洋功能区的基础；（2）海洋特定区域的社会属性条件是划定海洋功能区的不可缺少的条件；（3）工作中确定的是海洋特定区域的主导功能，而不是其所有的功能，也不是一般的功能；（4）划定海洋功能区的目的是为了保证实现海洋资源的合理开发利用，实现海洋综合效益的最佳水平。

2012 年 3 月 3 日，国家海洋局发布《全国海洋功能区划》，以下简称《区划》。《区划》依据《海域使用管理法》、《海洋环境保护法》等法律法规和国家有关海洋开发保护的方针、政策，对我国管辖海域未来 10 年的开发利用和环境保护作出了全面部署和具体安排。《区划》期限为 2011 年至2020 年。

（一）基本情况

到 2010 年年底，国务院和沿海县级以上地方各级人民政府依据海洋功能区划确权海域使用面积 194 万公顷，基本解决了海域使用中长期存在的"无序、无度、无偿"等问题。依法审批建设用海 24.2 万公顷，切实保障了能源、交通等国家重大基础设施和防灾减灾等民生工程用海需求，成为沿海地区拓展发展空间、推动经济社会发展的重要途径；依法确权海水增养殖

---

①《解读物权法的海域使用权制度》。http：//www. clb. org. cn/e/DoPrint/？classid = 10&id = 12658，2008-5-2。

② 徐祥民、梅宏等：《中国海域有偿使用制度研究》，中国环境科学出版社 2009 年版。

及渔港、人工鱼礁等渔业用海 160 多万公顷，为沿海渔业发展、渔民增收提供了用海保障。

沿海地区采取有效措施加大陆源入海污染物控制力度，减少海上污染排放。海洋污染防治和生态建设工作不断加强，国家与地方相结合的立体海洋环境监测与评价体系基本形成。海洋保护区数量和面积稳步增长，已建各级各类海洋保护区 221 处，其中海洋自然保护区 157 处，海洋特别保护区 64 处，总面积 330 多万公顷（含部分陆域）。已建立海洋国家级水产种质资源保护区 35 个，覆盖海域面积达 505.5 万公顷。通过红树林人工种植等生态修复工程，恢复了部分区域的海洋生态功能。通过采取海洋伏季休渔、增殖放流、水产健康养殖，水产种质资源保护区、人工鱼礁和海洋牧场建设等措施，减缓了海洋渔业资源衰退趋势。目前，我国管辖海域海洋环境质量状况总体较好，基本满足海洋功能区管理要求。

（二）级别划分

按照《海域使用管理法》的规定，海洋功能区划分为国家、省、市、县四级。其中，全国海洋功能区划的主要任务是：科学划定主要的海洋功能区及开发保护重点和管理要求，合理确定重点海域的主要功能，制定实施《区划》的主要措施。沿海省、自治区、直辖市海洋功能区划是将国家划定的功能区落实到具体海域，并根据各地实际情况，划定一批整治利用区（如景观保护区、防灾区、污染防治区、海沙禁采区、禁渔区等）。市（地）和县（市、区）海洋功能区划应当划分详细的海洋功能区，并根据省级海洋功能区划确定的目标及地方国民经济和社会发展需求，制订海域使用计划。

功能区划实行分级审批制度。全国海洋功能区划，报国务院审批。沿海省、自治区、直辖市经省、自治区、直辖市人民政府审核同意后，报国务院审批。沿海市县海洋功能区划，经市县人民政府审核同意后，报所在的省、自治区、直辖市人民政府批准，报国务院海洋行政主管部门备案。[①]

（三）全国海洋功能分区

1. 主要海洋功能区

2012 年 3 月，国务院批准了《全国海洋功能区划（2011—2020 年）》，

---

① 参见《中华人民共和国海域使用管理法》第二章第十条、第十二条内容。

区划把管辖海域划定了 8 个主要的海洋功能区。

（1）港口航运区是指适于开发利用港口航运资源，可供港口、航道和锚地建设的海域，包括港口区、航道区和锚地区。港口的划定要坚持深水深用、浅水浅用、远近结合、各得其所和充分发挥港口设施作用的原则，合理使用有限的海域。其中，重点安排了全国沿海主要港口的用海。

（2）工业与城镇用海区是指适于发展临海工业与滨海城镇的海域，包括工业用海区和城镇用海区。工业与城镇用海区主要分布在沿海大、中城市和重要港口毗邻海域。

（3）农渔业区是指适于拓展农业发展空间和开发海洋生物资源，可供农业围垦，渔港和育苗场等渔业基础设施建设，海水增养殖和捕捞生产，以及重要渔业品种养护的海域，包括农业围垦区、渔业基础设施区、养殖区、增殖区、捕捞区和水产种质资源保护区。区划要求农业围垦要控制规模和用途，严格按照围填海计划和自然淤涨情况科学安排用海。渔港及远洋基地建设应合理布局，节约集约利用岸线和海域空间。确保传统养殖用海稳定，支持集约化海水养殖和现代化海洋牧场发展。加强海洋水产种质资源保护，严格控制重要水产种质资源产卵场、索饵场、越冬场及洄游通道内各类用海活动，禁止建闸、筑坝以及妨碍鱼类洄游的其他活动。

（4）矿产与能源区是指适于开发利用矿产资源与海上能源，可供油气和固体矿产等勘探、开采作业，以及盐田和可再生能源等开发利用的海域，包括油气区、固体矿产区、盐田区和可再生能源区。

（5）旅游休闲娱乐区是指适于开发利用滨海和海上旅游资源，可供旅游景区开发和海上文体娱乐活动场所建设的海域，包括风景旅游区和文体休闲娱乐区。旅游休闲娱乐区主要为沿海国家级风景名胜区、国家级旅游度假区、国家 5A 级旅游景区、国家级地质公园、国家级森林公园等的毗邻海域及其他旅游资源丰富的海域。

（6）海洋保护区是指专供海洋资源、环境和生态保护的海域，包括海洋自然保护区、海洋特别保护区。区划要求限制保护区内影响干扰保护对象的用海活动，维持、恢复、改善海洋生态环境和生物多样性，保护自然景观。加强海洋特别保护区管理。在海洋生物濒危、海洋生态系统典型、海洋地理条件特殊、海洋资源丰富的近海、远海和群岛海域，新建一批海洋自然保护区和海洋特别保护区，进一步增加海洋保护区面积。

（7）特殊利用区是指供其他特殊用途排他使用的海域。包括用于海底管线铺设、路桥建设、污水达标排放、倾倒等的特殊利用区。如在海底管线、跨海路桥和隧道用海范围内严禁建设其他永久性建筑物，从事各类海上活动必须保护好海底管线、道路桥梁和海底隧道。合理选划一批海洋倾倒区，重点保证国家大中型港口、河口航道建设和维护的疏浚物倾倒需要。

（8）保留区是指为保留海域后备空间资源，专门划定的在区划期限内限制开发的海域。保留区主要包括由于经济社会因素暂时尚未开发利用或不宜明确基本功能的海域，限于科技手段等因素目前难以利用或不能利用的海域，以及从长远发展角度应当予以保留的海域。①

2. 重点海域

《区划》将我国管辖海域划分为渤海、黄海、东海、南海和台湾以东海域共 5 大海区，29 个重点海域。以下为几个典型海域。

（1）辽东半岛西部海域

包括大连老铁山角至营口大清河口毗邻海域，主要功能为渔业、港口航运、工业与城镇用海和旅游休闲娱乐。旅顺西部至金州湾沿岸重点发展滨海旅游，适度发展城镇建设，加强海岸景观保护与建设，维护海岸生态和城镇宜居环境；普兰店湾重点发展滨海城镇建设，开展海湾综合整治，维护海湾生态环境；长兴岛重点发展港口航运和装备制造，集约利用海域和岸线资源；瓦房店北部至营口南部海域发展滨海旅游、渔业等产业，开展营口白沙湾沙滩等海域综合整治工程；仙人岛至大清河口海域保障港口航运用海，推动现代海洋产业升级。区域近海和岛屿周边海域加强斑海豹自然保护区等海洋保护区的建设与管理。

（2）辽河三角洲海域

包括营口大清河口至锦州小凌河口毗邻海域，主要功能为海洋保护、矿产与能源开发、渔业。双台子河、大凌河河口区域重点加强海洋保护区建设与管理，维护滩涂湿地自然生态系统，改善近岸海域水质、底质和生物环境

① 国家海洋局：《全国海洋功能区划》，2012 年 3 月 29 日。

质量，养护修复翅碱蓬湿地生态系统；辽东湾顶部按照生态环境优先原则，稳步推进油气资源勘探开发和配套海工装备制造，并协调好与保护区、渔业用海的关系；大辽河河口附近及其以东海域适度发展城镇和工业建设，完善海洋服务功能；凌海盘山浅海区域加强渔业资源养护与利用。区域实施污染物排海总量控制制度，改善海洋环境质量。

（3）渤海湾海域

包括唐山滦河口至冀鲁海域分界毗邻海域，主要功能为港口航运、工业与城镇用海、矿产与能源开发。天津港、唐山港、黄骅港及周边海域重点发展港口航运。唐山曹妃甸新区、天津滨海新区、沧州渤海新区等区域集约发展临海工业与生态城镇。区域积极发展滩海油气资源勘探开发。加强临海工业与港口区海洋环境治理，维护天津古海岸湿地、大港滨海湿地、汉沽滨海湿地及浅海生态系统、黄骅古贝壳堤、唐山乐亭石臼坨诸岛等海洋保护区生态环境，积极推进各类海洋保护区规划与建设。稳定提高盐业、渔业等传统海洋资源利用效率。开展滩涂湿地生态系统整治修复，提高海岸景观质量和滨海城镇区生态宜居水平。区域实施污染物排海总量控制制度，改善海洋环境质量。

（4）山东半岛南部海域包括威海成山头至苏鲁海域分界毗邻海域，主要功能为海洋保护、旅游休闲娱乐、港口航运和工业与城镇用海。成山头至五垒岛湾海域主要发展海洋渔业，荣成近岸海域兼顾区域性港口建设和滨海旅游开发，适度发展临海工业；五垒岛湾至日照海域主要发展滨海旅游业，建设生态宜居型滨海城镇，禁止破坏旅游区内自然岩礁岸线、沙滩等海岸自然景观，加强潟湖、海湾等生态系统保护，加强胶州湾、千里岩岛等海洋生物自然保护区建设；青岛西南部、日照南部合理发展港口航运和临港工业。开展石岛湾、丁字湾、胶州湾等海湾综合整治。

三、海域有偿使用制度

实行海域有偿使用制度，不仅有助于国家海域所有权在经济上的实现，而且有利于杜绝海域使用中的资源浪费和国有资产流失。

（一）海域有偿制度的建立

我国沿海区域及其资源自古以来被认为属于国家，但是属于国家仅仅是从领土和主权来说的，而海域在经济学意义上的所有权一直以来并不明确，人们在实际中的习惯是谁先占有谁拥有或者认为是公共的自然资源，谁都有权利使用。

改革开放之后，一些地方充分利用浅海滩涂、因地制宜地开展了鱼虾贝等产品的养殖活动，并赋予了海水养殖责任人一些权利与义务。这一权利的认可调动了人们利用海水与滩涂的积极性。进入20世纪80年代，海域开发快速扩张，海洋资源的竞争性越来越强，但是资源无偿使用的结果是：短期行为严重，近海岸资源短缺，生态环境恶化，海域使用中的矛盾增加。在其他的自然资源利用的地方，如煤炭、石油等领域相继安排了法律认可的自然资源有偿使用制度。1993年，我国财政部与海洋局颁布实施了《国家海域使用管理暂行规定》，鼓励海域的合理使用与开发，开始了对海域有偿使用的探索。

该规定中，明确了海域国家所有和有偿使用的原则，对海域有偿使用作出了详细的规定，确定了海域使用金包含海域使用出让金、海域转让金和海域租金三种类型。该规定的出台，保障了海域开发秩序，理顺了国家、集体、个人权属关系，在当时具有重要的现实意义。但由于规定的法律层次较低，仅是部门规章，难以产生足够的权威性。2001年10月颁布实施了《海域使用管理法》，并围绕该法制定了一系列的管理制度，改变了原来的规定位阶比较低、规定相对简单的现状。《海域使用管理法》明确了海域的国家所有权和海域使用权，确认了海域的财产性法律地位，为规范海域的开发与利用奠定了法理基础。该法专门设置了"海域使用金"一章，明确要求"一切的单位和个人使用海域，必须缴纳海域使用金，海域使用金应当按照国务院的规定上缴财政"。同时，根据海域使用多种不同的情况，对公益用海、行政用海和军事用海等作出免收使用金的规定。还考虑了经营性用海的风险性，对不同的项目作出了减免与免收的规定，减轻了近海渔民的负担。至此，我国海域有偿使用工作进入了有法可依的新阶段。

（二）海域有偿使用管理的主要内容

《海域使用管理法》第一次明确规定了海域属于国家所有的根本性质，确立了国家对海域权属（所有权和使用权）实行统一的管理与中央授权地方分级管理相结合的基本体制。海域使用的统一管理是指海域的权属管理和海域使用中各类级别关系的调整以及使用中的政策、区划、论证、审批、登记和法规性、技术性的配套文件的制定和实施，由国家的行政主管部门集中统一管理。海域使用的统一管理有其必要性：海域属于国家所有的性质、海域地处国防前线、领海海域事务事关国家权益等方面的因素，决定了对海域使用原则上应当实行中央统一监督管理的体制。

关于中央与地方管理权限的划分问题，鉴于国际从未在海上划定行政区域，国际对海域使用原则上，实行中央统一管理。但是，考虑到我国内海、领海海域面积辽阔，海洋开发活动的数量大、类型复杂、规模不一，如果一律由中央政府直接管理，在实际管理中，难免顾此失彼。因此条文规定了中央统一管理与中央授权地方分级管理相结合的海域使用管理模式。即：在中央统一管理前提下，国务院可以授权省、自治区、直辖市人民政府行使部分海域使用管理权，在具体管理中，采取项目分类管理与使用海域面积管理相结合的方式，将审批权主要留在国务院，确保国务院对海域使用管理的控制，同时，规定国务院将部分审批权及海域使用监督管理权授予地方人民政府行使。关于有关部门之间的管理权限划分问题，主要涉及海洋、渔业、海事等部门。

分级管理首先体现在管理权限的合理分配。《海域法》确立了国家统一管理和地方根据授权分级管理的模式，这一模式在确保国家整体利益得到实现的同时，给予地方海域管理以极大自主性。在划分国务院和省级以下人民政府的权限范围上，该法第十八条规定"下列项目用海应当报国务院审批：（1）填海 50 公顷以上的项目用海；（2）围海 100 公顷以上的项目用海；（3）不改变海域自然属性的用海 700 公顷以上的项目用海；（4）国家重大建设项目用海；（5）国务院规定的其他项目用海"。为了进一步明确项目用海的审批权限，国务院办公厅下发了《关于沿海省、自治区、直辖市审批项目用海有关问题的通知》，规定"国务院审批以外的项目用海的审批权限，按照以下原则规定授权地方人民政府：（1）填海（围海造地）50 公顷以下（不含本数）的项目用海，由省、自治区、直辖市人民政府审批，其审批权不得下放。（2）围海 100 公顷以下（不含本数）的项目用海，由省、自治区、直辖市、设区的市、县（市）人民政府审批，分级审批权限由省、自治区、直辖市、人民政府按照项目种类、用海面积规定。（3）700 公顷以下（不含本数）不改变海域自然属性的项目用海，主要由设区的市、县（市）人民政府审批"。这种按照项目内容分级管理的模式，有利于调动地方管海、用海的积极性，增强海域管理者的责任感。

分级管理也同样体现在海域有偿使用的管理方法、征收标准的区别上。我国是一个海洋大国，海岸线漫长。由于海域位置、自然条件、毗邻地区经济社会发展水平不同，从南到北形成各具特色的海域环境，海域的资源价值也有差异。这就要求在海域有偿使用中应具体问题具体分析，针对不同区域海域的特点设计出不同的海域有偿使用的管理方法，应当针对不同的用海类型，按照区位、自然、社会、经济等条件，将海域分类定级，制定不同的海域使用金征收标准。如果不顾各地海域自然、经济等条件的差异，在海域管理办法上或使用金征收标准上搞"一刀切"，如经济发达、资源丰富的海域与经济欠发达、资源匮乏的海域收取同样的海域使用金，那就有可能造成实际上的不公正。因此，"分"是由我国海域的不同区域特征所致。

第三节　我国海域使用管理问题及改革

《海域法》的颁布实施对于依法加强我国海域使用管理工作，维护国家海域所有权和海域使用权人的合法权益，促进我国海域的合理开发和可持续利用具有十分重大而深远的意义。实施十年来，国内外的学者们对海域使用管理进行了大量的研究。研究的现状表明，无法是从制度上还是制度的执行上还存在着若干的问题。有效地解决这些问题，才能使我国的海域使用管理上一个台阶。

一、我国海域使用管理存在的问题

《海域法》明晰了我国的海域资源产权，推动我国的海域使用由"无序、无度、无偿"状态向"有序、有度、有偿"状态过渡，这无疑是我国海域使用管理方面的一个重大进步。但是，由于在实践中很难真正实现权利分配的公平公正和有效避免行政垄断现象，从而有可能会引发新的更深层次的海域使用管理问题。

(一) 制度本身问题

1. 海域使用人的申请资格认定问题

《海域法》第三条和第十六条规定:"单位和个人使用海域,必须依法取得海域使用权。""单位和个人可以向县级以上人民政府海洋行政主管部门申请海域使用权。"但是,没有对海域使用权的申请资格作出规定,这样就给海域使用权的初始配置带来了很多问题。按照经济学家科斯的观点,无论资源产权的初始配置如何,只要允许他们自由地交易,并且交易的成本为零,那么就可以实现资源有效的配置。从经济学的理论上讲,海域无论由谁使用,只要允许他们自由交易,就可以使得海域的利用达到高效化。但仅从效率的考虑显然有违于公共管理的精神。就海域使用而言,如果没有限定海域使用权的申请资格,就很难实现权利分配的正义与公平。海域使用权的初始配置是国家(海域所有者)作为出让方,直接向作为用海申请者的受让方,第一次转让海域资源使用权的权利分配行为。用海申请者一旦获得海域使用权,将获得未来一段时间内对海域资源的收益权利,因此海域使用权的初始配置要出现相对公平的结果即社会公平性配置必须通过起点平等和规则公正来实现,而没有规定海域使用权的申请资格就很难做到起点平等。由于《海域法》没有对单位和个人申请海域使用权的资格作出具体的规定,实践中往往使得海域使用权不一定能配置给最有效率的海域开发利用主体,自愿交易又无法达成,在这样的情况下,海域的使用既没有效率也无法保证公平。如一些地方政府在海域确权过程中以缴纳海域使用金的多少为主要标准,"海域使用金谁给得多,谁就获得海域使用权",未体现渔民优先和社会公平的原则,一些有实力的企业和个人在缴纳了海域使用金后大面积圈占海域,有的并不从事养殖,而只是利用其中的天然资源,甚至靠收取租金,出卖资源牟取暴利,渔民称其为"海主"。

2. 各种海域获批方式的适用条件问题

《海域法》虽然规定"海域使用权除依照第十九条规定的申请、审批方式取得外,也可以通过招标或者拍卖的方式取得。招标或拍卖方案由海洋行政主管部门制定,报有审批权的人民政府批准后组织实施。海洋行政主管部门制定招标或者拍卖方案,应当征求同级有关部门的意见。拍卖和招标工作完成后,依法向中标人或者买受人颁发海域使用权证书。中标人或者买受人自领取海域使用权证书起，取得海域使用权"。但是，《海域法》没有确定比如行政审批、招标、拍卖的适用条件；各种分配模式下海域使用权授予的具体标准（优先顺序）等。此外，有关招标或者拍卖的具体程序、监督与管理等也没有作出专门规定，这样在实际运用招标与拍卖方式配置海域使用权时，就出现了若干问题。近年来，一些地方政府将渔民传统作业场所进行招标拍卖，使一些重要的渔业水域被企业和个人长时间、大面积占有，渔民失去赖以为生的水域。

3. 海域使用权的可转让性问题

海域使用权从性质上分析，属于产权"权力束"所包含的一种权利，因此具有产权的基本属性，即安全性、持久性、排他性和可转让性。海域使用权的可转让性使得海域使用权可以在不同的主体之间进行流转，海域资源能够通过市场交易流向最有效率利用该资源的主体手中，从而实现资源的优化配置，提高资源的利用效率。《海域法》虽然规定了"海域使用权可以依法转让"，但是没有对参与海域使用权流转市场的主体、海域使用权的转让条件、转让程序、转让价格、违约责任、利益调节等问题进行规范。这样在实践中往往会出现一些钻市场空子的投机行为，造成海域使用权的垄断现象。一些经济实力强大的使用者可能凭借价格优势垄断大量海域使用权，再将这些海域使用权高价转让、租赁给其他使用者以获得超额利润。这是一种明显的社会不公平配置，造成了社会成员身份的实质不平等，如果不及时加以制止的话，会诱发深刻的社会矛盾。

4. 法律之间的冲突依然存在

海域使用管理制度涉及《土地管理法》、《渔业法》、《矿产资源法》、《海洋环境保护法》、《海上交通安全法》等多个法律领域。在《海域法》立法过程中，立法部门曾对海域使用法律制度与相关法律的协调问题进行过系统研究，并提出了一些解决方案，《海域法》也据此设专门条文对相关问题作出了规定。但这些规定并不完善，实施效果也不十分理想，相关法律之间的冲突现象仍然比较严重。如在《海域使用管理法》与《土地管理法》两法中，均未将滩涂区分为潮上带滩涂、潮间带滩涂和潮下带滩涂，但却都将三者纳入其调整范围，应归土地行政管理部门管理的滩涂和应归海洋行政管理部门管理的滩涂的区分没有明确界限，争权现象经常发生；《海域法》

与《渔业法》的冲突，则突出表现在养殖证与海域使用权证的重叠发放上，这使得有些地方的渔业部门和从事海水养殖活动的单位和个人，以海域使用权证和养殖证重复为由，抵制海洋行政主管部门海域使用权证的发放。

（二）制度执行问题

1. 海域使用效率不高

从目前沿海各地的海域使用情况来看，虽然用海种类较之从前已有较大的增加，但多数仍然停留在粗放型经营水平上，海洋产业的布局也不尽合理，由此一方面造成了对海域资源环境的破坏，另一方面也致使海域综合利用效益不高。至于海域的区分利用，虽从理论上讲是完全可能的，但在实践中难以实施。海域的区分使用会导致不同海域使用权人之间因区分界限难以划清而引发纠纷，出于这种考虑，其一般不许可设置海域区分使用权。这种考虑虽有一定道理，但应允许部分发达地区就海域的区分使用进行尝试和探索，如果能够解决技术和管理上的困难，则应采用现代产权理论建立起海域区分使用权制度。

2. 海域使用金各级财政的分成比例问题

《海域法》未对海域使用金各级财政分成作具体规定，实践运行时地方所占比例往往不大。如以山东省为例，依目前实行的《山东省海域使用金征收管理暂行办法》以及沿海各市的配套制度，海域使用金中央、省、市、县的财政分成比例大约是 3：1：2：4。实际承担并履行海域使用管理职能的县级海洋行政主管部门的分成比例为四成，数字比例虽不算低，但与其所承担的工作量和所需支出相比较仍显得偏低，加之海域使用金整体征收标准较低，以至于很难支付海域使用管理过程中主要由基层海洋行政管理部门承担的协调论证、核测定位、立标绘图、巡航监察、调查取证等工作所必需的费用。

3. 出租、发包海域使用权牟取暴利的现象普遍存在

在目前海域使用金征收标准偏低的情况下，普遍存在某些组织或个人在以低廉的费用取得海域使用权之后，再以较高价格出租、发包给他人使用，从而获取高额差价的情况。据调查，在某些地区这种差价甚至高达几百倍。海域使用权人合法利用海域或将其使用权出租、发包以获得适当的收益是法律允许的，但如果这种差价过高，则不仅损害了国家作为海域所有权人的利

益，也损害了他人的利益，造成海域使用管理秩序的混乱。针对这一问题，我们认为一方面要建立海域资源价值评估制度，设定合理的海域使用金征收标准，另一方面还应规范海域使用权取得的招标、拍卖制度，以避免上述现象的恶性发展。

4. 海洋行政主管部门监管力度仍然有待于加强

《海域法》虽然对海域使用监管检查的主体、海域使用权人在被监管时应遵守的义务、海域使用监督检查的运转机制及与相关部门的协调等作了较为详细的规定，但从实施效果来看，由于海洋行政主管部门的监管技术落后，监管力度不足，实践中违法使用海域的现象仍较为普遍地存在。如有的海域使用者在申请使用海域时，在海域用途上往往申报收费较低的养殖项目，或仅申报某一种海域用途，但实际上却扩大养殖品种或将该部分海域作多种用途的使用。但海洋行政主管部门由于人力、物力、技术等各方面的原因，不可能对所有的海域使用者一一进行监督检查，而仍然按申报时的海域用途收取海域使用金。

5. 海域所有权行使机制尚未完善

目前我国海域实行中央统一管理和中央授予地方分级管理相结合的模式，即海域所有权主要由国务院代表行使，同时部分授权地方政府行使。党的十六大报告对国有资产管理体制改革提出了新的要求："在坚持国家所有的前提下，充分发挥中央和地方两个积极性"，"建立中央政府和地方政府分别代表国家履行出资人职责，享有所有权利益，权利、义务和责任相统一，管资产和管人、管事相结合的国有资产管理体制。关系国民经济命脉和国家安全的大型国有企业、重要设施和重要自然资源等，由中央政府代表国家履行出资人职责。其他国有资产由地方政府代表国家履行出资人职责"。海域作为重要的自然资源和重要的国有资产，应当坚持《海域使用管理法》所规定的"海域所有权属于国家，由国务院代表国家行使所有权"的原则。但是，由于海域使用的监督管理主要由地方政府实施，在中央人民政府和地方人民政府之间事实上存在利益冲突，具体表现为越来越多的地方人民政府化整为零，越权审批案件以及对海域使用金分成比例的矛盾。因此，中央人民政府如何行使对海域的所有权，如何"在坚持国家所有的前提下，充分发挥中央和地方两个积极性"，这是一个亟待解决的现实问题。

二、我国海域使用管理制度改革以及展望

根据海域使用管理制度本身和实践中存在的问题，海域使用管理仍然需要做大量的工作才能使之更加完善。

（一）加强海域使用金的征收管理

海域使用金是海域有偿使用制度的基础。缴纳海域使用金是使用人应尽的责任。它对于科学合理地开发利用海洋资源，有效避免国有海域资源性资产的流失，协调海域使用人之间的关系，减少因发生矛盾、纠纷导致的损失，规范海域开发利用秩序，达到社会效益、经济效益和环境的统一，进而促进海洋经济的健康持续发展有重要的作用。

1. 建立海域使用金收取标准评估制度。为了有效贯彻实施海域分等定级制度，建立海域使用权转移行为的社会主义市场经济体制，必须建立海域使用金收取标准评估制度，实行海域评估工作的市场化和社会化，保证海域使用金征收额度确定工作的公开、公正、公平及科学合理性。建立海域使用金收取标准评估制度，是统一海域使用金征收制度、保护所有权人利益，体现市场经济条件下自然资源使用等价有偿原则所必需的。建立海域使用金收取标准评估制度应根据使用海域所邻近陆域地价和距陆域远近、开发程度难易、资源丰度、风险大小，按照经济学的地租级差理论进行评估，使收费标准科学化、规范化。建立这一制度也可以避免某些领导"一言定价"的盲目性，既可以保护投资者的利益，又维护国家资产保值增值。

2. 完善海域使用金征收工作程序。针对目前海域使用金征收工作中出现的问题，国家应当统一规范海域使用金征缴办法，实行海域使用者直接将海域金缴入银行的制度，海域使用者到县级以上海洋行政主管部门领取由财政部门印制的"一般缴款书"。"一般缴款书"由海洋行政主管部门代为填写，由海域使用者持"一般缴款书"到国家指定银行办理缴款手续。银行按规定将海域使用金直接划入中央和地方金库。对于直接到银行缴纳海域使用金有困难的渔民个人等，县级以上海洋行政主管部门可以代收海域使用金，并在一个月内填写"一般缴款书"，到国家指定银行办理代缴手续。海洋行政主管部门代收海域使用金必须使用省级以上财政部门印制的海域使用金专用票据。这样规定，既可以杜绝海洋行政主管部门自收自支行为，又可

以保证海域使用金按规定比例上缴中央和地方各级金库。

3. 尽快出台《海域使用金征缴管理条例》，对海域使用金的征收对象、征收标准、征缴程序、减免程序、预算管理等作出进一步的规定。要将海域使用金全额上缴各级财政，纳入财政专户储存，避免截留和挪用海域使用金现象的发生。贯彻海域有偿使用制度涉及海域使用管理中区划、测量、确权、管理等诸多方面。海洋管理不同于陆地管理，其专业技术要求高，管理成本大，应积极争取将海域管理经费纳入各级财政预算，使海域整治、保护、开发和管理工作有足够的经费保障。

（二）严格执行海洋功能区划，加强海域有偿使用管理

海域功能区划是指根据海域（有时还应包括一些陆域）的地理区位、地理条件、自然资源与环境等自然属性，并适当兼顾海洋开发现状和区域经济、社会发展需要，而划定划分的具有特定主导（或优势）功能，有利于海域资源与环境的合理开发利用，并能充分发挥海域最佳效能的工作。海洋功能区划是海域有偿使用管理的科学依据，是实现海域合理开发和可持续利用的重要途径。海洋功能区划一经批准，就具有法律效力，必须严格执行。海洋功能区划管理主要包括：海洋功能区划四级编制管理；海洋功能区划两级审批管理；海洋功能区划实施情况的跟踪、评价和监督管理；海域使用规划和重点海域使用调整计划的编制、审批和实施；协调相关区划、规划与海洋功能区划的关系等。海域行政主管部门依据海洋功能区划，通过海域使用权的统一授予，可以切实保证国家根据经济和社会发展需要，统筹安排各行业用海，协调行业之间用海矛盾，规范海域使用行为。按照海域功能区划制度，我国目前对海域使用权所作的划分有如下几类：海洋工程海域使用权、养殖海域使用权、港口海域使用权、海洋油气勘探开采海域使用权、海底电缆管道海域使用权等。正确、合理、有效地开展海洋功能区划工作，是海域有偿使用制度得以有效贯彻执行的保证。严格实施海域功能区划应切实做到：

1. 严格遵照执行《国家海域使用管理暂行规定》第四条、第七条以及《中华人民共和国海域使用管理法》第二章的有关规定，依据海洋功能区划审批海域使用项目。海域使用管理的目的是为了实现海域的合理开发和可持续利用，维护国家海域所有权和海域使用者的合法使用权，其核心是海域使

用审批和有偿使用制度。而实施海域使用审批制度和海域有偿使用制度的关键，就是海洋功能区划制度的建立。

2. 严格执行《海洋环境保护法》第七条的规定，根据海洋功能区划制定海洋环境保护规划。海洋环境保护规划是对一定时间内海洋环境保护目标和措施所作出的规划，其目的是在发展经济的同时保护环境，使经济与环境协调发展。通过海洋功能区划工作，揭示出海域的最佳开发使用方向及其在形成、演变、本底、承载力、敏感性、使用与保护等方面的差异性，为因地制宜，实行不同区域的资源开发、经济建设和环境保护政策，制定环境规划目标和强化环境管理提供科学依据。

3. 严格遵照执行《海洋环境保护法》第二十四条的规定，根据海洋功能区划开发利用海洋资源。海洋资源包括生物资源、矿产资源、海水资源、可再生能源、港口资源、旅游资源、滩涂资源等。开发利用管理工作以部门、行业为主，主要依据是部门、行业发展规划。对于没有编制海洋功能区划的地区，各部门、行业规划是海洋功能区划编制的重要基础资料。对于已经编制海洋功能规划的地区，各涉海部门、行业规划应以海洋功能区划为依据安排开发利用项目。

4. 严格遵照执行《海洋环境保护法》第三十条和第四十七条的规定，依据海洋功能区划选择入海排污口、设置陆源污染物深海离岸排放排污口、审批海洋工程建设项目。海洋功能区划对排污区的条件进行了严格的限定，规定其不得与海水养殖区、盐田纳水区、自然保护区、滨海风景区、重要的海洋生物产卵区和索饵区等功能区相重合，为排污口的选择和设置提供了依据。海洋功能区划专门划定了海上工程利用区及其与海岸工程建设有关的开发利用区，为海洋工程（包括海岸工程）建设项目的审批提供了依据。

5. 严格执行海洋倾倒区和海洋保护区的管理规定，依据海洋功能区划选划海洋倾倒区和海洋保护区。海洋倾倒区是指用来倾倒疏浚物或固体废弃物的海区，已被列入海洋功能区划第四大类特殊功能区。海洋保护区是指以保护海洋环境及其资源为目的，在海域、岛屿、海岸带、海湾和河口划出界限加以专门保护的区域，已被确定为海洋功能区划第三大类功能区，下分海洋自然保护区和海洋特别保护区两个子类。近几年较大面积倾废区基本上是依据全国海洋功能区划确定的，已经建设的海洋自然保护区都属于全国海洋区划中划定的海洋自然保护区之列。

（三）完善海域使用登记制度

1. 搞好海域调查。即对海域进行自然、经济、社会调查，以查清海域面积、海况（包括理化因子）、位置、利用状况、劳力状况、收益情况等。我国在 20 世纪 80 年代对全国海岸带的自然、经济、社会资源进行了深入调查，90 年代又对全国海岛的自然、经济、社会资源进行了调查，已经基本摸清了这两大海洋区域的自然资源与开发状况。但是随着沿海各地海洋经济的飞速发展，许多地区的情况也在发生变化，因此各地每年都应有针对性地对本地海域进行一些新的调查。只有摸清海域自然资源与经济社会现状，才能对海域使用权的流转进行有效的管理。

2. 做好海域生产力评价工作。应由海洋管理部门、海洋科技部门、海洋产业部门以及渔村干部、群众代表组成海域评价小组，依据海域调查的信息，对海域进行分等、评级和估价。

3. 对海域进行确权、登记。从民法上说，国家是海域所有者，享有占有、使用、收益、处分海域的权力。但是所有权在实际运行过程中，其权能往往是不完整的，可以根据所有者的意志和利益，通过法定程序与所有权发生分离。要在承认国家是海域所有者的前提下，明确各个海域的占有（承包）权、经营（使用）权、出租权、买卖权、继承权、抵押权、收益权、规划权、转作他用权等如何在国家和用海者之间的划分，即明确国家把各个海域究竟按什么权限下放给使用者。这种权限一经确定，就应由政府有关部门代表国家所有者进行确权、登记，并向使用者颁发证书。确权登记制度非常必要，因为登记是确认产权的一种法律形式，而且海洋产权的交易制度也需要以产权登记标志产权的流转。同时，国家作为财产所有者对产权流动实行管理也需要以登记制度为必要手段。在确权的指导思想上，本着有利于在经济上、法律上确定海域使用者独立商品生产者的地位的原则，确定海域权限的着力点应该放在强化海域使用者的自主权上，除了规划权、转作他用权、所有权和部分收益权之外，其余各种权利大都可以考虑交给海域使用者。这与国有企业产权制度改革的思路是吻合的。

4. 对海域制订开发利用规划。实践证明，制订实施海洋开发规划、功能区划、科技兴海规划等，是提高海洋开发经济、社会、生态效益的最佳途径。总体规划是海域开发总的行动纲领，在此基础上，还要再编制具体的海域开发利用分区规划。分区规划应当规定开发利用的各项控制指标和管理要求，或直接对建设项目作出具体安排。通过总体规划和分区规划的制订，明确海域的使用方向和要达到的目标，为海域使用权的监督管理与流转提供依据。

5. 管好海域档案资料。整理和妥善保管海域各种档案资料，为搞好海域使用权的管理和一级、二级海域市场的运作提供各种有用的数据和信息。

（四）建立海域分等定级制度

海域的分等定级是海洋管理的重要组成部分。由于我国海域使用类型众多，包括海水养殖、海上交通、旅游娱乐、油气开发、海砂开采、盐业、电缆管道、排污倾废、修造拆船、填海、围海、公益事业及其他各类用海，不同类型用海收益不同，国家政策不同，海域使用金征收标准也不同。同一类型的用海，在不同区域，由于社会经济条件、区位条件、自然环境条件及资源状况的差别，海域使用金征收额度也有差别。完善海域有偿使用制度，我们不仅要规范海域使用金的收支程序，更重要的是要确定海洋资源的价值量和海域的等级差异，即需要在科学的基础上，掌握海域的资源分布、自然环境的变化规律以及当地社会经济条件，并充分考虑海洋功能区划和海洋开发规划的要求，对海域进行分等定级，科学合理地确定海域使用金征收额度。为了规范我国海域使用的分等、定级工作，必须制定相应的技术规范。海域分等定级技术规范主要分为以下两个方面：

1. 海域使用分等技术规范，依据是沿海各地社会经济和海洋产业的发展水平、海域区位、自然环境和资源状况，重点考虑的是社会经济的综合发展程度。具体操作是对省、自治区、直辖市进行海域使用分等。这样一来，国家就能从宏观上掌握沿海省、直辖市之间不同用途用海的质量总体水平的地域差异，为海域使用金的征缴提供科学依据。

2. 海域使用定级技术规范。依据是不同海域区位、自然条件、资源丰度、环境质量状况及周边社会经济条件等微观因素，重点考虑是区位因素。具体操作是对省、自治区、直辖市内部条件相对一致的不同区域，确定海域使用级别。如此一来，国家能够掌握不同用途用海质量水平的区位差异，从而为海域使用金的征缴额度提供科学依据。

根据海域的经济和自然两方面属性及其在社会经济活动中的地位、作用，综合评定和划分海域等级，为全面、科学地管理海洋，合理利用海洋，以及有关部门制订规划、计划和有偿使用海洋提供充分的依据。海域分等定级制度不仅是完善我国海域有偿使用制度的重要配套措施，也是实现资源可持续发展的重要依据。改革开放以来，我国社会主义市场经济已经得到了巨大的发展。在社会主义市场经济条件下，海洋既是资产，又是资源；既是自然产物，又表现出商品的属性。无价、无限期、无偿使用，不利于生产要素的流动和组合，也不利于海洋资源的保护。对海域进行分等定级，确定合理的海域使用金征收依据，相对稀缺的资源会形成相对较高的价格，促使海域的使用从低效率的经营者向高效率的经营者流动，同时也有利于提高海洋开发的技术水平，实现海洋的可持续发展与海洋资产的合理配置。

（五）完善海籍管理制度

海籍管理制度是指为实行海域权属管理制度、海域有偿使用制度和海域使用统计制度而开展的一项海域管理的基础工作。通过实施海籍管理，将海域的位置、界址、权属、面积、用途、使用期限、海域等级、海域使用金以及海域权利等项目，按照法定的程序，整理形成海域使用权登记册（又称海籍簿册）和海籍图，作为海域管理施政和保护海域使用权益的依据。海籍管理工作包括海域使用现状调查、海籍调查（权属核查和海籍测量）、海域使用统计、海域使用动态监测、海域使用档案管理和信息管理等。

总之，完善海域使用管理，需要建立与之相适应的海域使用市场机制。海域使用权市场包括一级市场（出让）和二级市场（转让、出租、抵押等）。海域使用权市场管理是指依法对进入海域使用权市场从事海域使用权交易活动的单位或个人（包括中介组织）以及对海域使用权交易活动、交易价格、交易合同、交易程序、应缴纳费用等进行的组织、指导、监督、调控等管理行为。海域使用管理部门要依法维护市场秩序，保证市场竞争的公平性和有效性，同时也要避免和克服市场可能带来的短视行为。

第八章　海洋环境管理

海洋是支持人类可持续发展的一个重要空间。人类对海洋的开发与保护主要涉及海洋权益、海洋资源与海洋环境三个方面，其中对海洋环境的切实保护是实现人类生命支持系统健康与完整的先决条件与必要保证。因此，世界各沿海国历来都非常重视海洋环境管理工作，试图通过有效管理活动来达到保护海洋环境的目的。由于海洋实践活动频繁多样，海洋环境由此也变得极其复杂。为此，加强海洋环境管理，切实有效地保护海洋环境是我们面临的一项重要任务。

第一节　海洋环境管理概述

海洋环境管理是海洋行政管理的重要组成部分，环境管理的成效如何，关乎人类的生存与发展。因此，厘清海洋环境管理是什么，以及在管理中应遵循何种原则，是进行海洋环境管理的认识基础。

一、海洋环境管理的内涵

1. 海洋环境

环境总是相对于某一中心事物而言的，并随着中心事物的变化而变化。在《中华人民共和国环境保护法》第二条中，环境的定义是："本法所称环境，是指影响人类生存和发展的各种天然的和经过人类改造的自然因素的总和，包括大气、水、海洋、土壤、矿藏、森林、草原、野生动物、自然遗址、自然保护区、风景名胜区、城市和乡村等。"环境概念的内涵是强调以人为主体，还包括相对于主体周围存在的一切自然的、社会的事物及其变化与表征的整体。[①]

与之相应，海洋环境的构成至少包括两个方面：一是围绕海洋的自然个体要素，即物理、化学、生物要素、海底地理、地貌等构成海洋空间的环境要素；二是人类与海洋相互作用的非自然因素，如海洋污染、海洋灾害等。因此，海洋环境即是指围绕海洋的所有空间构成的自然要素和人类与这些空间要素间产生的一系列非自然要素的综合体。应该注意的是，非自然要素的海洋环境还包括由人类相互作用的关系形成的社会要素，因此，不能忽视海洋环境与人类的社会性相互作用而引发的一系列结果，在强调管理和保护海洋环境的一系列方法和措施时，需要充分考虑海洋环境的社会属性和特征。

2. 海洋环境管理

目前对于海洋环境管理的概念有不同的阐述。主要包括以下几种：

倪轩、李鸣峰认为，海洋环境管理为在全面调查研究海洋环境的基础上，根据海洋生态平衡的要求制定法律规章，自觉地利用科学的手段来调整海洋开发与环境保护之间的关系，以此来保护沿岸经济发展的有利条件，防止产生不利条件，达到合理地充分利用海洋的目的，同时还要不断地改善海洋环境条件，提高环境质量，创造新的、更加舒适美好的海洋环境。[②]

管华诗、王曙光认为海洋环境管理是以海洋环境自然平衡和可持续利用为基本宗旨，运用法律制度、经济政策与行政管理以及国际合作等手段，维护和实现海洋环境的良好状况，防止、减轻和控制海洋环境的破坏、损害或退化的管理活动的过程。[③]

鹿守本先生认为海洋环境管理是以海洋环境自然平衡和持续利用为目的，运用行政、法律、经济、科学技术和国际合作等手段，维持海洋环境的良好状况，防止、减轻和控制海洋环境破坏、损害或退化的行政行为。

综合以上学者的定义，我们认为，海洋环境管理是政府行使海洋行政管

---

① 管华诗、王曙光：《海洋管理概论》，中国海洋大学出版社 2003 年版，第 108 页。
② 倪轩、李鸣峰：《海洋环境保护法知识》，中国经济出版社 1987 年版。
③ 管华诗、王曙光：《海洋管理概论》，第 108 页。

辖权的一种行政行为，是政府为协调社会发展与海洋环境的关系、保持海洋环境的自然平衡和持续利用，综合运用行政、法律、经济、科学技术和国际合作等各种有效手段，依法对影响海洋环境的各种行为进行的调节和控制活动。这一定义包含以下内容：

第一，海洋环境管理是由政府行使的行政行为。海洋环境管理的主体是国家海洋局以及地方各级人民政府中的环境行政管理部门。此外，海洋环境管理主体还包括：地方各级人民政府中对某方面的海洋污染防治负有管理职责的其他行政部门，以及地方各级人民政府中对海洋自然资源的保护负有管理职责的职能部门。它们对海洋环境保护实施统一的监督和管理。行使必要的管辖权，如责令企业限期治理、采取强制性应急措施等。

第二，海洋环境管理的目的是维持人类自身生存和实现社会可持续发展，实现海洋的可持续利用。具体表现为：维护海洋生态环境的平衡，防止和避免自然环境平衡关系的破坏，为人类对海洋资源和环境空间的持续开发利用提供最大的可能。海洋环境管理的有效实施直接关系到沿海地区社会经济的持续、健康和快速发展。

第三，海洋环境管理的途径和手段主要是法律、行政、经济、科学技术和伦理规范。海洋环境管理通常与海洋环境保护联系在一起。在多数情况下，一般认为海洋环境保护就是海洋环境管理。1992年，联合国环境与发展会议通过并签署的《21世纪议程》特别强调了海洋环境保护的以下问题：建立并加强国家协调机制，制定环境政策和规划，制定并实施法律和标准制度，综合运用经济、技术手段以及有效的经常性监督工作等来保证海洋环境的良好状况。

二、海洋环境管理的主要特点

海洋环境管理具有以下主要特点：

1. 整合协调性

海洋是一个相互连通的整体，其环境管理包括水质、底质、生物、大气等多种环境要素，又由于自然和历史的原因，沿海地区是人口、工业、农业、航运、养殖和旅游活动的汇集场所，涉及多方面的活动和管理，因此海洋环境必须采取行政、法律、经济、教育和技术等整合、协同的有效措施，协调解决各类海洋环境问题。

2. 区域性

由于海洋环境的自然背景、人类活动方式及环境质量标准等具有明显的地区差异，所以海洋环境管理的任何重大决策和行动，都必须具体分析不同海域的自然条件和社会条件的区域性特点。

3. 充分利用海洋自适应性

海洋自适应性就是海洋环境对外界冲击的应变能力，主要包括利用海洋资源可更新的能力、海洋空间容量能力和海洋自净能力及其对污染的负荷能力。海洋环境管理的目标必须体现生态环境效益与社会经济效益的统一，因此海洋管理如何充分利用海洋的自适应性来达到海洋空间资源科学合理利用的效果，将关系到海洋环境污染治理的成效问题。

三、海洋环境管理的原则

尽管各个国家对海洋的认识以及相应的海洋政策各不相同，海洋环境的状况和趋势也在不断变化，基于海洋科学技术进步、海洋经济发展的要求，海洋环境管理在实践中应该坚持如下原则。

1. 预防为主、防治结合、综合治理的原则

这一原则是把海洋环境管理的重点放在防患于未然上。通过有效的措施和办法，预防海洋污染和其他损害性事件的进一步发生，防止环境质量的下降和生态的破坏。预防为主、防治结合是环境管理工作的指导思想，是人类利用海洋环境的实践经验总结，也是现实的必然选择。发达国家在过去的几十年里都是以牺牲海洋环境为代价获得一定的发展条件的，历史和现实已经告诉我们，这种先污染后治理的模式必将付出更大的代价。令人担忧的是，这种历史性包袱至今仍在继续，其中包括全球海平面的上升，海洋自然景观和沿海沼泽地的消失，海洋生物多样性的减少，海洋污染的日趋恶化等。

海洋环境污染和破坏原因的多样性决定了治理的整体性、全面性和综合性。要想减轻或杜绝海洋环境的持续破坏，遏制海洋环境恶化，首先要切断污染和危害海洋环境的各种直接或间接的污染源。其次，由于海洋环境具有复杂性、一体性的特点，所以，在治理海洋污染时不能只采取单一的措施，而应该综合治理。再次，综合使用治理的技术和方法。在技术上，可以运用

工程的方法，修筑堤坝、补充沙源以防止海岸侵蚀；应用生物工程，恢复和改善生态系统，提高海域生物生产力。在管理上，可以使用法律、经济与行政手段相结合的方法控制海洋环境非正常污染事件的发生。

2. 可持续发展原则

可持续发展是人类对环境治理达成的共识。它是在20世纪80年代随着人们对环境认识的逐步深入形成的。《我们共同的未来》中对可持续发展的定义为：可持续发展是既满足当代人的需求，又不损害子孙后代在满足其需求时的长久发展。这一概念是从环境与自然资源角度提出来的关于人类长期发展的战略。它所强调的是环境与自然资源的长期承载力对经济和社会发展的重要性，以及经济社会发展对改善生活质量与生态环境的重要性，主张环境与经济社会的协调，人与自然的协调与和谐。其战略目标主要在于协调人口、资源、环境之间和区域之间、代际之间的矛盾。① 可见可持续发展是一个涉及经济、社会、文化、科技、自然环境等多方面的综合概念，是以自然资源的可持续利用和良好的生态环境为基础，以经济可持续发展为前提，以谋求社会的全面进步为目标。

海洋环境的自然属性与特点，使其与陆地环境相比具有更强的一体性特点。从一定意义上讲，海洋的流动性使得全球海洋有了共同的命运；另一方面，海洋中相当多的生物具有迁移和洄游的习性，其中那些高度洄游群种，它们的洄游区域多以洋区为主，海洋生物的这一特性决定了人类对海洋生物资源的影响具有广延性。因此，各个国家直接或间接施加给海洋的影响及其造成的危害，决非局限在一个海区之内，往往有着更大范围的区域性，甚至全球性。所以，海洋环境管理就需要贯彻可持续发展的原则。海洋环境问题的解决，应该以可持续发展的"需求"和环境与资源的持久支持动力为目标，根据国家、地区和国际的政治、经济的客观情况，针对海洋环境的不同区域确定具体的对策和采取不同的管理方式，真正达到海洋开发和环境保护的目的。

3. 谁开发谁保护、谁污染谁治理的原则

谁开发谁保护，是指开发海洋的一切单位与个人既拥有开发海洋资源与

---

① 管华诗、王曙光：《海洋管理概论》，第108页。

环境的权利，也有保护海洋资源与环境的义务和责任。无论是海洋资源的开发，还是海洋环境的保护，都可能对海洋环境产生干扰和破坏，甚至打破生态系统的平衡。因此，在开发利用海洋的同时必须做好对海洋环境的保护工作。我国的《民法通则》明确规定了所有在中国海域进行海洋资源开发的行为主体都必须做好海洋环境的保护工作。

谁污染谁治理，是我国环境保护实践经验的总结。执行这一原则，能够加强开发利用海洋的单位和个人的行为责任，唤起开发利用者保护海洋环境的意识。[1] 作为理性经济人，每个人都希望"搭便车"，而不是主动承担责任，只有明确界定产权才能避免"搭便车"行为的出现。海洋环境管理也是如此，只有强制性地将"谁污染，谁治理"这一原则加到当事人身上，才会引起开发者的足够重视，才会给开发者敲响警钟。早在1972年，由西方24个国家组成的"经济合作与发展组织"，为改善资源分配和防止国际贸易和投资发生偏差，确定了污染者承担费用的范围，应包括防治污染的费用、恢复环境和损害赔偿费用，被称为"污染负担"原则。这条原则后来在国际上得到认可，并适用于污染和损害赔偿的处理。

4. 海洋环境资源有偿使用的原则

环境这一类资源，对其开发利用不应该是无偿的，特别是有损害的环境利用，更应该支付使用费用。在我国的环境保护法律、法规中也有这方面的规定。比如，根据《中华人民共和国海洋倾废管理条例》和《中华人民共和国海洋石油勘探开发环境保护管理条例》的规定，"凡在中华人民共和国内海、领海、大陆架和其他一切管辖海域倾倒各类废弃物的企事业单位和其他经济实体，应向所在海区的海洋主管部门提出申请，办理海洋倾废许可证，并缴纳废弃物倾倒费"[2]。这部分费用就是因使用海洋资源而支付的使用费用。

海洋环境资源的有偿使用，首先是海洋管理有效实施的重要途径，也是海洋环境保护在国际上的惯例。对于推进建立保护海洋的国际秩序，保障各个国家在治理海洋环境问题上达成一致意见，协调统一行动，实现海洋环境

---

① 郑敬高：《海洋行政管理》，第287页。
② 郑敬高：《海洋行政管理》，第288页。

保护的跨地域性、全球性具有重要意义。其次，有利于减少对海洋环境的损害、维护海洋生态健康和自然景观。对环境的有偿使用会对部分毫无节制地开发海洋资源、破坏海洋环境的行为形成制约。出于经济利益的考虑，开发者会在权衡海洋资源带来的收益与为此付出的代价之间权衡，尽力减少危害海洋环境的支出，在一定程度上保护了海洋环境资源。最后，海洋环境资源的有偿使用会积累海洋环境保护的资金。保护海洋环境是为了将来更好地利用。人类利用海洋资源是必然的，也是完全应当的。与此同时，对海洋环境的破坏也是不可避免的，由此而产生的海洋环境治理工作是一项长期而又艰巨的任务。治理需要足够的资金支持，海洋环境有偿使用取得的这部分资金就是用于海洋环境污染治理的。

第二节　海洋环境管理的内容

海洋环境管理是针对海洋实践活动中造成的海洋环境污染损害进行的管理活动。海洋环境污染损害是指直接或者间接地把物质或者能量引入海洋环境，产生损害海洋生物资源、危害人体健康、妨害渔业和海上其他合法活动、损害海水使用素质和减损环境质量等有害影响。海洋环境管理内容因海洋环境污染的方式复杂多样而变得丰富且综合性强。随着时代的发展、科学研究的深入和新的海洋环境问题的出现，海洋环境管理的内容将变得愈加丰富与复杂。

一、海上排污管理

海上排污，主要是指陆源污染物的岸边排放。陆源污染是造成海洋污染的主要杀手。1982年《联合国海洋法公约》并没有对陆源污染物进行明确的定义，但是对其主要形式进行了列举。《联合国海洋法公约》第207条指出："各国应制定法律法规和规章，以防止、减少和控制陆地来源，包括河流、河口湾、管道和排水口结构对海洋环境的污染，同时考虑到国际上议定的规则、标准和建议的办法及程序。"[①] 根据《中华人民共和国防治陆源污

---

① 《联合国海洋法公约》，海洋出版社1992年版，第105页。

染物损害海洋环境管理条例》第 2 条规定，陆源污染物是指从陆地向海域排放污染物，造成或可能造成海洋环境污染损害的场所、设施等。陆源污染物就是在陆地上产生并进入海洋的污染物。[①] 据资料显示，全球海洋污染的80%以上来自陆地，陆源污染物向海洋排放、转移是当前造成海洋大面积污染的主要根源。陆地污染物主要通过入海排污口进行海上排污。因此，入海排污口的设置与排污监督、管理是海上排污管理的核心内容。我国海上排污管理的主体主要是环境保护行政主管部门和水行政主管部门，根据《中华人民共和国海洋环境保护法》（以下简称《海洋环境保护法》）第三十条规定："入海排污口位置的选择，应当根据海洋功能区划、海水动力条件和有关规定，经科学论证后，报设区的市级以上人民政府环境保护行政主管部门审查批准。环境保护行政主管部门在批准设置入海排污口之前，必须征求海洋、海事、渔业行政主管部门和军队环境保护部门的意见。"同时，《海洋环境保护法》第三十一条至第三十九条对排放陆源污染物的种类、数量和浓度等，以及禁止、限制和控制海上排放的污染物都做了明确的规定。在海上排污管理工作中，当地人民政府应该大力支持、配合环保部门有效防污控污。《海洋环境保护法》第四十一条规定："沿海城市人民政府应当建设和完善城市排水管网，有计划地建设城市污水处理厂或者其他污水集中处理设施，加强城市污水的综合整治。"

我国在海上排污管理中实行排污收费制度。排污收费，是一项重要经济政策，是环境管理的一项经济手段，是一种为改善环境向污染者提供一种具有灵活选择性以及直接影响污染控制方案费用与效益权衡的手段，能够使污染者以最有利的方式对经济刺激作出灵活反应，在取得相同环境效果时获取最佳经济效率。[②] 中国的排污收费制度，经历了从最初的超标排污收费到排污收费、超标罚款的发展过程。20 世纪 80 年代，中国设计的排污收费制度收取的不是排污费，而是超标排污费。《中华人民共和国环境保护法（试行）》第十八条规定："超过国家规定的标准排放污染物，要按照排放污染物的数量和浓度，根据规定收取排污费。"1989 年修订后的《中华人民共和国

---

①　《中华人民共和国防治陆源污染物污染损害海洋环境管理条例》，1990 年颁布。

②　杨金田、王金南主编：《中国排污收费制度改革与设计》，中国环境科学出版社 2000 年版，第3 页。

环境保护法》第十八条规定：排放污染物超过国家或者地方规定的污染物排放标准的企业、事业的单位，依据国家规定缴纳超标排污费，并负责治理，不得挪作他用，包括《中华人民共和国海洋环境保护法》（1982年制定）规定的都是对超标排放污染物收取超标排污费。

20世纪90年代中期以后，中国的排污收费制度实施了10余年，在排污收费与环境治理需要方面，有了大量的实践基础和收费经验，环境管理理论逐步深入；同时国家经济发展、企业效益与经济承受能力也有了明显提高，中国对不同类型的污染物排放收取的超标排污费转变为排污收费、超标罚款。这种更新，体现了一种更为先进的环境保护理论。从环境法基本理论依据分析，排污收费，超标罚款是环境保护"环境补偿原则"的一种体现，同时也是环境保护领域"污染者付费"和"预防原则"的一种体现形式。中国海上排污收费制度由超标收费到排污收费和超标罚款的变迁，体现了我国环境管理政策的一种转变。

随着我国国民经济的发展，环境状况的变化，过去采用的浓度控制的方式已经不适应环境管理的要求，而要采取总量控制。在这种情况下，排污收费制度也随之加以调整，由浓度收费向总量收费转变，由超标排污收费向排污收费转变。同样，中国的海上排污收费与国家排污收费制度同出一辙，也经历了从超标排污收费向排污收费转变的过程。海上排污收费依据的法律制度主要有：1982年国务院发布的《征收排污费暂行办法》和2003年由国家发展计划委员会、财政部、国家环境保护总局、国家经济贸易委员会共同发布的《排污费征收标准管理办法》，以及1999年修订的《中华人民共和国海洋环境保护法》。从1982年到1999年近20年的排污收费制度几乎没有什么大的变化。然而，在这20年间，我国的经济状况、环境状况等都发生了很大的变化，但是排污收费制度由于缺乏对外部因素及内部因素对应的联动机制，无法依据经济环境等因素的变化进行适当调整，因此今后排污收费制度在不断完善的基础上有必要实施动态排污收费机制。

二、海洋倾废管理

海洋倾废管理是海洋管理的一项重要内容，严格控制向海洋倾倒废弃物，对防止海洋环境污染，保持生态平衡，保护海洋资源，促进海洋事业的发展具有重要意义。海洋倾废是指海洋工程建设项目产生的污水污物、船舶作业产生的废弃物等的海上处置活动。对于海洋倾废的定义，源于《防止倾倒废物及其他物质污染海洋的公约》，即《1972 伦敦公约》。英文"dumping"译为"倾倒"，是指利用船舶、航空器、平台和其他运载工具，向海洋处置废弃物或其他物质；向海洋弃置船舶、航空器、平台和其他人工构造物以及向海洋处置由于海底矿产资源的勘探开发及勘探开发相关的海上加工所产生的废弃物和其他物质。[1] 当然，倾废的概念有其时代的内容，在《1972 年伦敦公约》之后的 20 多年间，海上倾倒的方法有不少变化。因此，该公约的适用范围或包括的内容也有相对需要的变更。学界大多支持这种解释："只要是有意向海洋处置、弃置废弃物和其他物质的行为都是海洋倾废。"[2] 海洋倾废不包括船舶或飞机等不可抗力的事故所造成的行为；无论是由专用器具（如船舶、航空器、平台和其他运载工具）向海洋倾倒还是由来源地直接倾倒入海，都要以科学、安全的标准来进行；要根据运载工具是否是自身正常作业所产生的废弃物在海上进行处置来正确区分"倾倒"和"非倾倒"。海洋倾废对海洋环境的影响仅次于陆源污染物的排放。近两年，我国港口、航道疏浚泥沙和部分工业生产废渣、煤灰等每年倾倒量达八九千万立方米。[3] 海洋倾废管理就是国家海洋局及其派出机构依据相关的法律规定对海洋倾倒区及倾废活动进行选划、设置、监督、监视和执法处罚的规范有序的管理控制活动。中国政府历来十分重视海洋倾废管理工作。自1985 年中国政府颁布并实施《海洋倾废管理条例》及加入《伦敦公约》后，中国结束了长期以来海洋倾废无序无度的状况，进入了按严格规程和限度倾废的法制化管理阶段。

我国海洋倾废管理实行倾废许可证制度。海洋倾废许可证制度是海洋倾废管理的核心内容，是海洋倾废管理实行的一项基本制度，是实施《海洋环境保护法》和《海洋倾废管理条例》的保证，也是维护合法的海洋倾倒

① 《防止倾倒废物及其他物质污染海洋的公约》。
② 曹英志：《我国海洋倾废立法修订的构想和对策》，《海洋开发与管理》2007 年第 2 期。
③ 管华诗、王曙光：《海洋管理概论》，第 114—115 页。

秩序，防止影响和损害海洋环境的重要措施。①

　　许可证制度要求倾废执法部门严格按照法定的条件和程序进行执法管理。对一般的倾倒申请，只要申请材料齐全、形式合法、符合规定要求的，遵循行政许可便民原则，可当场回复或签发倾倒许可证；对经检测疏浚物不宜倾倒的不予签发。《海洋环境保护法》第五十五条明确规定："任何单位未经国家海洋行政主管部门批准，不得向中华人民共和国管辖海域倾倒任何废弃物"；"需要倾倒废弃物的单位，必须向国家海洋行政主管部门提出书面申请，经国家海洋行政主管部门审查批准，发给许可证后，方可倾倒。"《海洋倾废管理条例》第四至第六条规定："海洋倾倒废弃物的主管部门是中华人民共和国国家海洋局及其派出机构（简称'主管部门'）"，"需要向海洋倾倒废弃物的单位，应事先向主管部门提出申请，按规定的格式填报倾倒废弃物申请书，并附报废弃物特性和成分检验单"，"主管部门在接到申请书之日起两个月内予以审批，对同意倾倒者应发给废弃物倾倒许可证"。

　　海洋倾废许可证类别。根据《中华人民共和国海洋倾废管理条例实施办法》（以下简称《实施办法》）第十条、第十三条规定，"倾倒许可证分为紧急许可证、特别许可证、普通许可证。""紧急许可证由国家海洋局签发或者经国家海洋局批准，由海区主管部门签发。""特别许可证、普通许可证由海区主管部门签发。"

　　1. 紧急许可证。根据《海洋倾废管理条例》附件1所列的物质称为一类废弃物，该类废弃物是禁止向海洋倾倒的，当出现紧急情况或在陆地处理会严重危及人民健康时，经国家海洋局批准，获得紧急许可证。根据《海洋倾废管理条例实施办法》的规定，紧急许可证为一次性使用的许可证，只要倾倒活动完成，该许可证也同时作废。

　　2. 特别许可证。需要向海洋倾倒的废弃物质如属《海洋倾废管理条例》附件2所列的物质称为二类废弃物，该类废弃物向海洋倾倒应当事先获得特别许可证。特别许可证的有效期不超过6个月。《海洋倾废管理条例》附件1第13项物质，经生物学检验不属"痕量沾污物"②，在海洋环境中不能迅

---

　　① 孙书贤：《海洋行政执法法律依据汇编（国家篇）》，海洋出版社2007年版，第214页。
　　② 孙书贤：《海洋行政执法法律依据汇编（国家篇）》，海洋出版社2007年版，第219页。

速转化为无害物质，但可采取有效预防措施的物质可视为二类废弃物。

3. 普通许可证。未列入《海洋倾废管理条例》附件1、附件2的低毒或无毒的废弃物称为三类废弃物，该类废弃物只要事先获得普通许可证，即可到指定的倾倒区倾倒。普通许可证有效期不超过一年。同一工程的有效期在有效期届满仍需继续倾倒的，应在期满前两个月内到发证机关办理换证手续。

许可证由需要向海洋倾倒废弃物的废弃物所有者及疏浚工程单位依法向海洋行政管理部门申请。实施倾倒作业单位与废弃物所有者或疏浚工程单位有合同约定的，也可依合同规定向海洋行政管理部门提出申请。

倾废许可证申请审批程序见图8-1所示：

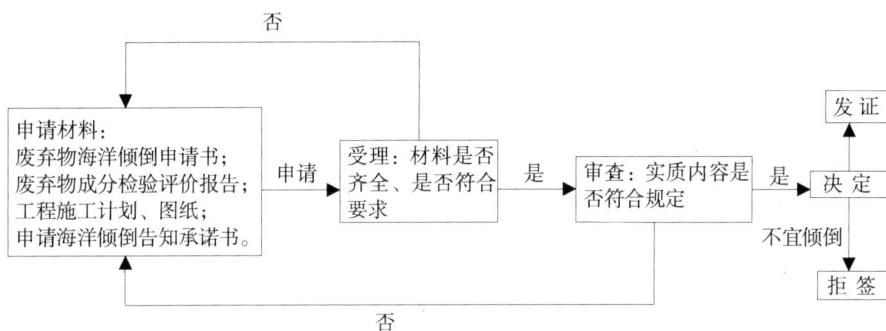

图8-1　海洋疏浚物（三类废弃物）倾倒申请程序流程图[1]

三、海洋工程污染管理

海洋工程是人类开发、利用、保护和恢复海洋资源的系统工程。人们通过海洋工程，从海洋中获得所需要的资源（物质的和非物质的）和持续发展的利益。[2] 从广义来讲，海洋工程既包括海洋区域进行的新建扩建改造的基本建设和区域开发利用与保护工程项目，还可包括需通过海洋才能完成其全部功能的邻接海岸带的陆地区域的建设或开发项目。在海洋工程建设的过程中，还造成海洋工程污染。

---

[1]　国家海洋局东海分局：《2004年度东海分局海洋倾废管理公报》。
[2]　卢晓东、郭佩芳：《海洋工程污染分类研究》，《海洋湖沼通报》2008年第4期。

依据不同分类标准,海洋工程污染可以有不同的种类划分。按照其离海岸的远近特征,海洋工程污染可以分为海岸工程污染、近海工程污染、远洋工程污染;按照离海底的高度特征,海洋工程污染可以分为海底工程污染,海水工程污染,海面工程污染;按照其使用材质特征,海洋工程污染可以分为土木工程污染,金属工程污染,塑料工程污染;按照移动特征,海洋工程污染可以分为移动式工程污染,固定式工程污染;按照污染要素分类,海洋工程污染可以分为化学污染,物理污染,生物损害,底质破坏与污染;按照污染的程度要素分类,海洋工程污染可以分为重度影响、中度影响和轻度影响。

为了在推进海洋资源开发利用的同时,维护海洋生态环境的平衡,减少海洋工程建设项目对海洋生态环境的负面影响,进行海洋工程污染管理势在必行。海洋工程污染管理可分为海岸工程建设项目污染管理和海洋工程建设项目污染管理。海岸工程建设项目是跨陆域和海岸带的工程项目,如海上排污口管道设施施工建设;海洋工程建设项目主要是钻井平台建设和海底石油开采等。因此,海洋工程污染物主要集中在石油类,在海上石油勘探开发和使用过程中石油溢油是主要问题。伴随着大型海洋工程的建设,其他种类的污染物也急剧增多。[1] 根据《中华人民共和国防治海洋工程建设项目污染损害海洋环境管理条例》(以下简称《海洋工程污染管理条例》)的规定,海洋工程污染管理主体是国家海洋行政主管部门和环境行政主管部门。海洋工程建设的防污染管理必须遵循功能原则、协调原则、预测原则和法律原则。[2]

我国对海洋工程管理实行"三同时"制度,即同时设计、同时施工和同时投产使用。《中华人民共和国海洋环境保护法》第四十八条规定:"海洋工程建设项目的环境保护设施,必须与主体工程同时设计、同时施工、同时投产使用。环境保护设施未经海洋行政主管部门检查批准,建设项目不得试运行;环境保护设施未经海洋行政主管部门验收,或者经验收不合格的,建设项目不得投入生产或者使用。"

建设工程的环境保护设施与主体工程"同时设计、同时施工、同时投

---

① 刘圣林:《论我国防治海洋工程污染海洋环境法律制度的完善》,《南方论刊》2008 年第 1 期。

② 鹿守本:《海洋管理通论》,第 184—185 页。

产使用"是一项行之有效的环境保护措施和环境影响评价制度，共同构成建设项目环境管理的两项基本制度。

"环境保护设施"是指根据海洋工程建设项目环境影响评价报告书及其审核批准意见中所确定的各项环境保护措施建造的借以防治海洋环境污染和生态损害的工程设施、设备等。环境保护设施一般分为三种类型：一是防治海洋污染的装置、设备、监测手段和工程设施等；二是生产与环境保护两用的设施；三是保护自然资源和生态系统的设施。

"同时设计"是指建设单位委托设计单位进行主体工程设计时，应同时将环境保护设施委托具备该专业设计能力与资格的设计单位设计。建设单位提交主体工程的设计任务书应有环境保护的内容，初步设计中应有环境保护篇章。环境保护设施设计单位根据环境保护的内容与要求，依照《设计规定》中的有关要求进行设计。环境保护设施和主体工程的设计可以由同一单位承担，也可以由两个设计单位分开设计，若由不同单位分开设计，则环境保护设施设计单位应主动与主体工程设计单位配合，以使环境保护设施设计与主体工程设计协调统一。

"同时施工"是指建设单位在委托主体工程施工任务时，应同时委托环保设施施工任务，若主体工程施工单位不具备环保设施施工能力，可另委托具有建造环保设施能力单位施工。在施工阶段中，环保设施施工单位应按主体工程施工计划安排施工进度，并保证建设进度与资金落实。为确保工程环境保护设施按质按期完成，建设单位应及时向海洋行政主管部门书面报告环保工程进展情况，海洋行政主管部门根据施工进展及存在的问题提出意见。施工期间，建设单位与施工单位负责落实施工的环境污染防治措施。

"同时投产使用"是指建设单位必须把环境保护设施与主体工程同时投入运行。同时投入运行包括建设项目建成竣工验收后的正式投产使用，试生产与试运行过程的同时投产使用，也包括设施投入使用后的正常运行。"同时投产使用"是执行三同时制度的关键环节。为保证"同时投产使用"严格实施，本款规定环境保护设施未经海洋行政主管部门检查批准，建设项目不得试运行；环境保护设施未经海洋行政主管部门验收，或者经验收不合格的，建设项目不得投入生产或者使用。这是执行"三同时"制度的关键环节，对违反本款规定的，按本法第八十三条规定进行处罚。

　　"三同时制度"是我国海洋工程污染管理的一项重要制度，违反这一制度，根据不同情况要承担相应的法律责任。

四、船舶污染管理

　　随着工业技术的极大发展以及海上贸易的增多，海上货运量逐年大幅度增长，船舶的吨位和尺度也在不断地增加，随之而出现的问题也越来越引起我们的重视，即船舶给海洋带来的污染问题。美国国家研究委员会出具的调查研究报告称：海洋污染中有35%的污染物来自于船舶。美国海洋委员会把船舶污染定义为：人类直接或间接地把一些物质或能量引入海洋环境，以至于产生损害生物资源，危及人类健康，妨碍包括渔业活动在内的各种海洋活动，破坏海水的使用质量和舒适程度的有害影响。船舶在载运过程中，直接或间接地把一些物质或能量引入海洋，以致损害海洋资源，危害人类健康，妨碍包括渔业在内的各种海洋活动，造成了海洋污染。

　　我国《海洋环境保护法》规定防止船舶污染海域环境的主管机关，是中华人民共和国港务监督行政主管部门，简称港务监督管理部门，其主要职能是负责船舶海上运输或航行中发生的污染海洋的行为。我国船舶污染可分为两大类：一类是按船舶污染源进行的分类；一类是按船舶海洋污染的成因分类。按船舶污染源可分为：船舶污水（压载水，洗舱水，舱底水）的海洋污染、船舶有毒液体物质（除石油和类似易燃物之外的液态化学品的散装货物）的污染、海运包装危险货物（包装件，集装箱，可移动罐柜和铁路及公路槽罐车装载的危险货物）的污染；按船舶海洋污染的成因可分为操作性污染和事故性污染。

　　海洋船舶污染管理是指有关管理部门依据相关法规，对船舶及其有关作业活动污染海洋环境进行监督管理。具体内容包括：第一，规范船舶污染物的排放和接受；第二，对船舶有关作业活动的污染防治；第三，船舶污染事故应急处置；第四，船舶污染事故损害赔偿。

　　船舶污染海域管理一直以来深受国际海事协商组织的重视。1973年国际海事协商组织制定并通过了《国际防止船舶造成污染公约》，标志着防止船舶污染法律制度的新进展。之后针对1975年澳大利亚西部海域溢油事故以及1976年的美国东海岸搁浅溢油事故，1978年国际海事协商组织制定了

《1978 年议定书》，对《国际防止船舶造成污染公约》进行补充修订。同一时期，西方各国在防止船舶污染海洋方面制定的法律法规不断完善。我国在防止船舶污染海洋管理方面的立法工作相对较迟。1973 年我国召开第一次全国环境保护会议，是我国防止船舶造成污染的海洋管理工作的开始。1980年，加入《1969 年国际油污损害民事责任条约》。我国在 1983 年颁布《防止船舶污染海域管理条例》，对于船舶污染方面进行专项立法。2009 年国务院通过《防治船舶污染海洋环境管理条例》，对海洋船舶污染管理进行了较为详细的界定，同时废止了《防止船舶污染海域管理条例》。

第三节　我国海洋环境管理问题与改革

近年来，我国海洋环境管理成效显著。从 20 世纪 80 年代至今，我国海洋环境法律体系的建设也得到快速发展，已初步建立了一套较完备齐全的海洋环境保护法律制度；海洋环境管理体制也得到了改革与完善。这些成为推动我国海洋环境保护事业发展的动力因素。然而，在取得成绩的同时，我国的海洋环境管理行业存在诸多不足，尚需不断改革。

一、我国海洋环境管理存在的问题

（一）注重经济发展而忽视环境保护的管理意识

管理意识对管理过程及结果有着重要的影响。我国的海洋行政管理中，存在注重经济发展而忽视环境保护的管理意识，这一管理意识对海洋环境管理造成两个方面的不利影响：首先，使得海洋环境管理在海洋行政管理乃至行政管理中处于边缘位置。我国确立了以经济发展为中心的发展思路，追求GDP 的增长成为各级政府的目标选择，而环境保护往往被忽视或置于各项议程之后，环境保护机构也处于弱势地位。这种状况在海洋行政管理中同样存在。海洋环境管理在沿海地方政府的海洋管理中，很难成为首先考虑的议程，而进行海洋资源与能源开发、海洋产业扶持等成为首先考虑的议程。海洋环境管理在海洋行政管理乃至国家管理中处于边缘地位，使得海洋环境管理难以获得决策者足够的重视，也难以获得足够的资源进行海洋环境的有效治理；其次，这一管理意识也使得海洋环境管理存在内部分化。这一管理意识除了使得海洋环境管理在整体的海洋管理中处于弱势地位外，它使得海洋环境管理内容难以整合思路，在应对重大抉择过程中，出现过多考虑经济发展而牺牲海洋环境的状况。换言之，这一管理意识也使得海洋环境管理难以承担起有效治理海洋环境的职责。

（二）分散的海洋环境管理体制

我国的海洋环境管理体制是一种分散的管理体制，有关海洋环境管理的职责分属于不同的管理部门之中。国家海洋局作为我国的海洋行政主管部门，具有进行海洋环境管理的一般职能。但是除了国家海洋局之外，其他一些涉海管理部门也具有一定的海洋环境管理职能。交通部的海事部门，具有应对海洋船舶溢油的管理权限，所以，也具有一定的海洋环境管理职权。农业部的渔业部门，具有保护海洋渔业资源的管理权限，这涉及海洋生态的保护，因而也具有一定的海洋环境管理职权。此外，旅游部门、国土部门等也对海洋环境具有一定的管理职权。尽管环境保护部不直接管理海洋环境，但是作为主管全国环境的管理部门，其对海洋环境的保护和治理也具有一定的指导权。

过于分散的海洋环境管理体制，是我国分散的海洋行政管理的必然结果。它使得我国的海洋环境管理存在职能交叉，从而造成管理过程中的推诿和扯皮现象。在船舶进行海上运输过程中，一旦发生的溢油造成海洋环境，将涉及多家管理部门：海事部门、海洋行政主管部门、渔业部门等都会介入。多部门的同时介入而又没有建立有效的沟通机制，往往滞后海洋环境治理的最佳时期；在陆源污染造成沿海区域的生态环境恶化后，也会涉及环境保护部门、海洋行政主管部门、渔业部门等，同样使得管理责任不清，治理难以有效推进。因此，分散的海洋环境管理体制是造成我国海洋环境管理的问题之一。

（三）海洋环境管理沟通协调机制不畅

在管理过程中，建立良好的沟通协调机制，是管理顺利进行的重要保障。分散的海洋环境管理造成了管理中的推诿和扯皮，但是如果能够建立良好的沟通协调机制，也可以将这种不良后果降到最低。但是我国的海洋环境管理并没有建立良好的沟通协调机制，这就使得分散的海洋环境管理的弊端难以有效化解。目前，我国的海洋环境管理沟通协调机制不畅表现在以下两个方面：

第一，海洋环境管理沟通协调机制单一，主要依赖纵向协调，横向协调机制滞后。政府的协调模式可以分为三个类型：即纵向协调、横向协调、纵向与横向并用协调。所谓纵向协调，亦称之为垂直式协调，是指依靠政府间的等级化从属关系，在行政行为中形成以等级化为纽带的良好的协作关系。其典型特征是依靠权力的等级序列，建立在命令与服从基础上的一种上下级协调关系。所谓横向协调，亦称水平式协调，是指没有上下隶属关系的地方政府或其部门之间在水平方向上的合作，其典型特征是平等性、公共性、共赢性和复合性。① 单纯依靠纵向协调而忽视了横向沟通，一方面加大了上级部门的工作强权，另一方面也使得沟通协调滞后。

第二，海洋环境管理注重临时协调，忽视长期协调机制的构建。一般而言，我国遇到重大海洋环境事件，通常由国务院成立临时性指挥机构，由国务院分管领导任总指挥，有关部门参加，日常办事机构设在对口主管部门，统一指挥和协调各部门、各地区的处置工作。这种临时性的中央指挥机构，注定了其政府协调也是临时的。我国尚没有在中央一级设立长效的海洋环境管理指挥机构，沿海地方政府在海洋环境的应急管理中的角色扮演也是临时性的，这种现状很难为下一次的应急管理提供有效的借鉴。忽视政府长期协调机制构建的一个最为严重的后果，就是鼓励了地方政府地方保护，并且注重短期效益。

海洋环境管理沟通协调机制的上述弊端，使得沟通协调不畅，从而成为我国海洋环境管理中一个非常重要的问题。

（四）海洋环境管理手段较为单一

我国的海洋环境管理手段较为单一，从而使得处理海洋环境事件的途径较为狭窄。从理论上而言，海洋环境管理手段可以分为多种类型。例如，按照方式的标准，可以分为注重命令控制的行政手段和注重激励引导的经济手段两种。前者包括环境标准、环境规划、环境影响评价、环境许可、环境处罚等，后者包括环境保护押金、环境税、环境保护补贴、生态补偿等。而按照时间的维度，又可以分为事前的、事中的和事后的海洋环境管理手段。尽

---

① 李积万：《我国政府部门间协调机制的探讨》，《汕头大学学报》（人文社会科学版）2008 年第 6 期。

管理论上海洋环境管理有多种手段可以使用，但是在实际中，我国的海洋环境管理手段具有以下弊端：

第一，我国的海洋环境管理手段过于注重行政手段，而忽视经济手段。目前，我国的海洋环境管理手段中，很少使用经济手段。经济手段的明显优势在于能够调动被管理者的积极性，主动参与海洋环境管理的治理。从某种程度上而言，也更具有公平性。例如环境保护补贴，它会吸引和调动社会资源积极参与海洋环境的治理。但是，我国目前海洋环境管理的经济手段种类单一，且不常用。在海洋环境治理方面，如果政府仅采取强制性的命令服从和利益限制模式，企业等社会主体容易产生抵触情绪，滋生偷排、暗排等法律规避行为，从而增加治理成本。而政府根据生产者的相关需求，采取支持、引导、鼓励、服务等诱导性措施，则能促进企业克服资金、技术、市场等方面的障碍，主动减低污染、进行清洁生产。

第二，我国的海洋行政管理手段过于注重事后的手段，而忽视事前和事中的手段。目前，预防性原则已经成为环境保护的一项最为重要的原则。国际环境法专家基斯认为，预防性原则可以解释为防止环境恶化原则的最高形式。[①] 我国学者也认为，在环境保护中，预防为主的原则应该是环境保护中的一项基本原则。尽管预防性原则已经受到国内外环境保护专家的一致认可，但是我国在海洋环境管理中，基于预防性的事前管理手段很少使用，大部分的管理手段是基于事后的末端治理管理手段。这种单一的海洋环境管理手段，使得我国的海洋环境管理是一种典型的"末端管理"，而不是"预防管理"和"过程管理"。

二、海洋环境管理的变革

（一）树立正确的海洋环境管理观念，以"和谐海洋观"统领海洋环境管理

鉴于管理观念对管理过程及结果有着重要的影响，在探讨海洋环境管理的未来变革之前，首先必须转变海洋环境管理中的管理观念。我国自改革开放以来，经济发展一直处于党和政府工作的核心地位。只要无碍于经济发

---

① ［法］亚历山大·基斯：《国际环境法》，法律出版社 2000 年版，第 94 页。

展、政治稳定和国家公共安全，经济领域之外的其他事务管理基本上处于政府职能的边缘地带。① 海洋环境管理也同样如此，各级地方政府追求 GDP 的增长首选目标，而环境保护往往被忽视或置于各项议程之后，环境保护部门也处于名义上强势、实际上弱势的尴尬地位。在这种大环境的影响下，海洋特别是近海海域经济开发活动频繁，海洋资源利用过度，海洋成为各种海洋产业的实验场，造成的结果也是显而易见：海洋可再生资源加速枯竭，海洋环境破坏严重，富氧化导致的海洋环境突发事件频发。在海洋环境管理中"边污染边治理"、"先污染后治理"、"经济发展优于环境治理"等管理观念可以说是导致海洋环境问题的关键诱因。如果这些落后的观念不改变，可持续地开发和利用海洋可能成为空谈。

　　尽管本书无意去界定"和谐海洋"，但其中包含的些许思想对于海洋环境管理必定有指导意义。第一，敬畏而不是征服海洋。人类可以有征服自然这样的雄心壮志、战胜自然的感性理想主义的抱负，切不能有这样的感性决策。卡逊说："当人类向着他所宣告的征服大自然的目标前进时，他已经写下了一部令人痛心的破坏大自然的记录，这种破坏不仅仅危害了人们所居住的大地，而且也危害了与人类共享大自然的其他生命。"② 结果是"完全不同的、出乎意料的影响"，导致自然界"对我们进行报复"。尽管我们不能预见破坏海洋环境的最终结局，但乐观主义的态度是不可取的，"敬畏"时刻在提醒人类的生产活动要遵从自然的复杂调节和均衡的系统。第二，可持续的利用。海洋是一个相对独立的生态系统，生态系统正常运转的关键是维持自然界物质循环的均衡，人和自然之间的物质代谢本来也构成自然界物质链中的一环。但是人类渐渐拥有了对其他生物的巨大统治力，占据了"特权"地位。"特权"的行使搅乱了自然界物质循环，甚至破坏了人与自然界物质循环中维持人类自身生命的物质需要，可持续利用的思想就是限制人类的"特权"，不要过度干扰生态系统的自动调节、在海洋生态系统自动平衡的基础上，人类的海洋利益才可以持续。第三，人与自然界其他生物的共生观。在生物界共生表示不同物种在相互依存的同时直接相对且共生共存的关

---

① 　王印红：《社会管理体制创新中的几个基本问题》，《中国行政管理》2012 年第 5 期。
② 　卡逊：《寂静的春天》，上海译文出版社 2007 年版。

系。共生引入社会科学领域，想要表达的意义并不同于生物界中的共生，它表示"在共同体中，人与自然界相互联系，共同存在"。其中主要的含义有：承认其他生物在自然界的生存权利，可以称之为"自然生存权"。提出共生观的旨意在于不要仅仅从人的利益和权利对待自然，因为鉴于人类认识的有限性，短期的有利未必在长期有利，此期有利未必在彼期有利。另外，只从人类权利的视角对待自然，可能会片面地简单化了人与自然丰富的、多面的关系。人类与海洋是共生的，强调海洋以及海洋其他生物的权利，尊重其他海洋生物物种的存在权利，对人类长期地可持续开发与利用海洋是重要的环境管理思想。

（二）整合分散的环境管理职权，建构基于"整体性治理理论"的海洋环境管理体系

我国海洋环境管理的职责分属于不同的管理部门之中，国家海洋局作为我国的海洋行政主管部门，具有进行海洋环境管理的一般职能。但是除了国家海洋局之外，其他一些涉海管理部门也具有一定的海洋环境管理职能。分散的海洋环境管理体制是造成我国海洋环境管理问题的原因之一。

建构基于"整体性治理理论"的海洋环境管理体系是解决以上问题值得借鉴的思路之一。整体性治理是一种政府治理的新范式和对政府流程的再造。所谓整体性治理就是以公众需求和公共利益为治理导向，以协调、整合和责任为运行机制，以"一站式"服务为供给方式，运用信息技术和信息系统对碎片化的治理层级、治理功能、公私部门关系等进行有机整合和有效协调，形成一种从分散、破碎、部分不断走向集中、整合、整体的治理方式，并为公民提供无缝隙而非分离的整体型服务的政府治理模式。整体性治理以整合与协调为其核心观点和核心思想。一方面，强调组织和政策上的整合共融，打破跨越组织间的界限以应对非结构化的重大问题；另一方面，通过激励和诱导等行政手段，协调各组织、部门及专业机构等朝着共同方向行动和努力。协调其实也是一种动态的整合，而整合则是政策执行过程中的有效协调。整体性治理对于政策、管制、服务和监督等活动所有层面上的整体性运作体现在三个方面：不同层次或同一层次的治理进行整合；功能内部进行协调；公共部门内、政府部门与非政府部门或私营部门之间进行整合和协调。希克斯将各种治理运作实际情况放入由"层级、功能和部门三个维度

组成的立方体模型中"。

签于以上的思路,在海洋环境管理中,需要着手建立整合协调的海洋环境管理体制;设立高层次的区域间综合协调机构;建立整合统一的政府间协调机制;建立一体化的海洋环境管理信息平台。[①]

(三) 构建基于区域管理的海洋环境管理协调机制

在海洋环境管理中,建立良好的沟通协调机制,是提升环境管理效果的重要保障。由于海洋的流动性和整体性特征,同一区域的海洋环境管理往往涉及多个地方政府,作为管理的核心主体,他们之间的关系在很大程度上影响着区域内海洋环境的治理。一方面,海洋环境复杂,治理难度大,技术要求高,且存在投资风险,单个地方政府难以承担海洋环境的治理活动。尤其是面临重大海洋环境突发事件,仅靠单个地方政府也难以及时有效解决。另一方面,由于海洋的联动性及区域的濒临性,相邻行政区域海洋环境不可避免要相互影响。各地方政府的互不合作,分散运作,往往会因沟通不畅,信息不对称而引起海洋环境利益的外溢甚至矛盾冲突,各方均受损失。而地方政府之间合作共治,强强联合,则利于共同提高治理水平,实现区域内海洋环境的改善,促进整个区域海洋经济的可持续发展,达到各地方政府的最终目的。可见,海洋环境的特殊性要求区域治理中地方政府的协调与合作。同时,各政府在资源、技术等方面的互补性也为海洋环境管理的区域合作提供了现实基础,有利于提高海洋环境治理的效率和效果,从而使各方受益。因此,地方政府在海洋环境区域管理中应确立良好的合作关系,从传统的故步自封甚至以邻为壑走向共赢共治,实现区域内海洋环境的有效治理。当然,这种合作关系的建立和维持必须有健全稳定的协调机制作为保障。

第一,制定约束各政府主体的规则。基于自身利益的考虑,不论是各地方政府还是涉海部门,都难以主动履行海洋环境保护的职责,因此,一套健全的约束性规则体系对于各政府主体进行区域海洋环境协调治理有重要意义。规则从其建立的模式划分有自上而下和自下而上两类。前者是指由全国人大及常委会或中央(上级)政府直接制定,适用于各区域内海洋环境管

---

① 吕建华、高娜:《整体性治理对我国海洋环境管理体制改革的启示》,《中国行政管理》2012 年第 5 期。

理的法律法规文件，后者是由区域内各政府及部门协商起草，并在区域内一致通过的协商性文件。

第二，健全组织机构建设。海洋环境区域管理的政府横向协调机制构建，应以一定的组织机构为物质基础。一个得到各地方政府认同、权威、高效的合作组织将成为有效解决海洋环境管理问题的必然要求。海洋环境区域管理的协调组织包括跨行政区域和行政区内部机构建设两个方面。①（具体架构见图 8-2）

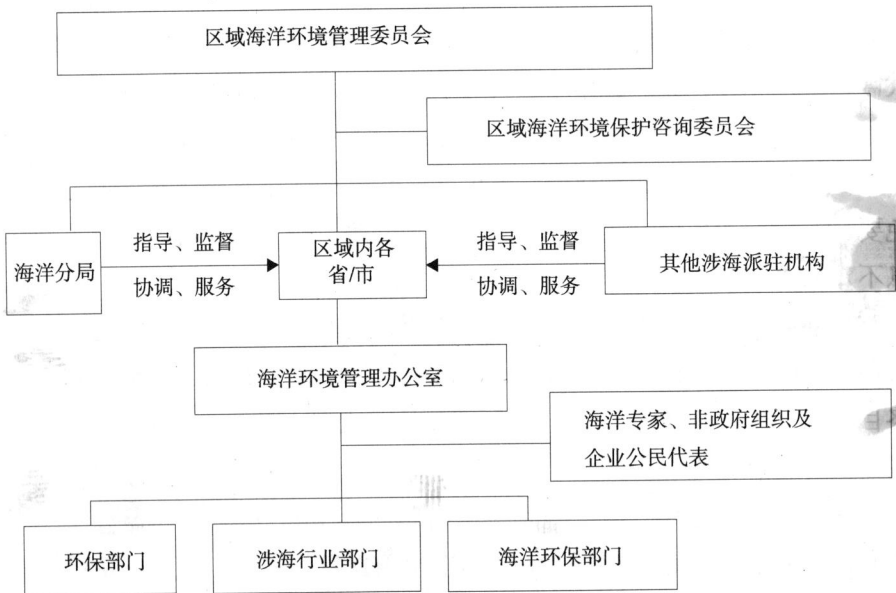

图 8-2　区域管理视角下海洋环境管理协调机构

第三，完善协调机构的运行机制。海洋环境区域管理协调机制的构建必须在区域整体利益的考量基础上，通过一系列信息沟通、协商、利益分享与补偿等运行机制的建立，为区域协调治理海洋环境提供充足的动力，保证地方或部门的利益，确保各政府主体的意愿得以充分表达，并尽力予以实现或补偿。

_____

① 王琪、丛东雨：《中国海洋环境区域管理的政府横向协调机制研究》，《中国人口资源与环境管理》2011 年第 4 期。

（四）海洋环境管理手段多元化和运用方式的综合化

海洋环境属于公共物品范畴，海洋环境质量优劣所产生影响的非排他性和非竞争性，使其成为影响甚广的公共问题。海洋环境管理的直接目的是通过建立健全海洋环境管理的制度体系、运行机制，保护海洋环境及资源，防止海洋污染损害和环境恶化，保持生态平衡，保障人体健康，实现海洋经济的持续发展和海洋资源的永续利用，促进社会经济的发展。海洋环境管理所研究的正是海洋公共事务。海洋环境问题所影响的不仅仅是单个的个人或团体，而是对多数人甚至对所有人或团体产生普遍的影响，这种影响常常会超越地域或国界的限制，影响一个地区甚至影响全人类的生活。对于像海洋环境等公共问题，由于当其治理取得成效时，所有的人不花钱也都能从中得到好处，即免费搭车，为此私人组织一般来说不愿意或没能力投资治理，只能由以政府为核心的公共组织承担起这一重任，而这也正是公共管理的重要职责。

人们对海洋认识的不断深化，海洋环境管理的领域不断拓展，需要解决的海洋问题也逐渐增多；另外，随着公共物品理论和治理理论研究的深入，作为海洋环境这一公共物品，提供的手段或者治理方式也呈现出多元化的趋势：其一，传统的海洋环境管理手段多是采用被动应对和事后处理的手段，而现在和未来则是以运用积极主动、预防为主的海洋环境管理手段为主转变。如传统的海洋环境管理是环境问题凸显之后，以补偿或者罚款的方式对环境破坏的补救。未来则利用计算机模拟技术对可能发生的环境问题进行预测，在环境问题发生之前就对必要的引起环境问题的输入变量进行控制。其二，传统的海洋环境管理的手段主要是指法律政策手段、行政手段以及它们的交互使用，其操作比较单一；目前海洋环境管理手段变化的一个基本趋势是越来越多地利用市场机制，加强激励与引导，积极引进私营部门中较为成功的管理理论、方法、技术和经验。其运行方式更为灵活和多样，增加了与企业的互动，采取上下互动的管理方式，通过合作、协商、伙伴关系等实现对海洋环境的管理。

第九章　海岛管理

　　海岛作为一个海洋资源和环境的复合区域，兼具海洋和陆地的特征，是沿海国经济、社会、环境可持续发展的重要物质基础。从国家发展角度来讲，海岛是对外开放的门户，是建设深水良港、开发海上油气、从事海上渔业、发展海洋旅游等的重要基地，被称为"第二海岸带"。21世纪，海洋事务已进入了一个国际化的新阶段。在现代国家海洋法律制度下，海岛与内海、领海、经济区、大陆架一起，构成沿岸国的"海洋国土"，有着巨大的经济、军事、科学和生态价值。根据《联合国海洋法公约》中规定的岛屿制度，岛屿是划分国家内水、领海和200海里专属经济区等管辖海域的重要标记，因而如何充分开发和保护这些海岛，对于国家海洋战略的实现意义重大。我国已将海岛管理作为国家的基本职能之一，运用法律、行政、经济、科学技术、教育等多种手段，对海岛开发利用活动进行规划、调整和监督，以实现海岛经济发展、环境资源保护与国防安全的统一。

第一节　海岛管理概述

　　海岛因其特有的自然属性和社会属性而被赋予重要的战略价值。而要实现海岛的战略价值，需要加强海岛管理。因此，在明确海岛含义和特性的基础上，把握海岛管理的实质和原则具有重要意义。

一、海岛的含义及类别

　　海岛，是指散布在海洋中的岛屿，但由于学科关注点不同，对海岛的解释仍有不同表述，尚未形成完全一致的定义。地理学上，通常是把海岛看作是海洋中四面环水并在高潮时露出海面自然形成的陆地，按照国家质量技术监督局发布的国家标准《海洋学术语海洋地质学》中的规定，海岛是"散布于海洋中面积不小于 $500m^2$ 的小块陆地"。目前，被广泛接受和运用的是 1982 年《联合国海洋法公约》第 121 条中的定义，海岛是指"四面环水并在高潮时高于水面的自然形成的陆地区域"，除不能维持人类居住或其本身的经济生活的岩礁之外，海岛应有领海、毗连区、专属经济区和大陆架。我国于 2009 年颁布的《中华人民共和国海岛保护法》（以下简称《海岛法》）也采纳了与《联合国海洋法公约》一样的定义，它在总则中规定"海岛，是指四面环海水并在高潮时高于水面的自然形成的陆地区域，包括有居民海岛和无居民海岛"，这便于从自然地理上确定管理对象和海岛权属，减少争议分歧。同时，针对低潮高地、填海连岛、岩礁等近似于海岛形态的特殊地貌体，《海岛法》在附则中也予以了特殊说明，指出对于它们的保护与管理，比照海岛有关规定执行。

从上述定义中可见海岛的内涵主要包括：①地理位置：在海洋中，四周有海水围绕，如果是一面、两面、甚至三面环水，都不能称其为岛屿；②高潮时露于海面之上；③是自然形成的陆地区域，不包括人工岛屿；④海岛中除了不能维持人类居住或其本身的经济生活的岩礁不应有专属经济区或大陆架外，其他岛屿均可以按照《联合国海洋法公约》规定确定其领海、毗连区、专属经济区和大陆架。

中国是世界上岛屿最多的国家之一。全世界岛屿总数约 5 万多个，我国拥有面积大于 500 平方米的海岛 7300 多个，面积在 500 平方米以下的岩礁有上万个。海岛陆域总面积近 8 万平方千米，占全国土地总面积的 8%，海岛岸线总长 14000 多千米，为大陆海岸线的 77.8%。按海区分布统计，渤海区内海岛数量占总数的 4%，黄海区占 5%，东海区占 66%，南海区占 25%。按离岸距离统计，距大陆岸线 10 千米之内的海岛数量占总数的 70%，10—100 千米的占 27%，100 千米之外的占 3%。①

中国海岛数量繁多，种类齐全，几乎包括了世界海岛分类的所有类型。

---

① 国家海洋局：《全国海岛保护规划》，2012 年 4 月 19 日颁布。

按照不同的分类标准，海岛有不同的划分类型。

1. 按海岛的成因分，可分为大陆岛、海洋岛和冲积岛

大陆岛，是大陆地块延伸到海底并露出海面而形成的岛屿，它原为大陆的一部分，后因地壳变动或海平面上升而与大陆分离，所以，其地质构造、岩性和地貌等方面与邻近大陆基本相似。

海洋岛，又称为大洋岛，是海底火山喷发或珊瑚礁堆积体露出海面而形成的岛屿，它原来不是大陆的一部分，其形成与大陆没有直接联系。

冲积岛，又叫"堆积岛"，它在江河入海口，主要是由河流夹带泥沙在河口地区沉积而成，如崇明岛就是由长江所携带的泥沙在河口上沉积而成的。

2. 按海岛分布的形态，可分为岛、列岛和群岛

岛是海岛的基本组成单元。它既可组成列岛和群岛，也可单个或几个在一起成为相对独立的岛屿。

列岛是成线（链）形或弧形排列分布的海岛，我国共有45个列岛，如珠江口外的担杆列岛是由担杆、二洲、直湾和细担等岛屿组成，东北—西南向长23km，而宽还不足4km，呈线形分布。

岛屿彼此相距较近，成群地分布在一起的岛屿称为群岛。群岛既是岛屿构成的核心，也是岛屿组成的最高级别，往往包括若干个列岛。

3. 按海岛的物质组成，可分为基岩岛、砂泥岛和珊瑚岛

基岩岛是指由固结的沉积岩、变质岩和火山岩组成的海洋岛屿。我国海岛中基岩岛数量最多，约占93%。据考察，我国海岛中那些面积大、开发程度高、经济发达的多数为基岩岛。

砂泥岛是指由砂、粉砂和黏土等碎屑物质经过长期的堆积和凝固并露出海面而形成的岛屿。这类海岛一般分布在河口区，地势较为平坦。

珊瑚岛由珊瑚虫的遗骸及其他贝壳堆积而成，它的基底往往是火山或岩石基底。

4. 按海岛离大陆岸线距离的不同，可分为沿岸岛、近岸岛、远岸岛和陆连岛

沿岸岛是指岛屿分布的位置离我国大陆岸线的距离小于10km的海岛。我国的沿岸岛约占全国海岛总数的66%以上。由于沿岸岛离大陆较近，交

通方便，开发利用程度一般较高。

近岸岛是指分布位置离我国大陆岸线的距离大于 10km，小于 100km 的海岛，约占我国海岛总数的 27%以上。

远岸岛是指分布位置离我国大陆岸线的距离大于 100km 的海岛。这类海岛由于远离大陆带来许多不便，但是，它们在我国与相邻或相向国家海上划界时，具有特殊意义。远岸岛约占我国岛屿总数的 5%以上。

陆连岛是一种特殊的海岛类型，原本是一种独立的沿岸海岛，由于离大陆岸线较近，经过泥沙淤积或者通过修建桥梁或堤坝等与大陆相连接而成为连岸岛。实质上它是沿岸岛的一种特殊类型。陆连岛由于一部分与大陆相连，物资运输、人员来往都很方便，能够将海岛的一些不利因素转化为有利因素，有利于海岛经济发展。

此外，按海岛面积大小，可分为特大岛、大岛、中岛和小岛；

按所处位置还可分为河口岛和湾内岛；

按有无人常住分为有居民海岛和无居民海岛；

按有无淡水资源分为有淡水岛和无淡水岛。

这些海岛在我国不同地区的叫法也不一样，在长江口以北地区一般称岛，浙江省多将海岛称为山，福建省和台湾省多将海岛称为屿，广东省将一些海岛称为礁、沙和洲，广西地区则多将海岛称为墩，而海南省将一些海岛称为石或角。

二、海岛的基本属性

对海岛属性的认识，是海岛开发利用的前提，也是管理科学性的基础，必须从自然属性和社会属性两方面予以全面考察。

（一）海岛的自然属性

1. 独立性

海岛有着得天独厚的地理位置、自然资源、自然环境和社会经济条件。它的独立性主要表现在以下方面：（1）生态系统的独立性。海岛四周被海水包围，又远离大陆，面积狭小，地域结构简单，物种来源受限制，生物系统的多样性相对较少，而且比较特殊，形成一个独立的生态环境地域小单元，具有特殊的生物群落，保存了一批独特的珍稀物种，形成了独特的生态系统。（2）人类生存环境的相对独立性。海岛由于交通条件不便，限制了人们的交往和社会经济互动，封闭性较强、对外开放程度低，形成了以岛屿为单元的、相对独立的生产和生活体系。（3）自然环境的独特性。海岛的成因各异，特别是火山岛，是由海底火山喷发的熔岩冷凝后形成的，与大陆上的地貌、地质构造和矿产资源等完全不一样，具有独特的地质地貌和矿产资源。海岛四周为海水包围，气候特征与内陆有明显的差异，海洋起着调节作用，使海岛气候冬暖夏凉，具有海洋性气候的特征。海岛的水文状况因受海洋水文的作用强烈，因而更为复杂，风、浪、流、潮汐等都对海岛的水文起到一定的影响；海岛由于陆域面积较小，河流较短、较少，流域面积小，淡水资源匮乏。所以海岛的独立性是海岛特殊的地理区位、环境条件决定的。

2. 完整性

海岛与其周围海域构成一个既独立又完整的生态环境系统，特别是面积大的海岛这种完整性更为明显，主要表现在以下方面：（1）地带分布上的完整性。海岛具有海域、海陆过渡带和陆域三大地貌单元，海域有浅海、深海，海陆过渡带有海岸带、岛架和岛坡，陆域又可根据其海拔高度分为平原、丘陵、低山、中山和高山等。由于地貌单元的多元性和阶梯性，又出现了生物物种的多样性和分带性，从而形成生物资源从海到陆的完整性和不可分割的整体性。（2）经济和社会发展的完整性。海岛是一个多种资源并存的经济综合体，又是一个具有多种功能、多方面开发利用价值的自然综合体。大的海岛还是一个独立完整的社会单元，各种经济全面发展，不仅有农业，还有工业和服务业；不仅发展海洋经济，也要发展岛陆经济；不仅要保护海洋环境和生态，也要保护海岛和陆域上的环境和生态。（3）管理上的完整性。由于海岛管理的特殊性，1994 年联合国会议通过了《小岛屿发展中国家可持续发展行动纲领》，要求对海岛的气候变化、自然灾害、淡水资源、沿海和海洋资源、能源和旅游业等可持续发展要制定行动纲要。要求把海洋管理与岛上、陆上的管理有机结合起来，作为一种完整的系统进行管理；不仅要抓行业管理，更要抓综合管理；不仅要抓开发，更要抓环境和资源的保护。只有全面推进，才能有效地管好岛，用好岛，治好岛。

3. 脆弱性

海岛的自然环境和生态系统都具有脆弱性：（1）自然水土脆弱。海岛陆域面积较小，生态环境条件严酷，土层较薄且贫瘠，肥力小，陆域植被种类贫乏、组成单一，优势种相对明显，易受破坏。加上海岛陆域地形坡度相对较大，水土流失严重，裸露岩石（砾）地增加，生态环境恶化，加剧荒漠化的形成和发展。（2）生态脆弱性。单个海岛的生物物种相对较少，稳定性较差，极易遭受破坏，且难以恢复。海岛面积小，人们生产和生活的可用空间紧张，加之海岛本身资源有限，若开发强度过大，生态景观和生物多样性易受破坏，资源量急剧下降甚至濒临绝迹。（3）灾害易发性。海岛水资源缺乏，开发强度一旦加大易加重陆上水源和沿岸海水水质污染，造成赤潮灾害频发。海岛四面环海，易受海洋灾害的侵袭，受灾频度大、种类多、面积大、危害大，而且救灾措施也很难开展。全球气候变化，海平面上升使高程较低的海岛面临淹没的威胁。海平面上升还使海水入侵，影响灌溉用水和饮用水，改变岛陆和岛滩的生态环境，严重地区已使某些生态系统遭到毁灭性破坏。

（二）海岛的社会属性

1. 维护国家主权和海洋权益的特殊性

海岛在维护国家主权和海洋权益方面起着特殊的作用，主要表现在以下几个方面：（1）海岛可以拥有领海、大陆架和专属经济区。1994 年生效的《联合国海洋法公约》规定，能够维持人类居住的海岛可以拥有领海毗连区、大陆架和专属经济区，不能维持人类居住或其本身经济生活的岩礁，不应有专属经济区或大陆架，但可以拥有领海和毗连区。根据这一规定，在开阔海域中，一个能够维持人类居住的海岛可以拥有 $43 \times 10^4 km^2$ 的管辖海域及其海洋资源；一个不能维持人类居住的海岛，也可以拥有 $6215 km^2$ 的管辖海域及其海洋资源。（2）海岛是国家领土的组成部分。海岛是沿海国领土的组成部分，沿海国的主权在于其陆地领土和领海。沿海国海岛上的资源享有勘探、开发、养护与管理的主权和使用权，对沿岸海域享有航行权以及开发利用海洋资源的权利。（3）海岛在确定领海基点上的重要作用。当沿海国采用直线基线确定领海宽度时，需要在大陆和外缘岛屿的最外缘选定若干适当点，组成领海基点，确定领海基线，测算领海宽度。在这个时候，这些外缘岛屿就成为领海基点的组成部分。它们在确定沿海国的领海、毗连区、大陆架和专属经济区时起着极为重要的作用。（4）海岛在维护海洋权益中的作用。根据《联合国海洋法公约》的规定和我国的主张，我国拥有 $300×10^4$ km^2 的管辖海域，海岛在我国与相邻和相向国家的海域划界中起着非常重要的作用，尤其是领海基点，因而，保护好领海基点岛屿，严禁一切可能改变其形状、地貌特征的开发活动，防止领海基点标志遭到破坏则是一个十分重要的问题。（5）海岛是天然的国防屏障。在我国大陆的东部和南部海洋中，由海岛组成的岛弧或岛链，构成了我国海上第一道国防屏障。海岛既是海军活动的有力依托和建设海军基地的理想场所，也是未来反侵略战争中对敌人实施反击和战略追击的前沿阵地。谁控制了海岛，谁就能控制周围海面、海底，掌握制海权、制空权，谁就能维护大陆的安全。远离大陆散布的海岛，战时能延长海防纵深，加宽战线，争取备战时间，减少陆地损失，和平时期也是海空交通的枢纽。

所以，海岛对沿海国的重要性已不仅局限于海岛本身的经济、军事价值，而且直接关系到沿海国管辖海域的划分、海洋法律制度和使用权益的确立。也就是说，我们对海岛的认识绝对不能局限于海岛本身的陆域，有时它周围拥有的海域面积比其本身的陆域面积要大得多、重要得多，这也就确定了海岛陆域与海域是一个有机的整体，不能把它们分割开来。

2. 促进海洋经济发展的特殊性

海岛物产丰富，在海洋经济的发展过程中拥有不可小觑的作用：（1）海岛是扩大对外开放和对内交往的"窗口"。海岛既是我国走向世界的"桥头堡"，也是世界各国从海上通向我国中西部内陆腹地的"岛桥"。海岛岸线曲折，基岩临海，港阔水深，且靠近国际航线，具有得天独厚的区位优势，自古以来就是航海贸易的中转站，其良好的港口条件和便捷的海上运输，带动了海岛外向型经济及高新技术产业的发展。（2）海岛是海洋开发的海中基地。除了海上运输、海洋渔业和海洋油气开发是在海中进行外，绝大多数海洋开发活动都要建立自己的基地，海岛和沿岸依托的陆域都是海洋开发的基地。它们或用于直接建港，或成为港口的中转基地，海洋旅游、海盐业、海水淡化、海水直接利用等产业都依托其进行。海洋捕捞和海水养殖活动虽然在海上，但其水产品要运送到陆上的冷库储藏或送到水产品厂进行加工，这些都离不开陆上基地。海洋油气开采虽在海上进行，但开采的石油、天然气需要通过船只、输油管道运到陆上的加工厂进行提炼，某些海岛便成为了钻井平台、贮藏补给基地或避风港。（3）以海岛为依托，建设"海洋第二经济带"。由于海岛的开发与周围海域和沿岸大陆密切相连，因而可以通过以海带岛、以陆带岛、以岛带岛、岛港联汇、岛城联融等方式，以海岛为据点，将其与相邻岛屿或陆域城市通过"蓝色公路"（海运）、堤坝、海底隧道等连接起来，发挥海岛的港口优势，进行"条带状"开发，形成以海岛为中心、临海工业为基础的港（岛）陆板块经济区，进而成为海上经济走廊，推动我国海洋开发战略的实施。

3. 海岛的独特科研价值

海岛的科学研究价值是指海岛在对专业人员的教学和实习，研究海岛生物、海岛地貌、地质作用过程、人文遗迹，以及进行科普教育等方面所具有的价值。海岛因为其独特的自然环境，蕴藏着丰富的生物资源和生态环境资源等，具有很高的科研和科普价值。同时，海岛的地质构造、地貌类型包罗万象，在形态上千姿百态、高低悬殊，对于了解海平面的变化、海岛的形成与变迁具有很高的科学研究价值。另外，散布在海岛上的考古遗迹、古建筑、宗教庙宇、纪念故址等人文历史遗迹，对于研究人类历史、社会事件以及社会演变等具有重要的科学研究价值。还有，一些独立的、没有或者较少有人类活动干扰的海岛，较好地保存了原始的自然环境和资源体系，这些均是研究地质演变、生物进化、海洋灾害和生态平衡的天然实验室。

三、海岛管理的含义

海岛管理是指政府部门为保护海岛生态环境，维护国家海洋权益和国防安全，促进海岛的合理利用和保护，依法对海岛开发利用的组织及个人进行的管理活动。

（一）海岛管理主体

《海岛保护法》对我国海岛管理的主体进行了明确界定，认定我国主要的海岛管理主体为国务院、海洋主管部门、各级人民政府有关部门、军事机关等，其所承担的职责包括：负责"有居民海岛及其周边海域生态保护工作"、负责"无居民海岛保护和开发利用的管理工作"；确定和发布海岛名称；加强对海岛保护的宣传教育工作，增强公民的海岛保护意识；组织编制全国和地方海岛保护规划；拟订海岛综合统计调查计划，依法经批准后组织实施，并发布海岛统计调查公报。对海岛周边海域生态系统保护情况进行监督检查等。

依据《海岛保护法》规定，根据管理内容的不同，海岛管理机构可以分为综合性行政机构和专业性行政机构。

我国国家海洋局是被授予承担海岛综合管理职责的中央行政管理机构。自 1964 年成立以来，国家海洋局主要承担了海岛管理的工作，根据 2008 年国务院的"三定"职责中的规定，明确赋予其"承担海岛生态和无居民海岛合法使用的责任"，并将海域管理司更名为海域和海岛管理司，负责海岛开发中的保护与管理等工作。2010 年，国家海洋局印发《关于加强海岛管理组织机构建设的通知》，正式成立海岛管理办公室，下设海岛综合处、保护处和使用处。同时，国家海洋局还先后成立了国家海岛开发与管理研究中心、国家海岛规划与保护研究中心和国家海岛与海岸带发展研究中心三个海岛管理技术支撑单位。另外，国家海洋信息中心和国家海洋技术中心也分别成立了独立的海岛研究室。[①] 除此之外，各地方政府也承担起了本行政区域内海岛的综合管理工作。依据《海岛法》要求，各综合机构的职能分别在有居民海岛和无居民海岛中予以了区分界定，《海岛法》总则第五条规定："国务院海洋主管部门和国务院其他有关部门依照法律和国务院规定的职责分工，负责全国有居民海岛及其周边海域的生态保护工作。沿海县级以上地方人民政府海洋主管部门和其他有关部门按照各自的职责，负责本行政区域内有居民海岛及其周边海域生态保护工作。国务院海洋主管部门负责全国无居民海岛保护和开发利用的管理工作。沿海县级以上地方人民政府海洋主管部门负责本行政区域内无居民海岛保护和开发利用管理的有关工作。"

（二）海岛管理的内容

1. 海岛管理的目标

保护海岛及其周边海域生态系统，合理开发利用海岛自然资源，维护国

---

① 吕彩霞：《贯彻落实"三个六"讲话精神创新海岛管理工作》，《海洋开发与管理》2011 年第 4 期。

家海洋权益，促进经济社会可持续发展。

2. 海岛管理的具体内容

海岛管理具体内容主要包括海岛使用管理、海岛规划管理、海岛地名管理、海岛信息管理、海岛执法监察等。从 2011 年我国出台的《海岛保护法》配套制度中可以看到海岛管理所涵盖的领域和内容。

2011 年出台的《海岛保护法》配套制度列表

序号	类别	文件名称
1	使用管理	《无居民海岛使用申请审批试行办法》
2		《无居民海岛保护和利用指导意见》
3		《关于推进〈海岛保护法〉生效前已用岛活动确权登记工作的意见》
4		《无居民海岛用岛区块划分意见》
5		《无居民海岛使用测量规范》
6		《县级（市级）无居民海岛保护和利用规划编写大纲》
7		《无居民海岛开发利用具体方案编写大纲》
8		《无居民海岛使用项目论证报告编写大纲》
9		《关于调整无居民海岛使用论证推荐单位名单的通知》
10		《关于确定无居民海岛使用确权审批工作试点单位的通知》
11	规划管理	《省级海岛保护规划编制技术导则（试行）》
12		《关于编制省级海岛保护规划的若干意见》
13	地名管理	《关于海岛名称标准化处理的意见》
14		《关于规范 2011 年海岛地名标志设置工作的意见》
15		《碑碣式海岛名称标志版面设计细化规定》
16		《关于印发〈中国海域海岛标准名录〉编制要求的通知》
17		《关于印发〈全国海域海岛地名普查数据集〉编制要求的通知》
18	信息管理	《国家海岛监视监测系统总体实施方案》
19	执法监察	《中国海监海岛保护与利用执法工作实施办法》

四、海岛开发与管理的基本原则

海岛是我国经济社会发展中的一个特殊区域，海岛独特的自然属性和社会属性决定了海岛开发利用的必要性和复杂性，为保证海岛开发和管理的有效、有序，应该确立海岛开发与管理的基本原则。依据《海岛法》总则中

"科学规划、保护优先、合理开发、永续利用"这一总体原则的要求，可将我国海岛开发与保护中的基本原则细分为以下五点：

1. 可持续利用原则

当前，全球所面临的"环境与发展"这个宏大的命题，就其实质主要体现了人与自然之间和人与人之间关系的和谐与平衡。可持续发展思想的核心，也在于正确辨别两大基本关系，一是"人与自然"之间的关系，二是"人与人"之间的关系。海岛的可持续发展要实现人与海岛和谐相处，必须要正确认识海岛，合理改造海岛，充分利用海岛，有效保护海岛。海岛是小而分散的地理单元，生态环境脆弱，稳定性差，一旦开发过度则可逆性难度大，所以必须更加强调可持续利用。为实现海岛协调发展，应当改变传统的单方面自行开发方式，向海岛综合开发和管理转变，从而实现：①海岛产业链上物质、能量的循环，形成海岛资源共享、合理的产业结构；②针对我国海岛经济区化，通过合理布局和规划发挥区域优势，建立海岛区域循环经济；③通过海陆一体化进入国家整体循环，完成循环经济的闭合回路。通过以上三个层面的发展，促进海岛区域可持续发展。

2. 统筹规划、分类管理原则

人们无论是利用者还是管理者，在考虑具体海岛的利用或海岛的某种资源的开发时，往往自觉不自觉地忽略海岛的生态保护，而主要关心海岛可供开发利用的方面。没有统一的规划，海岛的生态系统则会在无序的利用中丧失或遭到破坏。我们这里说的规划包括海岛保护规划和利用规划，而在利用规划中应该依据海域环境功能区划对具体的海岛或一定区域海岛的某种形式的利用进行必要的限制等。比如，按照海域环境功能区划，如果一定区域的水质目标定为I类，在这个区域则不能建设港口，因为港口区的水质不可能达到I类。再比如，海岛如果被规划为盐场，在这种海岛上则不可以兴建有污染的工业生产项目。根据我国《海岛法》规定，必须实行海岛保护规划制度，由国务院海洋主管部门会同本级人民政府有关部门、军事机关，依据国民经济和社会发展规划、全国海洋功能区划，组织编制全国海岛保护规划，将海岛的区位、自然资源、环境等自然属性及保护、利用状况等作为从事海岛保护、利用活动的依据。同时，在海洋开发与管理过程中，统筹海岛的自然、经济、社会属性，综合运用法律法规、政策规划等手段，协调海岛保护与开发利用活动。根据海岛的区位、资源与环境、保护和利用现状、基础设施条件等特征，兼顾保护与发展的实际，对海岛保护实施分类、分区指导与管理。根据各个海岛的实际情况，采取有针对性的对策措施，科学选择开发利用模式，合理利用海岛资源。

3. 因岛制宜，综合发展原则

我国海岛由于面积大小、资源状况、社会经济条件和发展水平相差悬殊，不能按照统一的方式进行开发，必须坚持因岛制宜的原则，分析不同海岛的特殊价值属性，予以区别，采取不同的政策和管理方法，以利于集中优势，突出重点，选择正确的发展方向，使不同类型的海岛都能择优发展。例如，针对海岛工业发展要"因势利导"，着力进行水、电、能源等基础设施的建设，积极发展适合海岛的新兴工业门类；利用海岛的区位优势，发展港口航运物流、建设海岛特色基地，拓展海岛工业发展的空间。针对海岛旅游业发展，要保护、优化海岛人文、自然景观生态，合理地制订海岛旅游战略规划，切实保护好海岛旅游资源。通过价格机制、供求机制、竞争机制和风险机制引导包括土地在内的诸多生产资料、资金、劳动力和信息、技术的合理流动，在市场的作用下实现海岛资源的优化配置，鼓励海岛的合理开发利用和保护。

4. 军民结合、平战结合原则

许多海岛处在海防的最前哨，有些海岛甚至是战略要塞，在保卫国家海防方面有十分特殊的重要价值。因此，应当加强具有国防安全价值海岛的保护。同时，要从战时出发，对海岛进行规划和布局，形成一级、二级和三级国防岛链，分级进行管理，以利于海防的巩固，形成防可守、攻可进的钢铁海防。对一级国防安全价值海岛进行高度军事控制；对二级国防安全价值海岛加以控制和保护；对三级国防安全价值海岛可以开发保国防。[①] 从我国海岛开发历程可以看出，军队的支持是海岛发展的重要条件，因而采用"军民结合"的原则对海岛、特别是无居民海岛管理具有重要意义：①以民用投入基础设施进行开发利用，可节省军费开支；②平战结合，平时以经济建设为主，兼顾部队的训练，战时以军用为主，军民共同对敌；

---

① 刘容子等：《我国无居民海岛价值体系研究》，海洋出版社 2006 年版，第 267 页。

③可防止诸如钓鱼岛和南沙群岛的部分海岛那样，由于未开发而被别国侵占的现象发生。目前，我国部分原军队驻守的岛屿，有的采取军民共建，有的已完全移交给地方，这对海岛经济的发展起了很大的推动作用。所以，海岛的开发与管理，必须要军民互相支持、共同建设，通过开发利用来保障边远海岛的实际占有权。

第二节　海岛管理的基本制度

1992 年联合国环境与发展会议通过的《联合国可持续发展二十一世纪议程》在关于"小岛屿的可持续发展"中要求，"各国本身致力于解决发展中国家的可持续问题，为此必须：（1）采纳和执行一些计划和方案以支持可持续发展，并利用其海洋和沿海资源，包括满足基本的人类需要，维持生物多样性和增进岛屿人民的生活质量。（2）采纳一些措施，这些措施将使小岛屿发展中国家能够有效地、创造性和持续地应付环境变化，缓和影响和减少对海洋和沿海资源所造成的威胁"，并在 1994 年通过了《小岛屿发展中国家可持续发展行动纲领》，要求各国采取切实可行的行政措施，加强对岛屿资源开发的管理，努力提高岛屿基础设施的能力，扩大岛屿信息的交流，为岛屿的可持续发展提供根本的保障。

在这些原则的引导下，沿海各国开展了多种模式的海岛管理活动，包括立法、执法和行政管理等。例如，韩国制定了《国家岛屿发展规划》、《岛屿开发促进条例》，以此扩充岛屿的生产、改善生活基础设施。日本的《孤岛振兴法》、《孤岛振兴法实行令》是针对远离大陆的孤岛这一特殊情况而制定的，通过改善技术条件并振兴其产业等措施，以改变其落后状态。美国、加拿大、英国、荷兰、法国、瑞典、澳大利亚等国家也相继制定了有关海岛开发与保护的管理规定。

我国有关海岛的法律制度长期处于分散式立法的状态，相关规定散见于《宪法》、《领海及毗连区法》、《海洋环境保护法》、《海域使用管理法》等各种法律、法规、规章及规范性文件中，就海岛主权、海岛环境保护、领海基点海岛测量等方面内容进行了相关规定。2010 年颁布的《海岛保护法》，是我国第一部全面规范海岛利用、保护与管理的综合性法律，从整体上对海岛的权属、开发、保护及责任处罚进行综合规定，为海岛的发展提供了根本的法律保障，也由此形成了海岛管理的基本制度。《海岛保护法》确立了海岛保护与管理的五项基本制度，即海岛保护规划制度、海岛生态保护制度、无居民海岛权属及有偿使用制度、特殊用途海岛保护制度和海岛监督检查制度，其核心理念是保护。

一、海岛保护规划制度

海岛保护规划是海岛保护、开发、建设和管理的依据，具体指导海岛生态保护和无居民海岛开发利用活动，是落实海岛生态保护和无居民海岛开发利用各项措施的前提。根据《海岛法》要求，我国实行海岛保护规划制度，按照"有利于保护和改善海岛及其周边海域生态系统，促进海岛经济社会可持续发展"原则，依法科学合理地编制规划。由国务院海洋主管部门会同本级人民政府有关部门、军事机关，依据国民经济和社会发展规划、全国海洋功能区划，组织编制全国海岛保护规划。

1. 海岛保护规划类别和级别

按照规定，我国的海岛保护规划分为三级三类：三级是指国家级规划、省级规划和市县级规划；三类是指海岛保护规划、海岛保护专项规划和可利用无居民海岛的保护和利用规划。其中，位于最顶端的是全国海岛保护规划，该规划由国务院审批，国务院海洋主管部门会同本级人民政府有关部门、军事机关组织编制。沿海省、自治区人民政府海洋主管部门会同本级人民政府有关部门、军事机关，依据全国海岛保护规划、省域城镇体系规划和省、自治区土地利用总体规划，组织编制省域海岛保护规划，报省、自治区人民政府审批，并报国务院备案。

2. 海岛保护规划编制的相关要求

编制过程中还规定了以下几点：第一，应当按照海岛的区位、自然资源、环境等自然属性及保护、利用状况，确定海岛分类保护的原则和可利用的无居民海岛，以及需要重点修复的海岛等；第二，全国海岛保护规划应当与全国城镇体系规划和全国土地利用总体规划相衔接；第三，报送审批前，应当征求有关专家和公众的意见，经批准后应当及时向社会公布，但是涉及国家秘密的除外。全国海岛保护规划制定后，沿海省（自治区）人民政府、沿海城市（县、镇）人民政府从上而下，逐级依据上一级海岛保护规划编制本行政区域内的专项规划，并上报备案。

除此之外，为贯彻海岛保护规划制度，还必须建立和完善海岛统计调查制度、海岛管理信息系统，由海洋主管部门对海岛自然资源进行调查评估和综合统计、发布调查公报，并对海岛的保护与利用等状况实施监视、监测。

二、海岛生态保护制度

加强海岛生态保护，防止海岛生态遭到破坏，是海岛保护工作的核心。我国为保护海岛的自然资源、自然景观以及历史、人文遗迹，设立了一般规定和特殊规定。在一般规定中，明确国家保护海岛植被、淡水资源，对海岛物种进行登记，支持可再生资源的开发，设立海岛保护专项资金，禁止改变自然保护区内海岛的海岸线，依法保护军事设施和公益设施等职能，以此保护全国范围内的众多海岛生态环境和资源。

同时，针对有无居民户籍，又将海岛分为有居民海岛和无居民海岛，分类设立了相应的特殊规定，分别予以管理保护。

一是有居民海岛生态系统的保护。有居民海岛的开发、建设应当遵守以下五点：第一，符合有关城乡规划、环境保护、土地管理、海域使用管理、水资源和森林保护等法律、法规的规定，保护海岛及其周边海域生态系统；第二，开发和建设前应当对海岛土地资源、水资源和能源状况依法进行环境影响评价，优先采用风能、海洋能、太阳能等可再生能源和雨水集蓄、海水淡化、污水再生利用等技术，在有居民海岛及其周边海域划定禁止开发、限制开发区域，防止海岛植被退化和生物多样性降低；第三，在有居民海岛进行工程建设，应当坚持先规划后建设、生态保护设施优先建设或者与工程项目同步建设的原则，造成生态破坏的由县级以上人民政府责令停止建设，并由破坏单位予以修复；第四，严格限制在有居民海岛沙滩建造建筑物或者设施或在有居民海岛沙滩采挖海沙；第五，严格限制填海等危害有居民海岛海岸线的行为，严格限制填海连岛工程建设。

二是无居民海岛的保护。无居民海岛数量众多，约占海岛总数的94%，因而其生态环境是海岛保护的重点。无居民海岛应当优先保护、适度利用。按照主导用途，无居民海岛可分为旅游娱乐用岛、交通运输用岛、工业用岛、仓储用岛、渔业用岛、农林牧业用岛、可再生能源用岛、城乡建设用岛、保留类海岛、公共服务用岛。上述岛屿的管理主要分为禁止利用和可利用两个方面的内容：一方面，未经批准利用的无居民海岛，应当维持现状，禁止采石、挖海沙、采伐林木以及进行生产、建设、旅游等活动，严格限制在无居民海岛采集生物和非生物样本，确需采集的应报海岛所在县级以上地方人民政府海洋主管部门批准。另一方面，针对全国海岛保护规划确定的可利用无居民海岛的开发利用活动，应当遵守可利用无居民海岛保护和利用规划，开发前先向省、自治区、直辖市人民政府海洋主管部门提出申请，并提交项目论证报告、开发利用具体方案等申请文件，由有关部门和专家审查，报省、自治区、直辖市人民政府审批。为保护海岛生态，对于开发、利用过程中建筑物的总量、高度以及与海岸线的距离有具体规定，开发利用和旅游、养殖等活动产生的废弃物要有相应的污染防治措施。

三、无居民海岛权属及有偿使用制度

长期以来，存在着对无居民海岛的权属认识不清，开发利用秩序混乱，存在"无序、无度、无偿"问题。《海岛法》依据宪法原则，明确规定了无居民海岛属国家所有，由国务院代表国家行使无居民海岛所有权，同时还规定无居民海岛的有偿使用制度。经批准开发利用无居民海岛的，应当依法缴纳使用金，但国防、公务、教学、防灾减灾、非经营性公用基础设施建设和基础测绘、气象观测等公益事业使用除外。无居民海岛使用金征收使用管理办法，由国务院财政部门会同国务院海洋主管部门规定。

无居民海岛有偿使用制度在保证无居民海岛国家所有的基础上，根据无居民海岛所有权与使用权分离的原则，国家与无居民海岛使用单位和个人之间依法建立一种租赁关系。这要求无居民海岛使用者在使用期内，对指定的无居民海岛按年度逐年缴纳或按规定一次性缴纳使用金，国家通过宏观调控，保证无居民海岛使用权作为特殊商品进入市场流动，是一种新型的无居民海岛管理制度。[①] 无居民海岛权属的确立和有偿使用制度的引进，为海岛

---

① 中华人民共和国海岛保护法释义编写组：《中华人民共和国海岛保护法释义》，法律出版社 2010年版，第 49 页。

所有者和使用者的行为提供了合法性基础，并通过使用权的有期性、市场性，保障了我国无居民海岛所有权的有效履行。

四、特殊用途海岛保护制度

特殊用途海岛主要是指领海基点所在海岛、国防用途海岛、海洋自然保护区内的海岛等具有特殊用途或者特殊保护价值的海岛，它们对于维护国家海洋权益、生态安全，具有特别重要的意义，因而法律规定了比普通海岛更为严格的保护制度，对其予以特别保护。首先，领海基点所在的海岛，应当由海岛所在省、自治区、直辖市人民政府划定保护范围，报国务院海洋主管部门备案，领海基点及其保护范围应设置明显标志并禁止进行工程建设或其他可能改变地形、地貌的活动。其次，禁止破坏国防用途海岛的地形、地貌，禁止将其用于国防之外的目的，国防用途终止时，经军事机关批准后应当移交该海岛所在省级人民政府进行生态保护与管理。最后，根据海岛自然资源、自然景观以及历史、人文遗迹保护的需要，对具有特殊保护价值的海岛及其周边海域，依法批准设立海洋自然保护区或者海洋特别保护区。

此外，无居民海岛的开发利用涉及特殊用途海岛的，若确需进行以特殊用途海岛为目的的工程建设，应当经过科学论证，报国务院海洋主管部门同意后依法办理审批手续，并由县级以上人民政府海洋主管部门对海岛及其周边海域生态系统实施监视、监测。

五、海岛监督检查制度

为了海岛行政管理的有效实施，必须强化对海岛监督检查内容的规范。首先，在主体职责分工方面规定，县级以上人民政府有关部门应当依法对有居民海岛的保护、开发、建设进行监督检查，海洋主管部门依法对无居民海岛的保护与合理利用情况进行监督检查，海洋主管部门及其海监机构依法对海岛周边海域生态系统保护情况进行监督检查。其次，在主体的内部监督管理方面，要求海洋主管部门依法履行监督检查职责，有权进入海岛实施现场检查并要求被检查单位和个人就海岛利用的有关问题作出说明，检察人员自身要忠于职守、秉公执法、清正廉洁、文明服务，履行职责时出示有效的执法证件，并依法接受监督。若发现国家机关工作人员在海岛执法时违犯法律规定，应当给予处分，并向其任免机关或者检察机关提出处分建议。这有利于海岛管理职能的落实，也有利于海岛行政管理队伍的建设和能力的提升。

这五项重要制度中，海岛保护规划制度是海岛保护、开发、建设和管理的依据，是落实海岛生态保护制度、无居民海岛权属及有偿使用制度、特殊用途海岛保护制度的前提、基础。而海岛生态保护制度、无居民海岛权属及有偿使用制度、特殊用途海岛保护制度，是海岛保护工作的核心，是海岛保护规划的落脚点。监督检查制度，是海岛行政管理职能有效实施的重要保障。规划、保护与管理、监督检查三者互为条件，相辅相成，是一个有机整体。

第三节　我国海岛管理现状及其发展

从历史上看，我国对海岛的管理一直处于滞后状态。尽管通过行政建制的方式，对一些有居民海岛实施管理，但因国防安全等需要，我国的海岛发展长时期处于相对封闭状态，其发展远远落后于滨海地区。直到 20 世纪 80 年代，海岛管理工作才纳入议事日程。进入 21 世纪，海岛管理进入快速发展时期。尽管仍然存在各种问题，但总体趋向于法制化、规范化、科学化的发展之路。

一、我国海岛管理体制现状

（一）通过行政建制，实现对海岛的有效管理

海岛行政建制，是指海洋行政管理的区域组织系统。为了对海岛进行有效的管理，按照海岛的自然地理条件、海岛面积大小、海岛政治经济状况、历史传统及军事等各方面的需要，我国把一些海岛划分为不同级次的若干行政区，通过行政建制的方式，实现对海岛的管理。

1. 海岛省

我国以海岛组成的特别行政区有两个，分别是香港和澳门。以海岛组成的省级行政建制共两个，它们是台湾省和海南省。台湾省的岛屿大多分布在东海的东南部，全省由 224 个海岛组成；海南省的岛屿主要分布在南海的中部和南部，全省海岛共 232 个。两省海岛分布的海域面积约占全国海岛分布海域面积的一半左右。两个海岛省共辖海岛 456 个，约占全国海岛总数的 6%，点

全国海岛总面积的 90%，人口占全国海岛总人口的 85% 以上。两省海岛的区位优势最为明显，在捍卫我国的主权和海洋权益方面都具有重要的作用。

2. 海岛市

我国以海岛组成的地级市和副省级城市建制有三个，它们是舟山市、三沙市和厦门市。舟山是浙江省辖地级市，是我国两个以群岛建立的地级市之一，位于东海的北部、长江口以南，由 1390 个海岛组成，占全国的五分之一。其中海域面积 2.08 万平方千米，陆域面积 1440 平方千米。三沙市是海南省下辖的地级市，2012 年 6 月 21 日正式批准设立，是继舟山市后的全国第二个由群岛组成的地级市，也是中国第一个系列群岛设立的群岛城市，为中国地理纬度位置最南端的城市。三沙市全市涉及岛屿面积 13 平方千米，海域面积 200 多万平方千米，下辖西沙群岛、中沙群岛、南沙群岛的岛礁及其海域，是中国陆地面积最小、总面积最大、人口最少的城市。厦门市是福建下辖市，为副省级城市，位于东海的南部、台湾海峡的西部，陆地面积 1699.39 平方千米，海域面积 300 多平方千米，有 37 个海岛。

3. 海岛县（区）

全国海岛县（区）一级的 17 个。每个海岛县（区）一般由若干个岛屿组成。主岛面积较大，距大陆较近，交通便利，岛上经济较发达。海岛县（区）各省分布为：浙江省 6 个，福建省 4 个，广东省 2 个，山东省、台湾省、辽宁省、上海市、海南省各 1 个，共 17 个。

4. 海岛乡

全国海岛乡（镇）一级的有 191 个（不含海南岛本岛和台湾、香港、澳门所辖的岛屿），以浙江省最多，共 95 个；其次为上海市 28 个，广东省 22 个，山东省 15 个，福建省 13 个，辽宁省 9 个，江苏省、海南省和广西壮族自治区各 3 个。

对海岛的行政建制，表明对上述海岛的管理实际上是沿用了陆地管理的模式，是陆地管理在海岛领域的延伸。

由于沿用陆域的行业管理方式，因而我国海岛开发和管理工作分散到多个部门，多种行业，条块分割，职责交叉。鉴于海岛远离陆地、分布分散，因而管理中必须具备船舶等工具或手段，管理成本大且管理难以到位，结果造成了理论上有人管理而实际上又经常无人去管的局面；海岛自然条件的多样性、自然灾害的频繁性，更增加了海岛管理的复杂性。

（二）对不同性质的海岛，采取差异性管理方式

由于无居民海岛和有居民海岛具有不同的性质，因而在管理上存在着差异。

对于有居民海岛管理。我国有居民海岛已建立明确的行政隶属关系和完整的行政管理体系，各项有关法律制度已经在实施，实行分散协调管理体制。根据国务院对其有关部门的职责分工，明确由国家海洋行政主管部门负责全国有居民海岛周边海域生态保护工作，国务院城乡规划、环境保护、国土资源、水利、林业等有关部门在各自职责范围内，负责与本部门职责有关的有居民海岛保护工作，沿海县级以上地方人民政府海洋主管部门和其他有关部门按照各自的职责，负责本行政区域内有居民海岛及其周边海域的生态保护工作。县级以上人民政府有关部门应当依法对有居民海岛的保护和开发、建设进行监督检查。

对于无居民海岛管理。长期以来，无居民海岛实行分散管理，管理职责不清，管理能力薄弱，造成开发秩序混乱，资源和生态环境破坏严重。2008年，国务院在启动新一轮机构改革和职能调整中，要求由国家海洋局"承担无居民海岛合法使用的责任"。《海岛保护法》明确规定：国务院海洋主管部门负责全国无居民海岛保护和开发利用的管理工作。沿海县级以上地方人民政府海洋主管部门负责本行政区域内无居民海岛保护和开发利用管理的有关工作。海洋主管部门应当依法对无居民海岛保护和合理利用情况进行监督检查。根据国务院对其所属有关部门的职责分工，同时考虑到无居民海岛往往远离大陆，对其管理需要海上工作条件和手段，为此，国家已建立由国家海洋行政主管部门国家海洋局及其派出机构北海分局、东海分局、南海分局和中国海监组成的海洋监察管理队伍，形成了包括海洋卫星、海监飞机、船舶、浮标、岸站等组成的海洋监测网络。目前，无居民海岛集中统一管理体制已基本形成。

除此之外，我国还有专门承担某项海岛管理职能的政府行政机关，如农业部门的渔政管理机关、交通部门的港口与海运管理机关、环境保护部门的海洋环保机关等，水利、林业、海关、地矿、气象等也承担了涉及海岛及周围海域的特定行政管理职责。

二、我国海岛管理中存在的问题

自 2010 年 3 月 1 日《海岛法》实施以来，我国的海岛管理迈上了一个新台阶。《海岛法》的颁布，有助于明确管理主体、依法管理海岛；能够借助海岛命名有利于宣示主权、捍卫领海基线以及南海及其他海域争端的解决；促进了海岛的开发与利用。

但由于海岛问题的复杂性以及我国实施依法管理海岛实践的有限性，目前的海岛管理仍然存在诸多问题，难以适应我国海洋事业发展和建设海洋强国的需要。主要表现在：

1. 海岛开发秩序仍存在混乱现象

与陆地相比，海岛地理环境独特，生态系统脆弱，淡水资源短缺，基础设施落后。海岛建设过程中，由于缺乏明确的政策指导和成功的发展经验，盲目性和随意性比较突出。一些地方随意在海岛上开采石料，砍伐植被，破坏了海洋自然景观和海上天然屏障，甚至使一些海岛生态资源不复存在；一些单位和个人随意占有、使用、买卖和出让无居民海岛，造成国有资源性资产流失；无序开发海岛损害了国家权益，威胁国防安全。一个时期以来，炸岛、炸礁、采石、砍伐、挖砂等严重改变海岛地貌和地形的事件时有发生，极有可能改变我国一些领海的基点位置，从而损害我国的国家主权和领海安全。在一些地方，管理人员及其他人员登岛受到阻挠，影响国家正常的科学调查、研究、监测和执法管理活动。

2. 无居民海岛管理缺位现象严重

虽然无居民海岛是国土的一个特殊组成部分，大陆上的各项法律规定在海岛都适用，但由于无居民海岛地理分布的分散性与偏僻性的特点，使得以往陆地的管理制度和模式无法延伸至此。无居民海岛与海水共同构成的生态系统使海岛上各种生物和非生物相互依存，形成独特的海岛资源，现行的各类管理制度也难以全面覆盖这一特殊资源和系统。这些都极大增加了无居民海岛管理的艰巨性和复杂性。① 无居民海岛管理缺位首先表现在：①我国大多数无居民海岛都远离其行政管辖机构所在地，受地理位置、自然环境等多

---

① 郭院：《浅谈无居民海岛的开发与保护》，《中国海洋大学学报》2004 年第 3 期。

种因素限制，很难设立常驻机构。逐个登岛去进行实地管理监督，不但成本高昂，而且也因海水阻隔，交通不便而难以实现。因此，对岛上各项活动的组织、指挥、监督、检查只能是阶段性和不定期性的。[①] 这种管理方式一方面使无居民海岛成为无主资源，遭到随意开发、占用，污染和损害海岛生态环境的现象严重。②特殊用途海岛保护力度不足。我国在一些海岛上设有各种等级的基线点、重力点、天文点、水准点、全球卫星定位控制点等设施和标志；有的海岛具有典型性、代表性的生态系统；有的海岛拥有重要的历史遗迹和自然景观。对这些岛屿的保护和管理事关国家利益，但国家对特殊用途海岛保护方面的投入不够，保护力度不够。③执法管理不到位。我国海岛数量多，分布面积广，涉及区域大，海岛监视监测工作由各海区海监部门负责，就海监职能部门而言，以定期巡航维权执法专项为主，以船舶、飞机、卫星等设备进行监视监测。我国海岛大多远离大陆，交通不便，海岛上涉及多方面：渔业、土地、林业等资源的管理，人员不足、缺乏综合管理知识、大型监测设备跟不上形势需求等等问题都增加了执法人员的管理难度。由于执法不到位，有些无居民海岛成为外地闲散人员生产作业的场所，有些无居民海岛甚至成为犯罪分子的避风港，而当地政府往往并不知晓，管理部门也没有足够的能力进行管理，给沿海地区的社会稳定留下隐患。这种理论上有人管理而实际上又无人管的现状，成为影响目前我国无居民海岛有效开发与使用并科学管理的主要因素。

3. 管理主体过于分散

由于我国海岛行政主管部门组建初期是采取条块管理的方式，因而长期以来在海岛开发管理中一直存在分散、多头管理体制，机构重叠，政出多门，决策程序分散等问题。由于缺乏统筹协调机制，各部门分别制定和使用海岛规划，各行其是，各自为政，缺乏海岛综合管理部门对海岛的统一规划和整体开发。特别是目前由于海域勘界没有完成，一些海岛县、乡、村可管辖和利用的海域范围不清，海岛管理仍存在行政管辖不清的困境，导致由于海岛利益纷争而引起的矛盾冲突不断，不仅严重影响了当地的安定团结，而

---

① 李茵等：《无居民海岛保护利用的效率及问题》，《海洋开发与管理》2003 年第 6 期。

且损害我国海岛及海洋事业发展的整体利益。而多头管理必然带来职能重叠，交叉执法、多头审批的现象。有些地区的无人岛管理，不仅各市县政府有审批海岛使用权和承包权的权利，就连乡政府也有权进行审批，随意审批、无序开发的情况较为严重。同时我国海岛法律体系尚不完善，使得管理工作缺乏权威性、全局性的法律依据，管理职能与权限不清，加之有些管理部门推脱管理责任或不具备管理能力，这种主观上的不作为造成国有资产流失和管理混乱，增加管理困难，制约海岛经济的发展，使有效管理工作难以顺利开展，海岛开发的利益难以得到保障。

三、推进海岛管理的举措

海岛作为我国经济发展中的一个特殊的区域，国家应从战略的高度进行考虑，加快海岛管理立法进程，实现海岛依法管理；尽快理顺海岛的管理体制，建立全国统一有效的综合管理体制；加大对海岛开发、保护和管理的投入等。

1. 建立健全海岛法律体系，完善配套制度

法律的生命在于实施，《海岛保护法》颁布实施后能否取得预期的法律实效，关键还在于海洋主管部门对该法的贯彻落实情况。《海岛保护法》规定了一系列重要制度，要求在法律实施后制定一系列的法律规范性文件去细化、落实。可以说这些规范性文件的细化水平，落实程度决定了海岛法的法律实效。

（1）健全和完善《海岛保护法》配套制度，加快地方海岛立法进程。沿海各省市根据实际情况，将海岛制度建设纳入地方人大和政府立法计划。对原有的地方性法规和规范性文件进行清理，及时修订或者废止不符合《海岛保护法》及国家海岛政策的规章和文件，逐步形成比较完善的海岛开发、保护和管理制度体系。如，尽快出台"无居民海岛使用管理条例"，建立健全无居民海岛权属管理和市场化出让等制度，深入推进无居民海岛确权发证工作等。

（2）完善规划编制，统筹海岛开发与保护。沿海市县研究编制无居民海岛保护和利用规划。逐步建立和完善海岛保护规划体系，统筹全国海岛的开发与保护，为我国海岛的可持续开发和保护奠定基础。编制海岛整治修复

和保护的规划、计划，做好项目库建设和项目申报工作。制定海岛整治修复技术指南，指导和推进海岛整治修复工作，规范海岛整治修复和保护的内容和监管、验收工作程序。加强对中央财政海域使用金支持的海岛整治修复和保护项目完成情况的监督检查。

（3）制定海岛保护常规检查工作办法。我国海岛大部分属于无居民岛屿，海岛执法工作机制尚未完全形成，海岛执法监测检查应当以已开发利用的无居民海岛为重点，确定海岛检查程序、范围，采用船舶、飞机、卫星地面站等海岛监测技术手段，使海岛检查工作常态化、立体化。

2. 加强海岛综合管理，健全管理体制

海岛的保护和开发利用是与管理紧密相联的，综合协调发展维系着海岛可持续发展的成败。满足于部门、专业和单项的传统管理，已不能顺应社会发展和时代需要，反而会成为经济发展的桎梏。有效的管理必须包含综合和协调两种主要机制，必须建立和完善一个具有权威性、综合性、现代化和高度统一的海岛管理体系和相应的职能机构。设立这样的综合管理机构是理顺职能关系、协调各种矛盾、建立海岛管理新秩序的关键。海岛综合管理的目的是使多部门开发协调进行，同时尽量减少不必要的对立矛盾，最大限度地降低长期社会代价，实现海岛协调可持续发展。[①] 此外，强调综合性宏观协调管理，并不是否定部门管理的作用，也不是由一个部门取代其他部门在海岛上行使管理权，总揽一切事务，而是在宏观上依法对各部门在海岛开发利用方面进行规划、协调、监督和管理，以使各部门的管理工作得到进一步加强。所以，部门之间的协调是保证管理工作的整体性和综合性的关键。在统管与分管的关系上，做到"宏观统管，部门专管，统分结合，各司其职（责）"，这样既理顺了各方面的关系，发挥各行各业的积极性，又强化了综合管理，使海岛开发事业有计划、有步骤地协调发展。

首先，统筹规划，协调发展。海岛开发建设涉及许多行业和部门，沿海省、自治区、直辖市应当根据本地区海岛的实际情况，建立统一、有效的综合管理体制，制定开发建设的总体规划，并纳入当地社会经济发展长远规划和年度计划，有步骤地组织实施。沿岸海岛管理还可以纳入海岸带管理，与

---

① 刘容子等：《我国无居民海岛价值体系研究》，第 275 页。

海岸带一起进行统一规划和管理。沿海各级人民政府要把海岛开发建设纳入议事日程，并确定一个综合部门负责组织协调工作，研究解决各种政策问题和实际问题。同时，动员土地、水产、交通、电力、环保等部门，密切协作，做好海岛开发建设和管理工作。国务院有关部门也要把海岛开发建设作为本部门工作的重要内容，积极给予支持，对海岛资源的开发利用应当全面考虑，综合协调，统筹兼顾。各地区可以根据实际需要，制定海岛开发和管理法规，加强海岛的制度化管理。

其次，建立相对集中且功能专门化的管理机制。我国海岛开发和管理工作分散到多个部门，职责交叉、体制不顺，导致管理难以到位。要改变当前海岛管理，就需要改变传统的管理模式，完善海岛综合管理体制。根据决策理论，管理主体越多越分散，管理责任就会趋于松弛，而难以实现既定目标。由于历史原因，我国海洋资源管理体制的设置多是出于行政区划的考虑而忽视按生态属性划分区域。这使得管理机构对地方利益、部门利益的考虑远远大于对海洋生态环境的保护和海洋资源的可持续利用方面的考虑。因此，科学的海岛资源管理模式应是综合管理，即各相关部门相互配合对海岛的空间、资源、环境和权益等进行全面的、统筹协调的管理。这是比行业管理更高的管理层次，政策综合执行效果也会更好。

再次，建立海岛协调合作机制。我国多个行业共同管理海洋资源，容易产生权利的交叉与分割，形成"群龙闹海"的局面，而海岛资源自身的相互依存性和复杂性客观上需要多个行业相互配合，这就需要有广泛的协调和处理机构之间冲突的机制。因此需要建立一个协调机构来执行政策协调、监测数据处理、交流与共享、海上执法任务调度以及海上救济等职能。

3. 提高执法部门管理能力

有关执法部门对海岛管理能力的提高包括几方面：第一，采取切实可行的海岛执法模式，海岛管理对于执法部门来说是一个崭新的课题，执法部门应采用定期巡航执法、专项执法和联合执法相结合的模式。第二，综合运用多元化海岛执法手段，开展海岛保护与开发利用的执法工作应采取卫星遥感、航空巡视、船舶巡航和登岛巡查相结合的手段进行，利用航空拍摄、摄像及遥感技术及时掌握海岛保护和开发利用情况，引导海监船舶和执法人员开展海岛巡航和登岛巡查工作。第三，提高海岛执法人员素质，加大海岛执法人员的配置，扩充人员编制以适应广阔的海岛管辖范围，引进复合型人才，特别是法律、环境工程、通信技术等方面的专业人才。

4. 完善全国海岛地名基础信息，推进海岛名称标准化

海岛地名普查具有现实的重要意义。地名普查不仅仅是普查、更新、登记等工作，而是要建立全国海岛地名数据库，将海岛所处经纬度、面积、人口密度、生态环境、资源禀赋、历史情况、气候条件等一一记录在案，并进行系统化动态管理，将定期巡航检查内容更新到数据库中，及时掌握海岛最新情况，为海岛管理提供全方位的信息。同时，也为海岛开发的总体部署及分类开发做好基础性工作，以便海岛开发与保护的准确定位，有的放矢。2008 年我国启动第一次全国海域海岛地名普查工作，今后将继续开展全国海岛资源综合调查，建立海岛调查监督管理和技术指导体系。遵循"先有人、后无人，先近岸、后偏远，边调查、边汇总，边整理、边应用"的原则，完成有居民海岛、拟开发海岛和权益海岛的资源综合调查，通过海岛监视监测系统为沿海经济发展服务。

同时，进一步推进海岛名称标准化工作。根据《中华人民共和国海岛保护法》，适应海岛开发建设与保护，经国务院批准，国家海洋局、民政部于 2012 年 3 月 3 日对钓鱼岛及其部分附属岛屿的标准名称、汉语拼音、位置进行描述并公布。通过进一步加强海岛名称管理工作，开展海岛命名、更名、名称注销和名称登记工作，及时发布海域海岛标准名录，设置海岛名称标志，完善南海海域地名管理。以此，深化对涉及岛礁主权、海域管辖权、海域划界等维护海洋权益工作的政策、立法、规划的研究，实现对国家主权和海洋权益的维护。

第十章　海洋应急管理

海洋突发事件近年来有愈发严重之势，它的频发威胁人民群众的生命和财产安全，造成严重的经济后果，能否做到防患于未然或妥善处理海洋突发事件所造成的危害，考验着政府的应急管理水平。特别是随着海洋突发事件形式的多样化、演变的复杂性，海洋应急管理面临的挑战越来越大。在这种背景下，提高我国海洋应急管理水平、建立健全和海洋应急管理法制、体制，对于我国海洋事业的发展具有基础性的作用。

第一节　海洋应急管理概述

海洋应急管理通常是围绕着海洋突发事件的预防、处置等过程展开。明确海洋突发事件的类别，掌握海洋应急管理的含义和特点，有助于构建科学的海洋应急管理制度体系，推进海洋应急管理制度改革的发展与完善。

一、海洋突发事件的含义及类别

（一）海洋突发事件的含义

海洋应急管理的客体是海洋突发事件。对于什么是突发事件，我国2007年8月30日颁布的《中华人民共和国突发事件应对法》（以下简称《突发事件应对法》）中第3条明确规定："本法所称突发事件，是指突然发生，造成或者可能造成严重社会危害，需要采取应急处置措施予以应对的自然灾害、事故灾难、公共卫生事件和社会安全事件。"该法对自然灾害、事故灾难、公共卫生事件这三类突发事件设定分级标准，即从高到低分别为特别重大、重大、较大和一般这四种标准。

根据我国《突发事件应对法》对突发事件的定义，海洋突发事件可以定义为突然发生，造成或者可能造成严重社会危害，需要采取应急处置措施予以应对的，发生在海洋领域的自然灾害、事故灾难、公共卫生事件和社会安全事件。从定义中，我们可以归纳海洋突发事件首先是一种突发事件，具有发生的突然性，危害性，急迫性，公共性；其次，海洋突发事件与一般意义上的突发事件的不同之处是发生在海洋领域，具体来讲是指发生在海洋领域内并对海洋权益、海洋产业、海洋环境、海洋安全以及涉海人员的生命财产安全带来严重威胁的事件。

（二）海洋突发事件的分类

根据不同的分类标准，海洋突发事件可以分为不同的种类，本书根据海洋突发事件发生的原因，将海洋突发事件分为自然的海洋突发事件和人为的海洋突发事件。

1. 自然的海洋突发事件

自然的海洋突发事件主要指一些由不可抗力的自然因素引发的海洋突发事件，主要是指海洋灾害。引发我国的海洋灾害的主要因素有风暴潮、海浪、海冰、赤潮等。由引发的不同的因素可见，海洋灾害具有种类繁多、发生频繁、危害严重等特点，严重威胁着沿海地区的人民生命财产安全。

（1）风暴潮灾害：风暴潮、天文潮和近岸海浪结合引起的沿岸涨水造成的灾害，通称为风暴潮灾害。热带气旋、温带气旋等风暴过境所伴随的强风和气压骤变而引起局部海面振荡或非周期性异常升高（降低）现象，称为风暴潮。风暴潮引起的增水不但危及海岸，还可直接由海岸向陆地深入造成灾害。风暴潮能否成灾，在很大程度上取决于其最高风暴潮位是否与天文潮高潮相重叠，如果最大风暴潮位恰与天文大潮的高潮相叠加，往往会带来特别严重的风暴潮灾害；同时，风暴潮的强度也取决于受灾地区的地理位置、海岸形状、沿岸及海底地形等地理因素；此外，滨海地区的防御潮灾基础设施状况和社会应急处置能力也对风暴潮灾害程度具有至关重要的影响。根据风暴潮灾害所造成的损失大小，专家把风暴潮灾害划分为4个等级：特大潮灾、严重潮灾、较大潮灾和轻度潮灾。风暴潮灾害居海洋灾害之首位，世界上绝大多数特大海洋灾害都是风暴潮造成的。

（2）海浪灾害：由强烈大气扰动，如热带气旋（台风、飓风）、温带气旋和强冷空气大风等引起的海浪在海上常能掀翻船只，摧毁海上工程和海岸工程，造成巨大灾害，我们把这种海浪称为灾害性海浪，海浪灾害就是由这种灾害性海浪引起的。

（3）海冰灾害：海冰灾害也称之为白色灾害，是指海洋中因为天气寒冷，海水凝结成冰，出现的严重冰封、冰山、冰块，冰山和巨大的冰块在潮流的作用下会对海上交通运输、生产作业、海上设施及海岸工程等造成严重的损害。

（4）赤潮灾害：是海洋中某一种或某几种浮游生物在一定环境条件下暴发性繁殖或高度聚集，引起海水变色，影响和危害其他海洋生物正常生存的灾害性海洋生态异常现象。赤潮一般可分为有毒赤潮与无毒赤潮两类。有毒赤潮是指赤潮生物体内含有某种毒素或能分泌出毒素的生物为主形成的赤潮。有毒赤潮一旦形成，可对赤潮区的生态系统、海洋渔业、海洋环境以及人体健康造成不同程度的毒害。无毒赤潮是指赤潮生物体内不含毒素，又不分泌毒素的生物为主形成的赤潮。无毒赤潮对海洋生态、海洋环境、海洋渔业也会产生不同程度的危害，但基本不产生毒害作用。

自然因素造成的海洋突发事件多数是难以避免的，但如果能有效预警并做好准备，突发事件发生后是可以将损失降到最低的。

2. 人为的海洋突发事件

人为的海洋突发事件主要是指人类在涉海活动中，由于人们行为不当而导致的突发事件。对人为的海洋突发事件按照内容不同可以分为4种类型：

（1）海洋事故突发事件。主要是指发生在海上交通和海洋工程及设施的突发事件。如海难事件、海上石油的泄漏和海底光缆的破坏等。

（2）海洋安全突发事件。主要是指威胁到一国或地区的海洋权益，因争夺海洋资源、侵入管辖海域，损害海上交通等引发的突发事件。如海洋战争、海岛争夺和海盗劫持人质事件等。

（3）海洋环境突发事件。主要是指人类不适当地开发和利用海洋，对海洋环境造成短期内不可修复的影响。这里又可以分为海洋环境破坏突发事件和海洋环境污染突发事件，前者如围海造田和修筑堤坝等，后者如向海洋排放污水和赤潮灾害等。

（4）海洋生物突发事件。主要是影响到海洋生物资源存在和发展的突发事件，如海洋生物多样性减少和海洋渔业资源的枯竭等。

人为的海洋突发事件无论是故意还是过失造成的，如果能提前有效获取相应情报或发现危机隐患，是可以采取有效措施加以防范和清除的。当然，只是简单将突发事件用二分法分为人为和非人为的还是不够的，因为有时海洋突发事件中既有人为的因素，又有非人为的因素。例如，在一起海难事件中，人为因素有被忽视的安全隐患，自然因素有海上的恶劣气候，它们共同造成了这起突发事件；[①] 又比如说赤潮灾害，可能是非人为的自然的海洋灾害，也有可能是由于人类活动污染所致。

随着经济及科技的发展，人类对海洋的开发利用范围越来越广，程度也越来越深，对海洋的影响也随之加剧，由人类原因而导致的海洋突发事件也越来越多。例如，2011 年 6 月 4 日发生的康菲溢油事件，对我国渤海的生态环境以及渔民的养殖业造成了严重的影响。加之各国对海洋的重要性认识越来越高，海洋权益的争夺也越来越激烈，由此引发的海洋争端也越来越多。例如 2013 年 5 月 9 日上午 10 时左右，台湾渔船"广大兴 28 号"在屏东县鹅銮鼻东南方约 180 海里处遭菲律宾公务船开枪射击，造成一名船员死亡，船只丧失动力。由海洋权益之争所引致的我国大陆和台湾渔民在海上不断被侵害事件的频发，给我国政府海洋应急管理提出了挑战。因此，如何应对这些人为原因导致的海洋突发事件，是我国政府应急管理能力建设的一个重点。

（三）海洋突发事件的特点

海洋突发事件除了具有突发事件的一般特点外，由于海洋本身具有的流动性、关联性、复合性等原因，海洋突发事件具有不同于其他突发事件的特点。

第一，影响面广。海水及其生物是流动的，凭借一国国界和人的意愿是阻止不了这种流动的，这是海洋国土区别陆地国土最大的地方。对于海洋突发事件而言，一个海域发生了突发事件，往往会扩散到周边海域，甚至有的

---

① 张玉强、孙淑秋：《关于海洋危机管理研究的几个基础性问题初探》，《海洋开发与管理》2010年第 10 期。

影响还会波及全球，海洋突发事件的蔓延不受国界或地域界限的约束。如
2011年3月日本福岛核电站发生泄漏之后，我国海洋局监测结果表明，"日
本以东及东南方向的西太平洋海域已受到福岛核泄漏事故的显著影响。可以
肯定的是，监测区域的海洋生物会受到不同程度的污染。但监测区域不同范
围内受污染的程度不一样，不同海洋生物对放射性核素的富集程度也不一
样。由于铯-137和锶-90半衰期都约为30年，影响较为持久，尤其是放射
性物质经生物富集并经食物链传递、生物放大和累积，对海洋生物和海洋生
态系统乃至人类健康产生的长期影响将不容忽视。"[①]

第二，持续时间长。海洋是地球上地势最低的区域，危机因素一旦进入
海洋很难再转移出去，只能由海洋本身来消解，而不能溶解和不易分解的物
质在海洋中越积越多，从而使危机在海洋内持续存在。如1991年第一次海
湾战争期间，约1100万桶原油泄漏，溢油污染对海湾沿岸资源造成了长达
10年的损害，直至2003年仅沙特阿拉伯800多千米海岸仍有约800万立方
米的油污尚未消除，整个海湾生态恢复目前仍未见明显效果。[②]

第三，衍生性高。海洋突发事件往往通过海洋生物的食物链作用而在系
统内逐渐放大，使突发事件持续存在，并引发次生突发事件。如赤潮危机，
赤潮后期赤潮生物大量死亡，尸体分解消耗水中大量的溶解氧，又会导致鱼
类贝类的窒息死亡，引发海洋生态危机；而如果人类误吃了有毒的鱼类或贝
类又会导致食物中毒，社会卫生突发事件就难以避免。[③]

二、海洋应急管理的含义及过程

（一）海洋应急管理的含义

海洋应急管理是指以海洋行政主管部门为核心的多元主体为了降低海洋
突发事件的危害，基于对造成海洋突发事件的原因、海洋突发事件发生发展
过程以及所产生的负面影响的科学分析，有效集成社会各方面的资源，运用
现代技术手段和现代管理方法，对海洋突发事件进行有效的监测、应对、控

---

① 百度百科：《日本地震核泄漏》，2013年1月6日。见 http://baike.baidu.com/view/5361634.html。

② 张玉强、孙淑秋：《海洋危机的概念、特点及分类研究》，《海洋开发与管理》2009年第5期。

③ 张玉强、孙淑秋：《海洋危机的概念、特点及分类研究》。

制和处理。

这一概念表明，海洋应急管理的目标是减少海洋突发事件的危害，保护人民的生命财产安全，保护海洋生态环境；海洋应急管理贯穿于海洋突发事件发生、发展的全过程；在海洋突发事件形成、演进的不同阶段，都要实施监测、预警、干预或控制以及消解性措施。

海洋应急管理过程是组织相关社会力量共同应对突发事件的过程，即海洋应急管理的主体是由政府、企业、非营利组织和公民组成的多元化主体，其核心是政府部门的海洋管理机构。海洋应急管理主体的不同组成部分在海洋应急管理中的作用是不同的。政府在海洋应急管理中的作用是主导性的，其在海洋应急管理中起着领导、指挥与动员的作用；企业、非营利组织和公民则可以成为海洋应急管理的直接执行者。由于海洋危机管理是海洋管理的一种特殊的状态和形式，通常其主体与一般的海洋管理主体是一致的，即常态的海洋管理和非常态的海洋危机管理统一于海洋管理机构。就我国海洋管理体制来看，由于涉海部门比较多，海洋管理机构是分散的，面对特别重大的海洋危机时，一些临时建立的海洋危机协调机构或小组会暂时成为海洋危机管理的主体，但其成员大多也来自海洋管理相关部门，当危机处理完毕就归于解散，是一种非常设、临时性的海洋危机管理主体。

（二）海洋应急管理过程

按照突发事件的发生过程，即突发事件发生前、发生中、发生后的不同特点和处置方略，海洋应急管理过程相应地应该包括事件的预防管理、处置管理和恢复管理三个阶段。

1. 海洋突发事件预防管理

海洋突发事件应急预防管理指的是以先进的信息技术为平台，通过预测、海洋卫星、数字海洋等技术手段对危机态势进行有效的动态监测，作出前瞻性分析和判断，及时评估各种灾害的危险程度，将有关风险信息及时告知潜在的受影响者，使其采取必要的行动，做好相应的准备，并通过评估给出参考性对策建议，提高政府应急管理的效率和科学性。海上危机预警体系的设立是海洋突发事件预防管理的重要内容。目前，我国国家海洋局、各海洋分局、中央与地方气象台、国家海洋环境预报中心、国家海洋环境监测中心与地方环境监测中心、国家卫星海洋应用中心等都对海洋进行着实时地、全方位地监测，为预防海洋突发事件尤其是海洋灾害提供技术支撑。我国的海洋监测技术已经取得了一定的成就：一是三项海洋监测尖端技术取得突破性进展，即高频地波雷达海洋环境探测技术研究，声相关海流剖面（ACCP）测量关键技术研究，合成孔径成像声呐技术（SAS）研究；二是研制了一批海洋监测关键仪器设备；三是加强了对海洋卫星遥感应用关键技术的研究；四是建立了区域性海洋环境立体监测和信息服务系统。[①] 随着海洋监测技术的不断提高，我国对海洋突发事件的预防能力将会不断提升。

2. 海洋突发事件处置管理

海洋突发事件的处置是应急管理的核心环节，指政府在（不同于平常时期）海洋突发性事件发生时，在有限的时间、资源和人力约束条件下，完成对海洋危机的应对。海洋突发事件应急处置管理又包括两个方面：海洋突发性公共事件发生过程中的危机处理和海洋突发性公共事件发生后的危机处理。在海洋应急管理中政府的工作职责参照我国《突发事件应对法》第四章中的规定，具体体现在：

（1）组织营救和救治受害人员，疏散、撤离并妥善安置受到威胁的人员以及采取其他救助措施。（2）迅速控制危险源，标明危险区域，封锁危险场所，划定警戒区，实行交通管制以及其他保障措施。（3）立即抢修被损坏的交通、通信、供水供电、供气、供热等公共设施，向受到危害的人员提供避难场所和生活必需品，实施医疗救护和卫生防疫以及其他保障措施。（4）禁止或者限制使用有关设备、设施，关闭或者限制使用有关场所。（5）启用本级人民政府设置的财政预备费和储备的应急救援物资，必要时调用其他急需物资、设备、设施、工具。（6）组织公民参加应急救援和处置工作，要求具有海洋特定专长的人员提供服务。（7）保障食品、饮用水、燃料等基本生活必需品的供应。（8）依法从严惩处囤积居奇、哄抬物价、制假售假等扰乱市场秩序的行为，稳定市场价格，维护市场秩序。（9）依法从严惩处哄抢财物、干扰破坏应急处置工作等扰乱社会秩序的行为，维护社会治安。（10）采取防止发生次生、衍生事件的必要措施。

对于海洋突发事件的处置，海洋行政主管部门以及地方政府有关部门应

---

① 朱光文：《我国海洋监测技术研究和开发的现状和未来发展》，《海洋技术》2002 年第 2 期。

根据突发事件发生的时间、地点和特点，迅速作出响应，根据《突发事件应对法》的规定作出部署，应该尽快到达现场，尽可能详细地掌握当前详细的情况，迅速启动应急预案，果断采取有效的应急措施，防止突发事件扩大升级。

3. 海洋突发事件恢复管理

海洋突发事件恢复管理是指在海洋突发事件处理结束，危险因素全部消除后的一系列补救性管理，包括及时组织开展事后恢复重建工作，减轻海洋突发事件造成的损失和影响，尽快恢复生产、生活、工作和社会秩序，妥善解决处置突发事件过程中引发的矛盾和纠纷，认真进行总结评估，以改进今后的工作等在内的一整套管理机制和做法。海洋突发事件恢复管理是海洋应急管理的最后一个阶段，也是弥补危机造成的危害、恢复社会正常生活、生产秩序，重塑政府的公信力和政府形象的重要阶段。

在海洋突发事件得到有效控制之后，为了恢复正常的状态和秩序应该进行各种善后工作，主要包括：启动恢复计划，提供恢复计划，提供灾后救济救助，重建被毁设施，尽快恢复正常的社会生产秩序，进行灾害和管理评估等善后工作。工作重点是：一是要强调除海洋行政主管部门外，其他地方政府部门如市政、民政、医疗、保险、财政等部门的介入，尽快做好灾后重建恢复；二是海洋行政主管部门要进行客观的灾后评估，分析总结应急管理的经验教训，这不仅可以为今后应对类似危机奠定基础，也有助于促进制度和管理革新，化危机为转机。海洋突发事件的恢复工作做得好，不仅可以消除突发事件产生的根源和带来的危害，还可以增强人民对政府、组织的信心，重建良好形象。

第二节　海洋应急管理制度体系

海洋应急管理制度体系建设有利于妥善处理海洋突发事件，其主要内容就是海洋应急管理的"一案三制"，即海洋应急管理预案、海洋应急管理法制、海洋应急管理体制、海洋应急管理机制。

一、海洋应急管理预案

（一）海洋应急预案制定的必要性

海洋应急预案是指海洋行政主管部门和其他涉海主体针对可能发生的海

洋突发事件，为降低突发事件破坏后果的严重程度，保证迅速、有序、有效开展应急与救援行动而预先制定的行动计划或方案。海洋应急预案的制定对于海洋应急管理具有重要的指导意义。

第一，海洋应急预案确定了海洋应急救援的范围和体系，使海洋应急管理不再无据可依，无章可循，尤其是通过培训和演练，可以使相关的海洋应急人员熟悉自己的任务，具备完成指定任务所需的相应能力，并检验预案和行动程序，评估应急人员的整体协调性。

第二，海洋应急预案有利于作出及时的应急响应，降低事故后果，应急行动对时间要求十分敏感，不允许有任何拖延，海洋应急预案预先明确了应急各方职责和响应程序，在应急资源等方面进行先期准备，可以指导应急救援迅速、高效、有序地开展，将事故造成的人员伤亡、财产损失和环境破坏降到最低限度。

第三，海洋应急预案是海洋突发事件的应急基础，通过编制应急预案，可以对那些事先无法预料到的突发事件起到基本的应急指导作用，成为开展海洋应急救援的"底线"。

第四，海洋应急预案建立了与上级单位和部门应急救援体系的衔接，通过编制应急预案可以确保当发生超过本级应急能力的重大事故时与有关应急机构的联系和协调。

第五，海洋应急预案有利于提高风险防范意识，海洋应急预案的编制、评审、发布、宣传、演练、教育和培训，有利于政府、非营利组织、企业、公民了解面临的重大事故及其相应的应急措施，有利于促进海洋应急管理主体提高风险防范意识和能力。

（二）我国目前的海洋应急预案建设

在海洋应急预案建设方面，中央和地方政府已经建立了针对海洋突发事件的各种预案。从中央层面上，国家海洋局、交通部下属的搜救中心、环境保护部都有相关的海洋应急预案。目前，国家海洋局制定的自然灾害类预案主要有两个：即《风暴潮、海啸、海冰灾害应急预案》和《赤潮灾害应急预案》，它是由国家海洋局组织专家历时一年组织完成的，于2005年顺利通过了国务院的审议，被确定为《国家突发公共事件总体应急预案》的部门预案之一。2009年，根据海洋灾害应急管理需要，国家海洋局又组织专业人员对这两项预案进行了修订。预案对海洋灾害的预测预警、信息报告、应急响应、应急处置、恢复重建及调查评估等机制都作出了明确规定，形成了包含事前、事发、事中、事后等各环节的一整套工作运行办法。这两个预案的实施加强了对风暴潮、海啸、海冰及赤潮等主要突发海洋灾害的监测、预报、预警和应对工作，降低了突发海洋灾害对人民生命财产安全带来的影响和损失。

在应对海洋事故上，交通部与当时的环境保护总局（现为环境保护部）在 2000 年 3 月联合制定了《中国海上船舶溢油应急计划》，国家海洋局于 2004 年 11 月制定了《海洋石油勘探开发溢油事故应急预案》，2006 年 8 月 23 日发布实施了《海上石油勘探开发溢油应急响应执行程序》。为海上石油勘探开发中出现事故的应急处理提供了具体的应急预案。国家搜救中心在 2006 年 1 月 22 日颁布《国家海上搜救应急预案》，建立了国家海上搜救应急反应机制，能够迅速、有序、高效地组织海上突发事件的应急反应行动，救助遇险人员，控制海上突发事件扩展，最大程度地减少海上突发事件造成的人员伤亡和财产损失。中央层面的海洋应急预案详见图 10-1。

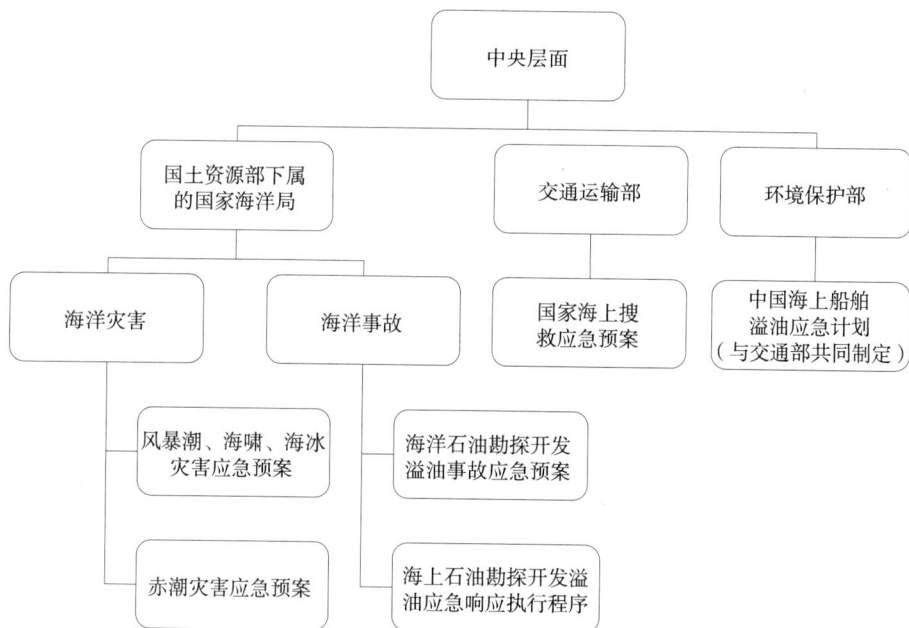

图 10-1　中央层面上的海洋应急管理预案

地方层面上，在中央颁布的有关海洋应急预案的指导下，省、市等地方政府也制定了相应的预案。例如在国家《风暴潮、海啸、海冰灾害应急预案》和《赤潮灾害应急预案》发布后，全国主要沿海省份都陆续在这两个预案的指导下编制了省级海洋灾害应急预案，一些重要的沿海城市也相继编制了市级海洋应急预案，把海洋灾害应急管理工作落实到了具体的单位甚至具体的人员身上。如2006年山东省根据《国家突发公共事件总体应急预案》及《风暴潮、海啸、海冰灾害应急预案》编制了《山东省风暴潮、海啸、海冰灾害应急预案》，日照市在2007年编制了《日照市风暴潮、海啸、海冰灾害应急预案》，为地方的海洋防灾减灾工作作出了具体部署，在实践中发挥了重要作用。在《国家海上搜救应急预案》的指导下，山东省政府制定了《山东海上搜救应急预案》，日照市、东营市、青岛市等沿海市政府也制定了相应的预案，这对实际的海上搜救工作具有重要指导意义。

二、海洋应急管理法制

海洋应急管理法制对于海洋应急管理的实践具有指导和规范作用，对海洋突发事件的预防、处理和善后具有重要的指导意义，对政府在海洋应急管理方面的职责作出了具体的规定，对保护公民的生命和财产安全提供了法律制度保障。因此，了解我国目前的海洋应急管理的法制建设对于熟悉我国海洋应急管理是十分重要的。

应急管理法制是指人们为了应对危机、战胜危机而制定的各种法律制度所形成的法律制度体系。应急管理法制的基本功能是在公共危机状态下，在整个国家生活与社会秩序受到巨大冲击，需要运用国家紧急权力来控制和消除危机时，调整非常状态下的国家权力之间、国家权力与公民权利之间、公民权利之间的各种社会关系，以保障全社会能够恢复正常的社会生活秩序和法律秩序，维护和平衡社会公共利益与公民合法利益。

海洋应急管理法制是指与海洋突发事件相关的法律体系，由于海洋突发事件是突发事件之一，因此海洋应急管理法制既包括一般层面上的应急法律，也包括专门针对海洋突发事件的特殊法律。应急管理法律法规是在灾害的预防、处置和善后中保护国民私有财产和生命安全，提高政府应急管理能力所必不可少的依据。海洋应急管理是应急管理的一个具体领域，因此海洋应急管理法制分为针对一般突发事件的法律和针对海洋突发事件的法律两类。

第一类为涉海应急管理的一般法律。2003年下半年，政府总结防治非典工作经验和教训，十分重视应急管理法律法规体系的建设。2004年3月第十届全国人大二次会议修改宪法，把保护公民的私有财产权和继承权、紧急状态写入宪法中，从而明确地体现了我国政府有责任从灾害等突发公共事件中保护人民利益和私有财产以及提高政府应急管理能力，并在宪法上给予定位。2007年正式实施的《突发事件应对法》，总结了应急管理实践创新和理论创新成果，进一步明确了政府、公民、社会组织在突发事件应对中的权利、义务和责任，确立了规范各类突发事件共同行为的基本法律制度，为有效实施应急管理提供了更加完备的法律依据和法制保障。

目前我国涉及海洋灾害事件的法律规范主要包括以下几个方面：地震灾害法律；洪灾法律；环境灾害法律；地质灾害法律。如《破坏性地震应急条例》、《中华人民共和国防震减灾法》、《中华人民共和国防汛条例》、《中华人民共和国防洪法》、《中华人民共和国地质灾害防治管理办法》、《中华人民共和国环境保护法》等。

在事故灾难性突发事件法律规范上，我国立法领域非常广泛，立法形式涉及法律、行政法规、地方性法规和规章。涉及海洋领域的法律主要有：《生产安全事故报告和调查处理条例》、《交通事故处理办法》、《交通事故赔偿法》、《核电厂事故应急条例和处理规定》、《核事故医学应急管理规定》等。

第二类是专门对于海洋领域的法律规范。在海洋突发事件的应急管理方面，现行涉及的法律法规有：《海洋环境保护法》、《渔业法》、《海上交通安全法》、《防治海洋工程建设项目污染损害海洋环境管理条例》、《防治海岸工程建设项目污染损害海洋环境管理条例》、《防止拆船污染环境管理条例》、《防止船舶污染海域管理条例》、《防治陆源污染物污染损害海洋环境管理条例》、《海洋倾废管理条例》、《海洋倾废管理条例实施办法》、《海洋石油勘探开发环境保护管理条例实施办法》、《渔业船舶检验条例》、《防震减灾法》、《破坏性地震应急条例》等。以上的法律只是在一些条文中涉及海洋突发事件，目前我国尚未针对海洋突发事件进行专门立法，海洋突发事件应急法律体系尚未建立。完善我国海洋灾害应急法制建设，健全法律体系，应当成为今后海洋应急管理的一个重要工作内容。[①]

三、海洋应急管理体制

应急管理体制是指政府及其他公共机构在突发事件的事前预防、事发应对、事中处置和善后管理过程中，采取一系列必要措施，保障公众生命财产安全；促进社会稳定和谐健康发展的行政管理机构设置、职权划分和活动方式、方法。应急管理体制建设重在应急管理的机构建设以及各个机构的职能配置。海洋应急管理体制主要是指在海洋突发事件的预防、控制、处置以及善后工作中的机构设置和职权划分。

我国目前的海洋应急管理体制分为中央与地方两个层级。在中央层面上，我国形成了由国家海洋局主导，与其他涉海部门协同合作的应急管理体制；在地方层面上，由地方海洋渔业部门为主体，其他涉海部门相辅助的应急管理体制。

（一）中央层面上的海洋应急管理体制

在中央层面上，我国海洋应急管理由国家海洋局主导，海事局、海上搜救中心协同合作。国家海洋局成立了由局长任组长，相关分管副局长为副组长，办公室、环保司、科技司、预报与减灾司、国际合作司、中国海监总队主要负责人为成员的海洋应急管理领导小组。海洋应急管理领导小组统一指挥，各工作组具体负责海洋突发事件的处置。按照重大突发公共事件处置程序，坚持预防与应急并重和常态与非常态相结合原则，实现有力、有效、协同应对海洋灾害、事故灾害和涉外突发事件。

就海洋应急管理领导小组而言，主要职责是全面履行信息汇总、灾害处置、综合协调、指挥调度和应急值守等职责，发挥运转枢纽作用。具体是：（1）负责全局应急管理体制、机制和规划建设；（2）负责海洋灾害、中国海洋灾害应急管理，研究事故灾难及涉外事件等海洋应急事项的应急管理和决策，协调解决应急工作中的重大问题等。

---

① 孙云潭：《中国海洋灾害应急管理研究》，博士学位论文，中国海洋大学水产学院，2010年，第86页。

海洋应急管理领导小组下设应急管理办公室（以下简称"应急办"）和专家组。应急办下辖应急值班室、环境灾难应对组、自然灾害应对组、涉外事件协调组、紧急情况处置组和应急新闻发布组。其主要的职责为：（1）完成、落实和执行应急管理领导小组的决定，组织协调处理各类应急事项；（2）负责应急管理的调度和指挥工作，监督、指导应急值班室工作，收集局系统每月发生突发应急事件的总体情况，并以《应急工作月报》（季报、半年报、年报）等形式上报国务院应急办；（3）组织拟定全局应急体系建设规划、规章制度和年度工作要点；（4）组织制定全局应急管理工作培训、宣传、演练计划和实施；（5）组织对特别重大、重大海洋灾害和事件的总结评估，对应急管理责任事故的调查和处理。

海洋应急管理专家组的主要职责是：（1）参与海上突发公共事件应急响应工作，为局应急管理领导小组提供决策、咨询和建议；（2）协助相关部门为海上突发公共事件提供科学评估、技术指导和预测工作；（3）开展海上突发公共事件处置相关技术的研究和参与应急管理教育培训工作等。[①]

为更加详细地了解我国中央层面上的海洋应急管理体制，本书以海上搜救为例进行阐释。我国的海上搜救体制，包括"海上搜救部际联席会议"、中国海上搜救中心、地方各级海上搜救中心三个层次。国家层面设立由 15 个部门和单位组成的国家"海上搜救部际联席会议"，统筹研究全国海上搜救和船舶污染应急管理工作。在其下设立中国海上搜救中心及其办事机构总值班室，负责组织、协调、指挥重大海上搜救和船舶污染事故应急处置行动，指导地方搜救工作。在地方则建立由地方行政首长指导的地方各级海上搜救中心，业务上接受中国海上搜救中心指导，日常工作由相应的海事机构承担，保持 24 小时值守，随时处置海上突发险情。部际联席会议各成员单位、海上各类企事业单位和个人拥有的资源，构成了我国的海上搜救力量。其中，船舶和飞机是我国海难救助的重要保障力量，在海难救助中发挥着重要作用。气象、海洋、通信部门则为海上搜救提供必要的信息支持和保障。交通部、中国海上搜救中心建立了"中国海上搜救中心搜救专家库"，开发了"中国船舶报告系统"、"船舶识别码查寻系统"、"船舶运输危险品查寻

---

① 孙云潭：《中国海洋灾害应急管理研究》，第 87—89 页。

系统"，为科学决策提供了保障。同时，交通部海事局还开发了"险情上报与查寻统计分析系统"，与国家海洋局协商建立了"海洋气象资料查寻系统"，为海上搜救救助提供支持。

（二）地方层面上的海洋应急管理体制

地方层面上，我国的海洋应急管理形成了以地方海洋与渔业部门为主体的应急管理体制。我国有 14 个临海的省份（自治区、直辖市、特别行政区），台湾地区、香港和澳门特别行政区除外，目前我国大陆 11 个省、自治区、直辖市的海洋管理部门的设置类别有三个，一个是海洋与渔业厅，一个是海洋与渔业局，还有一个是水务局（海洋局）。在地方海洋行政管理部门中设有应急管理办公室，负责海洋应急管理。各省、自治区、直辖市下属的相应临海地市也设有相关的海洋管理部门，这些地方海洋行政管理部门也相应地制定了海上搜救应急预案、海上船舶污染事故应急预案、海上渔业安全事故应急救援预案，在这些方案中明确海洋应急管理工作的领导与分工。以山东省为例，在山东省海洋与渔业厅的领导下，山东省的临海城市之一——威海市设立海洋与渔业局，威海市海洋与渔业局应急管理工作领导小组由局长任组长，各副局长任副组长，各科室、各单位主要负责人为成员，主要负责组织、指挥、协调海洋与渔业突发事件的应急处置工作。局应急管理领导小组下设应急办，其主要的职责为：（1）协助领导小组处理重大事故和突发事件；（2）承担局机关日常应急值守工作及相关信息转呈；（3）承担应急管理综合协调工作；（4）会同相关成员单位对外发布灾害预警、灾情等信息以及向上级报告有关情况；（5）承担应急管理服务监督工作，负责应急体系建设和应急视频会商系统的管理及值守，组织应急管理调研、宣传和培训工作。规划财务科负责争取、落实海洋与渔业系统防灾减灾及抗灾救灾的基础设施建设和灾后重建项目，落实上级防灾抗灾减灾工作经费和救助资金。

总的来说，我国的海洋应急管理体制还很分散，尽管我国在中央与地方层面上建立起了相应的海洋应急管理领导小组和应急管理办公室，但是部门之间的协调与合作还不令人满意，我国迫切需要探索适合海洋综合管理模式下的海洋应急管理体制。

四、海洋应急管理机制

海洋应急管理机制是海洋应急管理体制的抽象运作过程，是体制在实现系统目标时，各要素在制度环境中相互作用和影响的有机过程。从实质内涵来看，海洋应急管理机制是一组以相关法律、法规和部门规章为基础的政府海洋应急管理工作流程，目的是稳妥地处理海洋突发事件。从工作重点来看，海洋应急管理机制侧重在海洋突发事件的防范、处置和善后的整个过程中，相关部门和人员如何更好地组织和协调各方面的资源和能力，来更好地防范与处置海洋突发事件。

（一）海洋应急管理机制的组成

结合我国海洋管理的国情、政情和中国应急管理的工作实际，可把我国海洋应急管理机制主要分为如下九大组成部分：

一是海洋突发事件预防与应急准备机制。通过海洋突发事件预案编制管理、宣传教育、培训演练、应急能力脆弱性评估等，做好各种基础性、常态性的管理工作，从更基础的层面提高海洋应急管理水平。

二是海洋突发事件监测预警机制。通过危险源监控、风险排查和重大隐患治理，尽早发现导致产生突发事件苗头的信息并及时预警，减少海洋突发事件产生的概率及其可能造成的损失。

三是海洋突发事件信息传递机制。按照信息先行的要求，建立统一的海洋突发事件信息系统，有效整合现有的应急资源，拓宽信息报送渠道，规范信息传递方式，做好信息备份，实现上下左右互联互通和信息的及时交流。

四是海洋突发事件应急决策与处置机制。通过信息搜集、专家咨询来制定与选择方案，实现科学果断、综合协调的应急决策和处置，以最小的代价有效处置突发事件。

五是海洋突发事件信息发布与舆论引导机制。在第一时间主动、及时、准确地向公众发布警告以及有关突发事件和应急管理方面的信息，宣传避免、减轻危害的常识，提高主动引导和把握舆论的能力，增强信息透明度，把握舆论主动权。

六是海洋突发事件社会动员机制。在日常和紧急情况下，动员社会力量进行自救、互救或参与政府应急管理行动，在应急处置过程中对民众善意疏导、正确激励、有序组织，提高全社会的安全意识和应急机能。

七是海洋突发事件善后恢复与重建机制。积极稳妥地开展生产自救，做好善后处置工作，把损失降到最低，让受灾地区和民众尽快恢复正常的生产、生活和工作秩序，实现常态管理与非常态管理的有机转换。

八是海洋突发事件调查评估机制。遵循公平、公开、公正的原则，引入第三方评估机制开展应急管理过程评估、灾后损失和需求评估等，以查找、发现工作中的问题和薄弱环节，提高防范和改进措施，不断完善应急管理工作。

九是海洋突发事件应急保障机制。建立人、财、物等资源清单，明确资源的征用、调用、发放、跟踪等程序，规范管理应急资源在常态和非常态下的分类与分布、生产和储备、监控与储备预警、运输与配送等，实现对应急资源供给和需求的综合协调与配置。

（二）海洋应急管理协调联动机制

1. 海洋应急管理协调联动机制的含义

所谓协调联动机制，就是在应急管理过程中通过有效地构建层级政府之间、政府内部各部门之间、政府与社会组织之间的治理网络，通过良好的沟通与有效的信息交流，整合资源，共同行动，协调处理处置公共危机的规律性运作模式。应急联动这一概念最早出现于 20 世纪 60 年代，目前国外关于应急管理协调联动机制的研究主要集中在三个角度：危机信息和沟通；危机决策；各国实践的个案研究。我国对应急联动协调机制的研究主要集中在以下几个方面：城市应急联动系统的研究；多元主体参与的应对网络研究；个别灾种协调联动的研究和应急联动模式的研究。[①] 2008 年的浒苔事件，使我国沿海地方政府相当重视协调联动机制的构建。目前，我国海洋应急管理的协调联动机制主要分为两部分，即政府间的协调联动机制以及政府与企业、社会间的联动机制。

2. 海洋应急管理联动机制中政府间的协调机制

政府协调机制中的政府，囊括各级政府，包括中央政府、中央政府涉海

---

① 刘红芹、沙勇忠、刘强：《应急管理协调联动机制构建：三种视角的分析》，《情报杂志》2011年第 4 期。

职能部门、沿海各级地方政府、沿海各级地方政府部门。因此，政府协调既包括各级政府之间的协调，也囊括政府部门之间的协调。

政府的协调模式可以分为三个类型：即纵向协调、横向协调、纵向与横向并用协调。所谓纵向协调，也称之为垂直式协调，是指依靠政府间的等级化从属关系，在行政行为中形成以等级化为纽带的良好的协作关系。其典型特征是依靠权力的等级序列，建立在命令与服从基础上的一种上下级协调关系。纵向协调是典型的科层制协调，纵向协调在突发事件后，能够做到及时调动各级政府的力量介入，保障突发事件的快速化解。但是它的有效实施前提是突发事件获得了上级政府的足够重视。纵向协调最大的困难还在于它没有为横向平级部门之间的协调提供有效的协调途径，阻碍了横向部门的有效沟通。所谓横向协调，也称水平式协调，是指没有上下隶属关系的地方政府或其部门之间在水平方向上的合作，其典型特征是平等性、公共性、共赢性和复合性。在实际工作中，部门联席会议等部门之间的工作协调机制是最常见的水平部门间协调机制。横向协调能够使互不隶属的地方政府之间在平等、共赢的协调中共同应对突发事件，能够极大地调动地方政府的积极性。当然，横向协调若没有刚性的保障机制，很难在突发事件到来之后作出及时、有效的应对。纵向与横向并用协调，则是综合了纵向协调与横向协调，它一方面保障了困难事件的协调力度，另一方面又调动了地方政府的积极性。当然，第三种协调模式也有其局限性，它在明确责任方面存在不足。在海洋应急管理中，政府协调主要依赖纵向协调，沿海地方政府之间尚没有建立完善的沟通机制。

海洋局作为中央海洋管理的职能部门，其和地方政府之间也没有建立长效的沟通、协调机制。一般而言，我国遇到重大突发事件，通常由国务院成立临时性指挥机构，由国务院分管领导任总指挥，有关部门参加，日常办事机构设在对口主管部门，统一指挥和协调各部门、各地区的应急处置工作。这种临时性的中央指挥机构，注定了其政府协调也是临时的。我国尚没有在中央一级设立长效的海洋应急管理指挥机构，沿海地方政府在海洋应急管理中的角色扮演也是临时性的，这种现状很难为下一次的应急管理提供有效的借鉴。忽视政府长期协调机制构建的一个最为严重的后果，就是鼓励了地方政府地方保护，并且注重短期效益。

　　另外，善后处理缺乏统一规划。我国在海洋应急管理中，注重突发事件的有效处理，但是对其善后事宜没有完善、统一的规划。其表现集中在三个方面：一是我国对于海洋应急管理的善后补偿没有作出统一、明确的规定，对于因海洋突发事件而遭受的损失，以及应急管理中的成本支出补偿等，都没有法律层面上统一的规定；二是缺乏对类似海洋应急管理的总结、提炼，难以为下一次突发事件的有效处理提供宝贵的借鉴；三是对于海洋突发事件的责任追究没有制度化，使其没有形成对下一次海洋突发事件的发生起到遏止的作用。

　　3. 海洋应急管理中企业、社会（NGO 与公众）与政府间的联动机制

　　政府与企业、社会间的联动机制是指在海洋突发事件发生后，政府、企业与社会三方力量能够进行有效沟通，以整合资源，协同应对突发事件。目前我国海洋应急管理中政府与企业、社会之间还没有形成联动机制，即没有正式的机构、制度来保证三方之间的有效交流，无法保证企业、社会在海洋应急管理中的地位及作用。虽然海洋突发事件发生后也有企业和社会的参与，但是参与的程度以及范围还非常有限。

　　海洋突发事件的应急管理方面，发达国家的一个鲜明特色是提倡参与主体多元化、危机应对网络化、合作协调区域化。在我国，政府在资源禀赋、人员结构、组织体制等方面具有优势，这就决定政府在海洋灾害的应对过程中起主导作用。近几年来政府对重大海洋灾害的处理，都限制了社会公众在海洋灾害应对中作用的发挥，未重视民间力量和社会力量的实力，而使得社会民间组织参与应急处理渠道不流畅，增加了许多不必要的政府成本。在我国现行的海洋灾害应对处理模式中，社会公众的参与较少，不能发挥社会应有的积极性和主动性。其实单纯依靠政府实施海洋灾害应急管理是远远不够的，仍需要包括公民在内的多元主体的广泛参与，这样才能提升海洋灾害应急管理的效果。

　　我国政府已经在积极鼓励公众参与海洋应急管理，例如 2010 年 12 月 2 日，全国第一支省级海上搜救志愿者队伍在天津市成立，来自港航、医疗、救助、测绘、气象、渔业、打捞及社区等领域的 30 名志愿者首批获得天津市海上搜救志愿者聘书。这些志愿者中有一半左右的人具有大专及以上学历，其中还有外科医生，掌握德语、日语等外语人才，以及具有应急救援工

作等专长的人员。天津市海上搜救志愿者队伍的成立，把各种社会力量纳入应急抢险救助体系，实现了优势互补，有效地弥补了现有搜救资源的不足，有利于保障海上人命安全、防止海洋污染等海上救助工作。按照国务院相关要求，交通运输部将组建海上搜救志愿者队伍工作连续两年列入部重点工作内容之一，有计划地在湖北、浙江、深圳等地调研和试点，研究和探讨体现中国国情和理念的海（水）上搜救志愿者队伍体制和机制，使志愿者能够长期受教育、培训和管理，增强社会责任意识、公共危机意识教育。这表明我国政府正日益重视社会力量在海洋应急管理中的作用，这对于政府转变职能、提高我国海洋应急管理水平无疑是一件有益的补充。

第三节　我国海洋应急管理的现状及其发展

我国海洋应急管理体系建设取得了一定的成绩，但也应该认识到，我国的海洋应急管理体系尚不完善，难以满足我国海洋经济高速发展和海洋环境生态保护的需要。对此，我们必须正视现实，分析应急管理中存在的问题，以利于我国海洋应急管理体系的不断完善。

一、我国海洋应急管理体系中存在的主要问题

当前，我国海洋应急管理体系中存在的主要问题包括以下几个方面：

一是海洋应急管理法律体系和预案体系尚不健全。尽管我国在应急管理法制建设方面有了很大进展，已初步建立应急管理法律框架体系。但已经出台的法律中，有的是由部门规章或者规范性文件确立的，规范性不强、效力也有限；大部分法律法规对各级政府应急措施规定的不具体，造成部门间分工不明确，在面临海洋灾害事件的时候容易产生反应迟缓、相互推诿等情况。

具体到海洋应急管理方面，直到目前还没有形成一部专门的海洋应急管理法律法规，以统筹应对海洋突发事件。有关海洋应急管理的相关规定分散在不同的法律法规中。一些应急管理的体制、机制规范性条文等只是体现在涉海行政部门制定的预案中，如《风暴潮、海啸、海冰灾害应急预案》、《赤潮灾害应急预案》和《全国海洋石油勘探开发重大海上溢油应急计划》，法律效力不高，难以在灾害来临时最大限度地协调各方、调度资源。另外，

海洋应急预案也不够健全，有关海雾、海岸侵蚀、咸潮、海平面上升等方面的应急预案还不够完善。因此，建立和完善海洋灾害管理法律体系和预案体系已经成为当务之急。

二是海洋应急管理机制还不完善。长期以来，我国形成了各行其政、条块分割的应急管理机制，缺乏统一的社会协调机制，在全国范围内还没有一个完整的应对海洋突发事件的应急救援体系，在复杂的突发事故面前，不能形成应对突发事故的统一力量，必然使得资源整合和信息共享在短时间内难以实现。目前海洋应急管理的主要责任部门是国家海洋局。作为主管海洋管理的行政部门，国家海洋局的专业性比较强，在海洋灾害监测、预报、预警等方面具有一定的优势。但由于国家海洋系统自成体系，对地方和其他部门的协调组织能力较弱。覆盖各级、各部门的统一指挥、分级负责、互相协调的应急管理机制尚不健全，在面对海洋灾害时不利于充分调动一切力量开展应急处置。此外，海洋灾害往往与其他自然灾害相伴而生，如风暴潮与台风、暴雨，台风与灾害性海浪等，我国按照灾害类别划分主管部门的灾害应急管理体系的管理机制，常常导致不同的应急管理系统各司其职，在一定程度上降低了应急效率，浪费应急时间。针对上述情况，一些学者提出了建立统一、独立应急管理机构的思想，设立专门机构统一应对各种突发事件。

三是监测预报和信息管理能力落后。我国自 20 世纪 60 年代起陆续建立了由台站、浮标、船舶、飞机和卫星组成的立体化监测网络，在社会经济发展中发挥了巨大作用。但随着海洋经济的快速发展以及海洋应急管理工作的需要，现有的基础建设仍较为薄弱，突出反映在观测站点分布、观测设备、观测手段以及信息的传输等已不能适应形势发展的需要。例如，我国沿海 18000km 长的海岸线上只有 60 余个岸站，分布也不甚合理；海上观测数据稀缺，不能实现大面积、连续的海况观测；观测仪器设备相对落后，观测技术有待发展，观测自动化程度低；监测数据实时传输能力需进一步增强；预报预警技术有待发展。所有这些都在一定程度上制约了海洋应急管理工作的深入开展。此外，我国的海洋灾害信息传递系统也落后于时代要求。信息管理系统一方面为决策者提供准确和及时的信息；另一方面及时将信息传递给公众。①

---

① 齐平：《我国海洋灾害应急管理研究》，《海洋环境科学》2006 年第 4 期。

目前，在及时、准确地将灾害发展情况传递到各级应急组织，特别是灾区所在地的应急组织和民众方面，还缺乏快速、有效的渠道。在海洋灾害信息综合处理方面，我国尚未建立综合集成的辅助决策支持平台，亟待发展以数据库、高速网络和多媒体技术为支撑的综合信息集成平台。

四是公众参与渠道不畅。海洋灾害对国家和人民群众的利益构成最直接的威胁。政府在资源禀赋、人员结构、组织体制等方面具有优势，这就决定政府在海洋灾害的应对过程中起主导作用，但是，海洋灾害应急处理单纯依靠政府的力量是不够的，必须有社会公众积极参与和主动配合，政府应急工作部门才能有效地提高应急工作的效率。近几年来政府对重大海洋灾害的处理，都限制了社会公众在海洋灾害应对中作用的发挥，未重视民间力量和社会力量的发挥，而使得社会民间组织参与应急处理渠道不流畅，增加了许多不必要的政府成本。在我国现行的海洋灾害应对处理模式中，社会公众的参与较少，不能发挥社会应有的积极性和主动性。海洋资源作为一种公众资源，与社会公众的利益息息相关，因此不管是在海洋灾害预警、海洋灾害发生后的灾害救助、事后调查等阶段，都应积极吸纳和发挥民间力量的作用，提高公众参与危机处理的效率。

针对现阶段我国海洋应急管理存在的问题，今后我国海洋应急管理发展应该健全海洋应急管理法律制度建设；完善海洋环境突发事件应急管理机制；加强信息系统建设；提高公众参与意识，拓宽公众参与海洋应急管理的渠道。

二、完善我国海洋应急管理的对策

（一）健全海洋应急管理法律制度

海洋应急管理机制的成功运行，需要建立健全相关法律法规，健全的法律法规包括两个方面：一是综合的应急管理基本法；二是海洋特别法。

1. 应当完善应急管理基本法。2007 年 8 月通过的《中华人民共和国突发事件应对法》是我国危机管理法制建设的一件大事。该法对突发事件的预防与应急准备、监测与预警、应急处置与援助、事后恢复与重建等应对活动进行了详细的规定，弥补了我国应急管理基本法制建设上的空白。但是该法主要适应于国内的突发事件，对于发生的国际性的突发事件尚没有较为系统、具体的法律规定。① 由于海水的流动性以及国际远洋运输的发展，海洋突发事件可能会超出本国的领海，因此，建立健全危机管理基本法制就显得极为重要，未来可以在《中华人民共和国突发事件应对法》的基础上增加涉及国际关系的突发事件的法律内容，为我国海洋应急管理提供更加全面的法律指导。

2. 应当加快我国海洋法制建设。随着科技的发展和陆地资源的日益消耗，海洋在国家经济和社会发展中作用和地位的凸现，海洋立法也受到许多国家的高度重视。例如，为维护日本管辖海域，尤其是对专属经济区和大陆架的权利，日本政府于 2005 年 7 月将原来的《国土综合开发法》改名为《国土形成计划法》，在新名称法中，增加了关于海域（包括专属经济区和大陆架）的利用和保护方面的事项。2007 年，日本国会在参议院全体会议上高票通过了两部法律，即《海洋基本法》和《海洋建筑物安全水域设定法》。改革开放以来我国已制定了一些海洋法律法规，但尚未制定海洋基本法律规范，也没有形成一个完善的体系，这与海洋在我国国家安全和经济社会发展中的重要地位不相适应，与我国的海洋发展战略不相适应，也不利于新时期海上危机管理机制的有效运行。为此，无论从促进我国海洋战略的实施而言，还是从保障海上危机管理机制的有效运行而言，均应加快我国海洋法制建设。② 当前，最为迫切的就是出台一部基本的海洋法和海洋应急管理法。

（二）完善海洋突发事件应急管理机制

我国海洋应急管理实行的是以单一灾种为主的分散型的体制，这种分散型的管理体制一方面不利于海洋突发事件相关资源的整合、利用和信息的有效沟通；另一方面由于职能交叉，当遇到突发事件时，容易造成相关部门职责不清，推诿扯皮，延误应对海洋突发事件的最佳时期，给海洋应急管理的效果造成严重不利影响；同时由于职责不清，也不便于执行问责制。为解决上述问题，首先，应在全国整体战略层面上，建立健全具有决策功能、常设性的应急管理综合协调机构和地方应急中心。其次，在省、市、县地方各级

---

① 朱晓鸣：《新时期中国海上危机管理研究》，博士学位论文，华东师范大学政治学理论专业，2008 年，第 145—146 页。

② 朱晓鸣：《新时期中国海上危机管理研究》，第 146 页。

政府层面上，根据各地不同的发展状况，实事求是地设置相关部门，明确具体的组织形式及职能。再次，完善部门联动机制。2008年清除苕动用的力量、投入的财力、科技的支撑，是一个省市、一个部门所无法承担的。① 最后，完善应急合作体系。一是要为中央与地方，部门之间的合作提供信息技术上的支持，保证相关应急管理部门能够进行实时的交流；其次要建立专门的联席会议，定期交流海洋应急管理中取得的成绩以及不足，群策群力，不断提高应急管理水平。

（三）加强海洋信息系统建设

当今社会是信息社会，信息对社会经济的发展重要性日益凸显，获取信息的能力从某种程度上决定着一个人、一个社会、一个国家的成功。海上危机形式的日趋复杂使得信息系统建设的重要性更加突出。海洋应急管理的信息系统建设包括政府内部的信息系统建设以及对外的信息发布系统。

在政府内部的信息系统建设上，我国的海上信息情报系统与美国、日本等国家相比还有很大不足，今后应该从三方面加强内部信息情报系统。1. 加强海上危机情报的网络组织体系建设。海上危机情报的特殊性决定了主要应当由国家海洋管理机构和海上武装力量的情报组织负责，而同时又需要加强各情报组织之间的联系。加强海上危机情报的网络体系建设要求建立以国家海洋管理机构和海上武装力量的情报组织为中心的海上危机情报系统，明确上述两个情报组织的职责分工，并且加强与其他领域情报子系统的沟通协调。2. 提升海上危机情报工作的科技含量。随着科学技术的飞速发展，科技在情报工作中的应用越来越广泛，作用越来越重要。美国情报工作的科技优势在海上危机管理中发挥了非常重要的作用，早在古巴导弹危机时，美国就凭借着先进的侦察技术及时获得了苏联在古巴部署导弹的情报，从而在古巴导弹危机的处理中获得了优势。经过几十年的发展，美国海上危机情报工作的科技含量已经远胜于往昔，其卫星侦察、电子侦察机、侦察船不断升级，情报搜集和分析力有了新的提升。我国海洋应急管理的先进情报系统要求不断加强科技在情报工作中的应用，不断加快情报装备的升级换

---

① 杨振姣：《我国海洋环境突发事件应急管理中存在的问题及对策》，《山东农业大学学报》（自然科学版）2010年第3期。

代，提升情报装备的科技含量。3. 加强海上危机情报工作的沟通协调。沟通协调在危机情报工作中具有非常重要的地位。危机情报工作中的沟通协调包括两个方面：一是危机情报工作内部沟通协调，包括危机情报搜集、分析、汇总诸环节之间的沟通协调和各危机情报子系统之间的沟通协调；二是危机情报工作的外部沟通协调，包括危机情报提供与情报使用之间的沟通协调。尽管我国的海上危机情报的沟通协调较之以前有了相当大的进步，但无论是内部沟通协调还是外部沟通协调都还存在着一些不足。因此，要建设新时期先进的海上危机情报系统，就需要加强新时期海上危机情报的沟通协调工作。其一，应当加强海上危机情报在生产中的协调。海上危机情报组织系统应当根据情报搜集、分析和汇总等环节设置具体的情报部门和岗位，并加强彼此之间的沟通协调。此外由于情报工作的相关性，还应当加强海上危机情报子系统与其他领域情报子系统之间的沟通协调，防止遗漏和误判某些重要情报信息。其二，应当加强海上危机情报在使用中的协调。海上危机情报组织系统应当及时向上汇报情报并加强与预警体系、决策体系、控制体系、解决及善后体系之间的情报互动，提升海上危机情报的针对性。①

　　海洋应急信息与国家安全信息不同，政府应当做的就是将其及时、公开、透明地透露，这样不但可以降低公众获取信息的成本，更重要的是可以增加公众应对海洋灾害的信心。因此，海洋应急信息对于海洋应急管理至关重要，它不仅是政府面对海洋灾害进行正确决策的前提，也是稳定公众情绪，维护政府公信力的重要手段。同时，海洋应急信息的充分、真实地发布也是公众实现知情权，有效进行自我救助的基础。大凡应急信息制度比较完善的国家，都有规范的和有效的应急信息通报制度，包括通报的种类、范围、时限、方式、途径，特别是建立与新闻单位进行良性合作的机制，并严格规定隐瞒、截留、删改、夸大、臆测、缓报、谎报人员的法律责任。如果在海洋灾害发生后，应急信息通报速度迟缓，重要信息未通报或通报量不足，不仅会给相关政府部门的决策造成偏差，也会侵害公众的知情权，并在一定程度上造成社会的混乱。因此，政府应当及时、公开、真实地透露海洋灾害应急信息，建立健全海洋应急信息管理系统。

　　① 朱晓鸣：《新时期中国海上危机管理研究》，第149—150页。

（四）提高公众参与意识，拓宽公众参与海洋应急管理的渠道

为提高公众参与意识，海洋应急管理部门应该加强宣传，可与涉海的非营利组织合作，借助非营利组织的力量加强公众对海洋突发事件与海洋基本知识的了解。同时，为提高公众参与意识，可以建立相应的应急管理激励补贴和监督机制，这样能增强公民主人翁的意识，同时鼓励公民积极行动起来，主动参与到海洋灾害应急管理中。国内外治理浒苔的经验告诉我们建立激励补贴机制对于公民参与海洋灾害应急管理的重要性。日本蒲郡市海岸环境改善工程中开展的一项市民活动是在当地建立社区激励制度，即通过一系列制度建设来激励居民及当地企业积极参与浒苔清理等海洋环境保护活动。主要内容包括以下 3 项：探讨政府预算经费的灵活变通，使原本用于废品回收活动的预算也同样适用于海洋清洁活动；对主动参加海岸清扫活动的市民给予奖金或其他报酬，例如公共设施的门票费用减免或商店购物积分卡优惠等；对以上志愿活动通过市长表彰等奖励活动和网络及媒体的积极宣传等方法来激励更多居民从事浒苔治理的社区活动。① 2008 年的青岛浒苔事件，在浒苔处置结束后，青岛市积极开展了善后处理，树立了"责任政府"的良好形象。一是对于参加抗击灾害的外地支援队伍以及本市渔民，分别举行了高规格的欢送仪式；二是对于参与打捞的渔民，青岛市按照实际油耗给予相应补贴。②

公众有权知道、了解、监督关系自身利益的海洋公共政策和决策，但公众参与海洋应急管理的具体依据、方式、程序还缺少明确的法律规定，政府应该发挥更多作用和职能以完善公众参与的制度化途径，应依照有关法律法规，制定公众参与的法律法规，明确公众参与海洋应急管理的权利、义务和责任以及参与的内容、方式和程度等，减少盲目性和随意性，保证参与的规范性和有效性。从制度上营造、完善公众参与的条件，鼓励多样化、广泛和实效的公众参与治理，切实解决影响公众参与的主要矛盾和问题。同时，还应建立监督机制，尤其是公民监督机制，这样可以引入外部监督，使政府问

---

① 宋宁而、王琪：《从国外浒苔治理经验看海洋环境应急管理中社会组织的重要性》，《海洋开发与管理》2010 年第 9 期。

② 孙云潭：《北京奥运会帆船比赛前夕浒苔灾害暴发与青岛市应急行动》，《海洋环境科学》2009 年第 4 期。

责真正落到实处，促进海洋灾害应急管理的顺利开展。

随着海洋战略地位、经济价值的日益凸显，海洋开发利用越来越向纵深发展。发展海洋事业需要稳定的海洋自然和社会环境，海洋突发事件的频发无疑将会危及海洋事业的发展。因此，必须加强政府海洋应急管理，提升政府治理海洋危机的能力，以此促进海洋安全发展。

第十一章 海洋行政管理展望

随着科学技术的日益进步，社会、政治、经济的飞速发展，行政管理学不断融入一些新的管理理论，日渐成熟。进入 21 世纪，人类社会步入了新的发展阶段，海洋重要性日益凸显，行政管理与海洋管理实践研究相结合，催生了一门新的学科：海洋行政管理学。随着海洋强国战略的实施，海洋行政管理学必将呈现蓬勃发展之势。

一、21 世纪海洋行政管理面临的发展机遇

海洋行政管理是海洋事业发展到一定时期的产物，是海洋实践活动发展的必然要求。正如"社会一旦有技术的需要，则这种需要就会比十所大学更能把科学推向前进"[1]。海洋事业发展的现实需要，不仅促成了海洋行政管理的产生，而且推动着海洋行政管理从内容到形式不断变革。21 世纪，海洋世纪的到来，更为海洋行政管理发展提供了千载难逢的发展机遇，海洋行政管理将顺势而为，实现更大的跨越。

（一）沿海国政府对海洋战略价值日益重视

伴随陆地资源短缺、人口膨胀、环境恶化问题的日益突出，各沿海国家纷纷把目光转向了海洋，一场以发展海洋经济为标志的"蓝色革命"正在世界范围内兴起。世界范围的海洋开发利用进入了前所未有的时代，海洋在

---

[1] 《马克思恩格斯选集》第 4 卷，人民出版社 1972 年版，第 505 页。

全球中的战略地位日趋突出，世界各国特别是沿海各国从来没有像今天这样重视海洋。世界主要海洋国家纷纷调整本国海洋战略：美国 1999 年提出了《回归海洋：美国的海洋未来》的内阁报告。2000 年，美国国会通过《2000年海洋法令》，海洋政策委员会宣告成立。2004 年 12 月，国家海洋政策委员会向国会提交了长达 610 页的《21 世纪海洋蓝图》报告，该报告对美国的海洋政策进行了迄今为止最为彻底的评估，并为 21 世纪美国海洋事业与发展描绘出了新的蓝图。随后，布什政府发布命令公布了《美国海洋行动计划》，对最近几年美国政府的海洋工作作出了全面部署。日本的中心目标就是在 21 世纪成为海洋强国。2005 年 11 月，日本海洋政策研究财团向内阁官房长官安倍晋三提交了经过两年多研究后出台的政策建议书《海洋与日本：21 世纪海洋政策建议》，主要内容包括：树立海洋立国思想；制定日本海洋基本法，完善海洋法律体系；强化和完善海洋行政管理与协调机制；加强对包括大陆架和专属经济区在内的海洋"国土"管理；积极参与和引导国际事务；加强海洋教育和海洋意识宣传。2007 年 7 月，日本《海洋基本法》付诸实施，同时设在内阁官房的综合海洋政策本部也开始运行。加拿大 1997 年出台了《海洋法》，并制定了加拿大 21 世纪海洋战略开发规划。《澳大利亚海洋政策》制定并实施的目的是："协调澳大利亚的海洋活动，建立高效而成效显著的海洋管理制度。"2012 年 6 月 21 日，越南通过《越南海洋法》，以此为落实越南海洋战略提供重要工具。我国正在实施海洋强国战略，把我国逐步建设成为海洋经济发达、生态环境健康、科学技术先进、综合实力雄厚的现代化海洋强国，是一项事关国家政治、经济、文化、科技等各方力量全面发展的系统工程。我国要真正实现从海洋大国到海洋强国的转变，必须高度重视海洋战略、海洋政策的制定和实施，借助先进的海洋行政管理理念、管理制度和管理手段为我国海洋事业的发展保驾护航。

（二）海洋权益和海洋资源之争日趋激烈

海洋是国土、是资源、是通道、是战略要地，是新的经济领域、新的生产和生活空间。海洋战略价值的进一步提升，把海洋与国家的利害关系推到前所未有的新高度。在这一背景下，许多沿海国家尽量扩大其管辖海域范围，甚至圈占或主张占有世界人类公共自然遗产或资源，兴起了一股新的

"蓝色圈海"运动的逆流。①

　　人类社会的发展需要空间和资源，世界各国在陆地空间与资源的分配方面已基本结束，而海洋的空间与资源广度和丰富度远远超过陆地，开发利用的热潮方兴未艾。21世纪海洋是人类生存与发展的重要空间，海洋必然成为人类海洋实践活动的必争场所。海洋空间与资源的争夺刚刚开始，而且海洋对陆地的制约作用日趋增强，谁控制海洋，谁就得到了生存和发展的权利。已有的地区冲突和局部海域战争都表明，海洋环境要素等海洋基础问题直接关系到战争的成败。在世界不同海域存在着众多海洋权益的问题，其基本问题就是对海洋资源的争夺。比如阿根廷与英国的马尔维纳斯群岛之争，日本与俄罗斯关于北方四岛之争，南海争端等问题。美国作出的海基导弹防御系统就是21世纪全新海洋军事利用的典型事例。21世纪海洋的军事利用将得到强化，掌握与军事活动有关的海洋环境要素和争夺海底、海洋空间的斗争将更为尖锐复杂。

（三）海洋环保成为世界各国的自觉行动

　　海洋蕴藏着丰富的资源，是人类和所有地球生命的摇篮，也是为人类未来生存和发展提供庇护的蓝色伊甸园。今天，我们所生活的这个蓝色星球已经承受了过度的重负。随着对海洋资源更深层次上的开发利用，人们的生产、生活方式和社会经济结构将发生深刻的改变。② 全球大约一半以上的人口生活在沿海地区，人口的趋海性逐渐增强；沿海地区人口集中、经济发达，沿海地区国民经济中海洋经济逐步占据了主导地位。人类认识到，应把海洋作为生命支持系统加以保护。③ 在开发利用海洋的同时，保护我们赖以生存的海洋环境，已经成为人类义不容辞的职责。从公众个人到环保志愿者组织，从沿海国政府到联合国组织，纷纷采取切实措施，对海洋生物多样性保护、海洋健康状况监测、海洋污染防治、海洋生态系统维护等问题进行深入研究并积极行动，并在此基础上发展保护海洋环境的科学技术，建立保护海洋环境的规章制度，形成保护海洋环境的国际组织体制。"维护海洋健

---

　　① 鹿守本、宋增华：《当代海洋管理理念革新发展及影响》，《太平洋学报》2011年第10期。
　　② 国家海洋局海洋环境监测中心组织编译：《改善美国海洋区域管理论文集》，第4页。
　　③ ［美］美国皮尤海洋委员会：《规划美国海洋事业的航程》上册，周秋麟等译，海洋出版社2005年版，第25页。

康"已成为世界各国的共识，并正在转化为人们的自觉行动。

（四）海洋高科技成为科技发展的热点

海洋占地球水资源的 98%，与大气的相互作用控制着地球环境，地球生命产生于海洋，海洋为人类及一切生命提供生存条件；但是海洋也同时给人类带来了灾难。为了尽可能地减少和避免灾难，加快对海洋的奥妙和规律的揭示，本世纪开始，人类对海洋的认识有了新的飞跃，海洋科技有了较大的发展。基础海洋科学、应用海洋科学、海洋高新技术都有了重大的进步，并产生研究生命起源、地球起源、全球气候变化规律的"现代海洋科学"。新世纪海洋高新技术的发展把人类全面开发利用海洋的理想变成现实。

海洋领域内的竞争，无论是政治的、经济的，还是军事的，归根到底是科技的竞争。而海洋科技竞争的焦点在于海洋高新技术。海洋技术与原子能、宇航科技一起被称为当代世界第三大尖端科技领域。发展海洋技术，尤其是海洋高新技术已经成为世界新技术革命的重要内容，受到许多国家的高度重视。目前，世界上有 100 多个国家把开发海洋定位为基本国策，竞相制定海洋科技"开发规划"、"战略规划"等，把发展海洋科技摆在向海洋进军的首要位置，把海洋科技作为世界新技术革命最重要的内容来对待。可以说，谁拥有海洋高科技、占据海洋科技的制高点，谁就拥有了控制海洋的能力和保障。

二、当前海洋行政管理面临的挑战

海洋行政管理面临的发展机遇无疑为其发展提供了强大的助推力，但是，机遇往往与挑战并存。当前海洋行政管理也面临着巨大的挑战，应对挑战，超越自我，将是海洋行政管理实现发展的必然选择。

（一）全球化深入发展带来的挑战

世界一体化、全球化，已经不仅限于世界经济发展层面。在全球化条件下，资本、技术、人才等要素在全球范围内流动和配置，对于发展中国家的海洋产业而言是一个机遇亦是一个挑战，而海洋产业的发展需要借助海洋行政管理来实现统筹协调、合理布局。在开发海洋资源时，要特别注意资源空间分布的复杂性和相互关联性，在开发前统筹规划，权衡资源的生态价值和经济价值，合理确定开发的次序和程度，最大限度地发挥资源的价值，实现资源的可持续利用。因为在海洋开发过程中，如果因技术不足等原因造成较大程度的污染时，通常会产生负外部性，对其他国家和地区产生连带影响，从而招致不满甚至敌视。为此，需要通过制度设计和安排，防患于未然。规划海洋资源的开发利用，根据国家海洋发展的总体规划，确定引进外资、技术、人才的重点产业，并制定相关政策加以引导，以促进合理的海洋产业结构的形成。同时，在全球化程度日益加深的条件下，我国涉海活动必须立足本国海洋资源开发的现实，结合全球海洋开发的现状，在与国际海洋开发活动协调发展的基础上，进一步提升我国海洋产业的国际竞争力。

（二）高新技术带来的挑战

现代海洋勘探、开发技术集高技术、新技术于一体，同时各类高新技术在海洋开发的全球性实践活动中得到创新与发展。目前，海洋高科技在海洋石油、天然气和其他矿产开采、海水养殖、海水淡化、海洋交通运输、海水综合利用、海洋能利用、海洋空间利用和海洋工程等领域迅速发展，已然成为不断发展和扩大的海洋产业群和海洋经济的支柱推动力量。《国家中长期科学和技术发展规划纲要（2006—2020）》全面部署了科学技术工作，并将海洋技术列入前沿技术，将海水淡化、海洋资源高效开发利用，海洋生态与环境保护，大型海洋工程与技术装备，列入重点领域的优先主题，这些都为海洋科学技术的进一步发展展示了美好的前景并提供了坚强的政策支撑。

海洋高新技术给海洋行政管理带来巨大的挑战，使得现在的管理不能仅仅局限于传统的管理手段，更需要借助于高新技术实现海洋管理手段的创新。

（三）海洋法制不健全带来的挑战

海洋立法是我国法制建设的组成部分，在国家实施可持续发展战略过程中具有重要的规范、调整和保障作用。从我国海洋立法的现状来看，尽管自20世纪90年代起，我国逐步开始了同《联合国海洋法公约》的接轨，以维护和行使国家主权为核心内容的海洋基本法的立法活动逐步开展，但在系统性、协调性及适应性等方面同国际上先进海洋国家还有较大差距。在海洋法制方面，我国与《联合国海洋法公约》相配套的法律制度还不够健全、不够完善。综合性、区域性海洋立法仍然是我国海洋立法的薄弱环节。尚未完善的海洋法制不仅不能为我国实行海洋行政管理提供有利的依据和保障，而且有可能成为我国依法、有效实行海洋行政管理的制约因素。

（四）非传统安全带来的挑战

非传统安全威胁是相对传统安全威胁因素而言的，指除军事、政治和外交冲突以外的其他对主权国家及人类整体生存与发展构成威胁的因素。海洋领域的非传统安全威胁主要包括：海盗、海上恐怖势力泛滥，成为威胁全球安全的国际公害；部分濒海国家面临海平面上升侵吞国土的严峻威胁；海洋环境污染和生态系统危机不断加剧造成全球公害；新的海洋法生效后围绕海洋划界及资源分配引发的国际争端进而对国家安全、地区安全构成的威胁等等。海洋领域的非传统安全对海洋行政管理的影响可谓全面而深刻，它不仅对国家的生存与发展构成威胁，而且迫使相关的国家调整其发展战略和内外政策，在地区和全球层面不断催生国际制度与多边合作的健全与完善。例如，为解决环境恶化、水质下降、海岸资源的枯竭、海平面上升及全球气候变化影响等问题，联合国等国际组织多次号召沿海国家建立海洋和海岸带综合管理制度；联合国环境发展大会通过的《21世纪议程》，要求沿海国家实施海岸带综合管理；联合国气候变化框架公约号召沿海国家制定海岸带综合管理计划，以解决全球气候变化的影响；政府间气候变化专家组建议沿海国家实施海岸带综合管理以减少全球气候变化引起的经济、环境和社会影响；经济合作与发展组织呼吁政府实施海岸带综合管理。国际社会的积极行动，极大地推动了我国政府的行动进程，实施海洋综合管理既是我国政府对国际社会的积极回应，同时也是我国海洋行政管理的重要举措。

三、海洋行政管理的发展趋势

在当前海洋管理环境下，由全球化、高新技术、非传统安全等带来的挑战必将引导海洋行政管理向着新的方向发展。

（一）海洋行政管理理念更具时代性

理念作为一种观念形态，因超越于特定的现实而具有普遍的适应性，是行为的先导。理念的确立和更新是构建管理体系、实现管理变革的根本。海洋行政管理的理念表现为海洋行政管理的观念形态、价值形态，通常以一些基本观念、基本原则、指导思想的形式表现出来，对海洋行政管理研究具有导向、定向功能和支柱作用。如果说传统的海洋行政管理理论相对贫乏、空洞，那么今天的海洋行政管理正在引入越来越多的新的管理理念：可持续发展理念、公共管理理念、治理理念、战略管理理念、综合管理理念、生态系统管理理念等。这些新的理念不仅以原则、指导思想的形态在影响着海洋行政管理的发展，而且这些理念本身也已转化为海洋行政管理的实践内容和管理模式。把海洋行政管理纳入生态管理、公共管理的分析框架中，已成为理论界与实务界的共识。

（二）海洋行政管理主体更趋多层次性、协同性

海洋行政管理的主体无疑是作为公共权力机关的政府，但在强调多元主体合作共治的改革实践冲击下，海洋行政管理的主体呈现出多层次性、协同性态势。

强调海洋行政管理主体的多层次性、协同性，并不是否定或削弱政府的主导作用。在海洋行政管理的多元主体中，政府是核心主体，是海洋行政管理的组织者、指挥者和协调者，在海洋行政管理中起主导作用。而同样作为公共组织的第三部门——社会组织，则是作为参与主体或协同主体帮助政府"排忧解难"。因仅靠市场这只"看不见的手"和政府这只"看得见的手"的作用仍然难以涵盖海洋行政管理的所有领域。因海洋行政管理不仅仅是制定政策、作出规划，更重要的还要将这些政策、规划转化为现实，这一过程的实现需要通过具体的实施行为才能完成，如大范围的海洋环境保护宣传工作、海洋环境保护工程项目的建设、海洋环境的整治等，这些活动的完成必须有社会组织、公众甚至企业的参与。所以说，为了更好地维护海洋权益、保护海洋生态环境，妥善处理好各种海洋公共事务，政府在依靠自身力量的同时需要动员越来越多的社会力量参与到海洋公共事务的治理之中。政府、社会各方力量同心协力，才能更好地促进海洋公共利益的提高，同时也有助于政府自身行政效能的改善和海洋管理能力的提高。

（三）海洋行政管理手段更趋柔性化、弹性化

传统的海洋行政管理主要运用行政手段，即是指国家海洋行政部门运用法律赋予的权力，通过履行自身的职能来实现管理过程。它通常表现为命令——控制手段，其前提是行政组织拥有法定的强制性权力。行政手段因其具有强制性而在管理实践中表现出权威性和针对性，但单一的管理手段显然不能适用日益变化的海洋行政管理实践，因而，法律手段、经济手段、教育手段等管理方式也日益在海洋行政管理中发挥作用，特别是经济手段，由于它的激励作用而能够促使人们主动调整海洋行为。随着新的管理理论的运用和海洋实践活动的需要，海洋综合管理的手段也在不断拓展。传统意义的海洋行政管理手段尽管仍然在发挥作用，但无论其内容还是形式上都在发生着非常大的变化。现代海洋行政管理手段变化的一个新的趋势是管理方式向柔性、互动的方向发展。所谓"柔性"是指管理者以积极而柔和的方式来实现管理目标，它克服了以往命令——控制方式的强硬性、单一性，而是以服务为宗旨，综合运用各种灵活多变的手段，并在其中注入许多非权力行政因素，如指导、引导、提议、提倡、示范、激励、协调等行政指导方式。所谓"互动"强调的是现代行政管理是一个上下互动的管理过程，它主要通过合作、协商、伙伴关系，确立认同和共同的目标等方式实施对海洋公共事务的管理，其权力向度是多元的、相互的。总之，新的管理手段突出了管理过程的平等性、民主性和共同参与性，表明由传统的管制行政向服务行政的转变。

（四）海洋行政管理更具开放性

以《联合国海洋法公约》为代表的国际海洋管理制度已经建立，世界各国都将在此基础上进一步建立和完善国家的海洋管理制度。21世纪海洋行政管理将得到全面发展和进一步加强。海洋行政管理的范围由近海扩展到大洋，由沿海国家的小区域分别管理扩展到全世界各国间的区域性及全球性合作；管理内容由各种开发利用活动扩展到自然生态系统。海洋的开放性、海洋问题的区域性、全球性决定了海洋行政管理具有国际性，海洋行政管理的边界已从一国陆域、海岸带扩展到可管辖海域甚至公海领域，所管理的内容也由一国内部海洋事务延伸到国与国之间的区域海洋事务或全球海洋公共事务。例如，随着海上活动的愈加频繁，海洋危机发生的频率大大增加，危害程度加深。海洋危机会引发一系列其他领域的危机，比如生态环境破坏，全球气候变化，海平面上升等，危机也逐渐走向"国际化"。海洋将全球连接在一起，海洋天然的公共性和国际性要求必须加强全球合作，治理海洋公共危机。与沿海国家合作共同治理海洋，成为海洋行政管理面临的一个新的课题，也给海洋行政管理者带来了新的挑战。

总之，海洋行政管理进入了新的世纪。海洋意识的提高，环保行动的增加，海洋权益的争夺，海洋科技的发展使得我国海洋管理的环境发生了深刻而巨大的变化，同时全球化、高新技术、法律体制、非传统安全也为海洋行政管理带来了新的挑战。如何适应目前条件下的环境变化，克服各种挑战，成为了海洋行政管理必须关注的问题。在未来的发展过程中，海洋行政管理将日趋成熟和完善，从而为海洋事业发展创造良好的制度和体制基础。

后 记

　　中国海洋大学自公共管理系设立以来，就一直将"海洋行政管理学"作为自己的特色课程之一。在历经多年的教学实践之后，我们希望能够对以往的教学经验进行总结，出版一本《海洋行政管理学》，以飨公共管理学界的同行和读者。本书自 2011 年筹划撰写，2012 年 4 月最终拟定写作大纲和任务分工，历经一年有余，2013 年 4 月才最终成稿。其中，多次删减，几易其稿，笔者深感撰写此书的艰辛与不易。海洋行政管理学作为行政管理学一个新兴的研究领域，尚没有非常厚重的沉淀和基础，某些方面还处于研究空白之中。我们在写作过程中，深切感受到海洋行政管理学距离成长为一门完整、系统的学科还存在不小的差距，这也使得我们的撰写工作倍感艰辛。

　　正当本书已完成全部写作、准备交付出版社时，2013 年 3 月 10 日，十二届全国人民代表大会第一次会议审议的《国务院机构改革和职能转变方案》，决定重新组建国家海洋局，国家海洋局以中国海警局的名义开展海上维权执法，并设立多层次议事协调机构国家海洋委员会。本次国家海洋局的重组，让我们欣喜地看到海洋行政管理学界多年来的研究成果被政府采纳，正在付诸实践。欣喜之余，我们也意识到本书部分章节的写作内容需要进行较大幅度的修改和调整，为此，本书作者对原已完成的书稿内容又进行了重新梳理和修改，以与我国海洋行政管理体制改革的现实相适应。鉴于时间仓促，我们的修正尚有很多不尽如人意之处。希望读者不吝赐教，能够对本书提出宝贵的修改意见，以帮助我们在今后的研究和教学中不断丰富和完善海洋行政管理的内容和体系。也希望本书的出版，能够对国内海洋行政管理学界同行的教学和研究有所帮助，以尽我们的绵薄之力。

王琪　王刚

2013 年 4 月 7 日

责任编辑:张　旭
封面设计:肖　辉

图书在版编目(CIP)数据

海洋行政管理学/王琪等著. -北京:人民出版社,2013.7
ISBN 978 - 7 - 01 - 012231 - 1

Ⅰ.①海… Ⅱ.①王… Ⅲ.①海洋-行政管理-研究 Ⅳ.①D993.5

中国版本图书馆 CIP 数据核字(2013)第 123560 号

海洋行政管理学
HAIYANG XINGZHENG GUANLIXUE

王琪　王刚　王印红　吕建华　著

人 民 出 版 社 出版发行
(100706　北京市东城区隆福寺街99号)

北京新魏印刷厂印刷　　新华书店经销

2013 年 7 月第 1 版　2013 年 7 月北京第 1 次印刷
开本:710 毫米×1000 毫米 1/16　印张:18.5
字数:300 千字

ISBN 978 - 7 - 01 - 012231 - 1　定价:42.00 元

邮购地址 100706　北京市东城区隆福寺街 99 号
人民东方图书销售中心　电话 (010)65250042　65289539